嘉陵江传略

Jialingjiang Zhuan lüe

林 彬　林瑞韬◎编著

巴蜀书社

图书在版编目(CIP)数据

嘉陵江传略/林彬,林瑞韬编著 . —成都:巴蜀书社,2021. 12

ISBN 978 - 7 - 5531 - 1619 - 8

Ⅰ. ①嘉… Ⅱ. ①林… ②林… Ⅲ. ①嘉陵江 - 流域 - 历史地理 Ⅳ. ①K927. 1

中国版本图书馆 CIP 数据核字(2021)第 270144 号

策 划 刘 冰

嘉陵江传略
JIALINGJIANG ZHUANLÜE

林彬 林瑞韬 编著

责任编辑 刘 冰
封面设计 原创动力
出 版 巴蜀书社
(成都市锦江区三色路 238 号新华之星 A 座 36 楼 邮编 610023)
总编室电话:(028)86361843
网 址 http://www. bsbook. com
发 行 巴蜀書社
发行科电话:(028)86361856
经 销 新华书店
照 排 成都木之雨文化传播有限公司
印 刷 成都蜀通印务有限责任公司
成品尺寸 170mm × 240mm
印 张 17. 25
字 数 400 千
版 次 2021 年 12 月第 1 版
印 次 2021 年 12 月第 1 次印刷
书 号 ISBN 978 - 7 - 5531 - 1619 - 8
定 价 68. 00 元

本书若出现印装质量问题,请与本社发行科联系

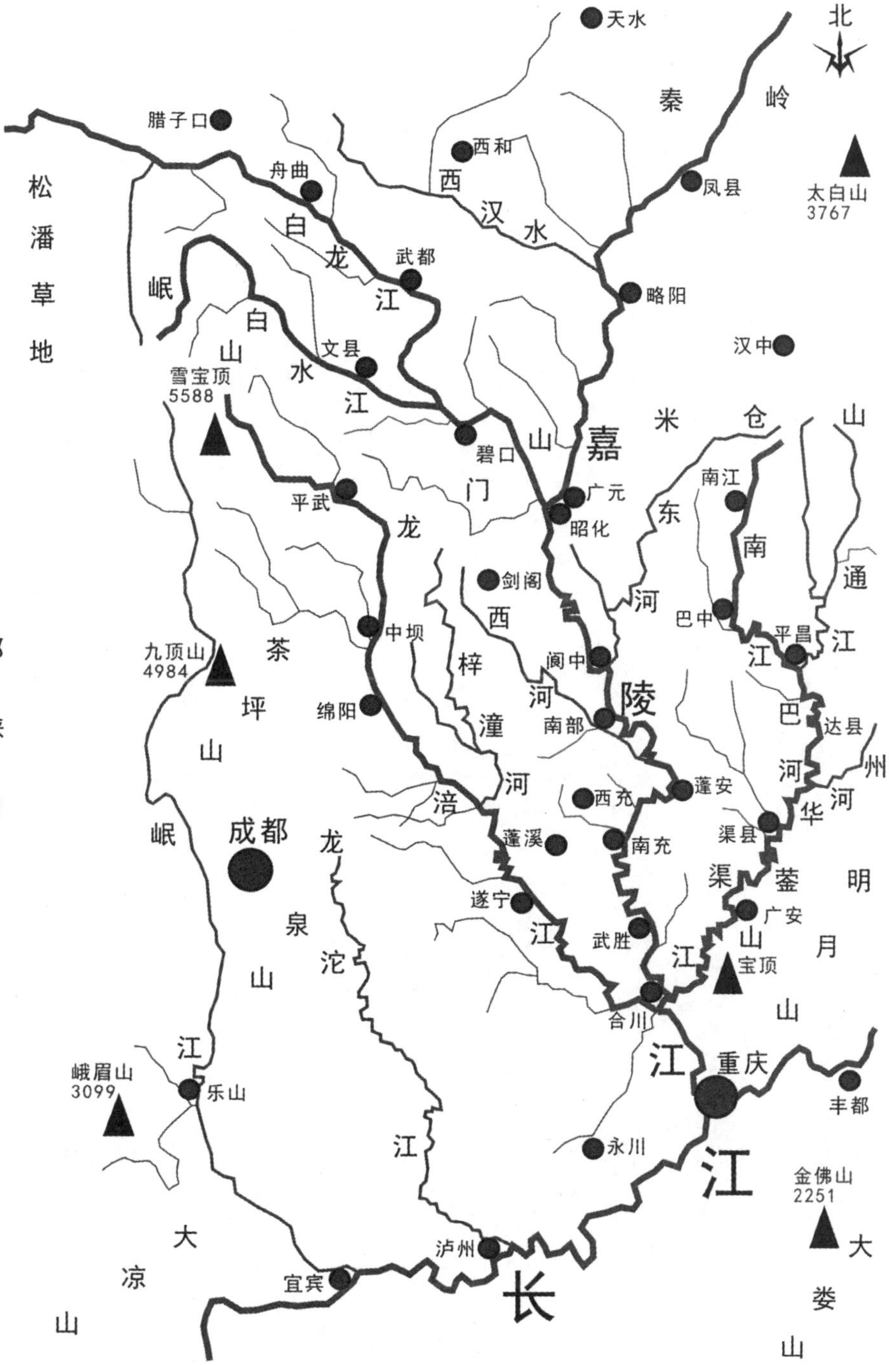

图 01　嘉陵江流域示意图

目录
CONTENTS

自　序

神奇美丽的嘉陵江及其支流，越过高山、穿过沟底，纵横一千多公里汇入长江。长江与黄河由西向东分别流入东海和渤海，而嘉陵江却打破“西东流向”的常规，多流并发呈树状“由北向南”归于嘉陵江干流，横亘在中国的腹心区域。

一

嘉陵江得名有两种截然不同的说法。一是先有嘉陵江后有嘉陵道。黄盛璋[①]等人认为，由褒斜道、子午道等推之，是先有“水”名而后有“道”名。即先有嘉陵江而后有嘉陵道，因为嘉陵道是古代关中入川最早的一条道路。二是先有嘉陵道后有嘉陵江。嘉陵江又称阆水、渝水，因流经陕西省宝鸡市凤县东北嘉陵谷而得名。《水经注》二十《漾水》载：“汉水南入嘉陵道而为嘉陵水。”即先有嘉陵道，“汉水南入”嘉陵道后才叫嘉陵江。

为嘉陵江作传，而且是作“传略”，这既是一个新尝试又是一个新挑战。关于“传”就有两层意思，一是“传说”，仅是一种虚无缥缈口口相传的故事；二是“传略”，必须依赖于“传主”的“真相”，粗略地勾画出“传主”的大致轮廓。单就“传略”来说，自古以来就是专用于记叙人的生平事迹的特殊文体，即把漫长的人生，择其精要处，选其闪光点，或用粗略的文字记录下来，或用简要的笔头勾画出来，以显示其轮廓、辨别其大意，让人去暇

① 黄盛璋：《川陕交通的历史发展》，《地理学报》，第 23 卷第 4 期，1957 年 11 月。

想，但这只限于人的“传略”。嘉陵江虽非人，而沿江流动的水、变幻的山，历经岁月变迁，沐浴现代文明，必然留下人的印痕。

本书不分章节，从嘉陵江流域上游至下游，采用“一事一记”或“一地一叙”的构架，随心所欲地说，张扬细腻地评，乱中求齐，杂里显纯，把分散与集中辩证统一于“传略主题”。为嘉陵江作“传略”，本意是想运用拟人化的技法，对嘉陵江流域的形成、历史、演变、经济、社会、政治、文化、生态、灾害、风水以及物产、人文、习俗等作一个比较详实的评说。虽然如实记述嘉陵江流域显得枯燥乏味，但限于主题的缘故，本书仍然坚持记述概况简介，以帮助读者了解嘉陵江流域。由于嘉陵江流域的历史太久远，区域太宽广，所涉猎的事件太繁多，关系太复杂，因此在搜集、整理资料的过程中，笔者自觉地把嘉陵江流域的民间传说堆积起来，力图通过“越散越美”的发散思维，运用“土洋融合”的灵敏语句，寓理于情，寓乐于文，展现嘉陵江的卓越风姿，重塑嘉陵江的浩然正气；虽然不免有“文不对题”之嫌，也算是“新文体”表述的“嘉陵江传略”吧！当然，“新文体”并无哗众取宠之意，而旨在通过民间传说的嘉陵江流域的故事，激发真性情，传播正能量，能够引发人们在茶余饭后透过现象看本质，找寻嘉陵江流域的基本规律；然后去推测、了解和认知嘉陵江……

二

人类自古逐水草而居，依江河而息。生活在江河边，人就会感到舒适和安宁。一座城市若不在江河边，城市就没有活力；若江河远离城镇，江河就没有灵气。嘉陵江是陕西、甘肃、四川、重庆“四省（市）”人们心目中的母亲河。有江河穿城而过，城市才有了那种依山傍水的别致韵味。唐代诗人元稹在游览嘉陵江时，写下了“千里嘉陵江水声，何年重绕此江行”的诗句。其实很多天南地北的人到嘉陵江畔旅游、就业或安居，就是因为喜欢上了嘉陵江的秀美风光。

嘉陵江千回百转，流经陕西、甘肃、四川、重庆四省（市）的 11 个市（州），流域内 76 个县（其中四川省占 82%），总人口 4000 万人左右（四川省占90%）。自古以来沿江名城重镇林立。她是陕西、甘肃、四川、重庆四省（市）的血脉，赋予了两岸人民智慧和灵气。在这里，沉淀了几千年灿烂的历史文化，积攒了星罗棋布的古迹名胜，留下了说不完的美丽传说。嘉陵江正以她秀丽的山水风光、深厚的历史底蕴、丰富的物产资源、发达的立体交通、舒适的人居环境，吸引着越来越多的外地人来旅游投资和安居兴业。

三

嘉陵江干流全长1120米，流域面积15.98万平方米。对江河进行分段，无论按江面水势，还是依地形地貌，实际只能作个大概划分。如果一定要将嘉陵江分段的话，可以把嘉陵江分为上、中、下游三段。

嘉陵江干流在四川省广元市昭化区以上为上游段，行经高山地区，夜多暴雨，有“一雨成灾”之说。嘉陵江上游干道河流曲折，穿行于秦岭、米仓山、摩天岭等山谷之间，河谷切割很深，属于山区河流，河谷狭窄、水流湍急、支流众多、水量丰富，水能开发量大，但水流急、多滩险、多礁石，不便航行。甘肃、陕西境内、四川广元、阿坝州部分县市林、草地面积占区域土地总面积的一半以上。白龙江以西及白水江上、中游的植被区系成分复杂、类型丰富，受自然环境的影响植被垂直带谱南北坡向差异明显。武都县中、东部和康县牛头山以北直至西和、礼县、徽县、成县、两当等县以落叶阔叶林为主，而往南至康县南部、武都、文县东南部与四川、陕西交界处以常绿、落叶针阔混交林为主。

四川省广元市昭化区至重庆市合川区为中游段，河道从北至南逐渐开阔，地形从盆地北部深丘逐渐过渡到浅丘区，曲流、阶地和冲沟十分发达。比降变缓，与涪江、渠江的中下游构成川中盆地，有航运之利。

重庆市合川区以下为下游段。嘉陵江切穿华蓥山南延三条支脉后，形成风光绮丽的沥鼻、温塘、观音三个峡谷，于重庆市朝天门汇入长江。河道经过盆地东部平行岭谷区，形成峡谷河段，地势复上升为山区地形。嘉陵江中、下游（四川南充、广安、重庆合川、北碚等区县）区域林、草类型的面积比例逐渐减小，森林植被面积较少，以常绿、落叶针阔混交林为主。

四

嘉陵江传略，必然要“传”其自然形貌及特征。

嘉陵江上游白龙江流域为山区，山高坡陡，河谷深切，岸陡谷峡，西源西汉水流域为低山、深丘地形。嘉陵江中游地势向东南逐渐降低，河谷逐渐开阔，谷广坡平，地形从深丘过渡到浅丘，广元至苍溪属深丘区，苍溪以下为浅丘区。嘉陵江下游为平行岭谷区，嘉陵江横切华蓥山脉三个背斜山脊，流经峡谷和宽谷之间汇入长江。嘉陵江干流水系土地利用格局以林地、耕地（水田、梯坪地、坡耕地）和草地为主，其余土地利用类型面积相对较少。

嘉陵江流域耕地分布在空间上呈现出一定的规律性，耕地（水田、梯坪地和坡耕地）由流域东、北、西三面向流域东南方向逐渐增加。干流上游甘肃、陕西境内大部分县区的耕地面积占土地总面积比例较低，干流中下游段县区耕地面积比例逐渐升高。同时，坡耕地在耕地中所占比例由流域东、北、西三面向流域东南方向逐渐降低，水田和梯坪地所占比例逐渐增加。嘉陵江的水文特征是江流袭夺现象明显。嘉陵江是长江水系“产水能力大、流量大、含沙量大”的主要支流。嘉陵江的流量远大于陕西黄河流域的任何水系，其产水能力在陕西各水系中居第一位。径流量主要来自降水和地下水补给，地表径流深度的分布特征，具有“两头大、中间小”的特点。由于嘉陵江流域形状略似扇形，洪水向心汇流，加剧涨势，常常产生严重洪灾。

五

沧海桑田，物种起兴。大自然以无与伦比的神奇，造就了我们世代生息繁衍的这方故土——美丽富饶而又变化多端的嘉陵江流域。人类从“依山傍水，择水而居”到发展现代文明城市、推进城镇化建设，从未离开过对水源的需求和依赖。早期人类的诞生和演化都是靠近能够提供充足水源的江河，因此人类的早期文明又称为“江河文明”。江河文明的因水而生，而人作为一个活的有机体，同样需要依赖于这些水而存活，并因此才可以繁衍生殖。

自然的水是构成人的有机体生命以及社会生活的基础。在人类历史的黎明时期，四大文明古国①形成了不同区域的“江河文明”。非洲的尼罗河孕育了古埃及文明，西亚的幼发拉底河和底格里斯河孕育了古巴比伦文明，印度的恒河孕育了古印度文明，横贯中国腹心的黄河及长江一道共同孕育了伟大的中华文明。因此，世界四大文明古国，其文明发展程度与江河之水紧密相关。

黄河文明是黄河流域各区域文明的总称。黄河是中华民族的母亲河，是亿万华夏儿女心目中的圣河，这里孕育出的文明，与尼罗河文明、两河文明、恒河文明等一样璀璨夺目。夏、商、周三代，黄河文明主要凝聚在黄河中下游的大中原地区。以今河南省为核心，大中原地区文化即中原文化是黄河文明的中心。在大中原区域内的河洛地区文化是黄河文明的核心。当时，黄河文明如中流砥柱，朝气蓬勃，吸纳、融合了各地区文明精华，向更高层次发展。

长江文明是长江流域各区域文明的总称。长江文明与黄河文明并列为中国文明的两大源泉。长江文明区域之广，文化遗址数量之多，密度之大，堪称世界之最。20世纪初黄河文明在仰韶文化被人们发现以来，大多数的遗迹文物都出现在黄河流域，黄河流域被认为是中国文明的发祥地；但随着长江流域考古发掘成果的不断涌现，特别是长江文明中“稻作文明”的发掘②，多数人认为长江流域及其周边地区也是中国文明的发祥地之一，长江文明较大地影响着东亚文明乃至世界文明。

---

① 世界四大文明古国：指古埃及、古巴比伦、古印度、中国四个人类文明最早诞生的地区。

② 稻作文明：在20世纪50年代末，江西省万年县大源镇附近的小荷山脚下发现新石器时代洞穴遗址，称为“万年仙人洞”。在“万年仙人洞”中出土了目前世界最早的栽培稻植硅石标本，将浙江河姆渡发现的中国稻作历史一下子提早了5000年，万年仙人洞由此成为世界稻作之源。“万年仙人洞”经过60年代、90年代5次考古发掘，特别是1993年和1995年的中美合作农业考古发掘，在“万年仙人洞”的上层即新石器时代早期，发现了距今1.2万年前的栽培水稻植硅石，把世界栽培水稻的历史推早了5000年，成为现今世界上年代最早的水稻栽培遗存之一。

六

嘉陵江文明是长江文明的重要组成部分。嘉陵江是长江的一级支流，因此，嘉陵江文明，并非简单地可以用某种“生态文明”的概念所能概括。对于人类而言，该文明为人自身的思考提供了可以观照的现实对象。同时也是人们身处其中，为生活而不得不做出某种审时度势的判断的生活世界的样板。嘉陵江与自然山川的共同依存，它们都跟远古人类的生活密切关联。在最古老的神话之中，洪水与嘉陵江治理是一个不可或缺的主题。实际上，治理嘉陵江的各种行为，无论何时，都是以增加人民福祉为出发点和归宿，“水可载舟，亦可覆舟”，这是历代统治者们内心之中最为清楚的一条古训。正像老子所说的那样，“上善若水”，水可以滋润万物，所谓“水善利万物而不争，处众人之所恶，故几于道”（《老子·第八章》）。即“衣养万物而不为主，可名为小；万物归焉而不为主，可名为大”（《老子·第三十四章》）。

在四川盆地主要有岷江、沱江和嘉陵江三江，三江在未汇入长江前都是由北朝南流向。其中，岷江沿成都平原西南角经乐山到宜宾汇入长江；沱江沿四川盆地中部南流在泸州汇入长江；嘉陵江则从广元入川南流，贯穿四川盆地中东部在重庆汇入长江。在上述三江流域中，嘉陵江流域对四川盆地的影响最大。嘉陵江作为一个地理意义上的空间，是一条流动的景观，它的流动性不仅在净化着水的品质，而且为两岸人们提供最为便利的生产生活条件。水是生命之源，在人类的童年，我们的祖先便择嘉陵江而居，从嘉陵江及其两岸得到衣食之源。纵贯中国腹心的嘉陵江，与沿江两岸人们的文明进步紧密关联，与长江文明融为一体，为孕育伟大的中华文明做出了不朽贡献。

七

美丽的嘉陵江，时而是一只温顺的小绵羊，为嘉陵江两岸的人们开创生产生活空间；时而是一头咆哮的狮子，给嘉陵江两岸的人们带来重大灾难。如明清时期，水旱灾害曾表现出五大特征：一是水旱灾害次数频繁。水灾略多于旱灾，两种灾害的发生频率分别为2.56年/次和3.03年/次。二是水旱灾害时间集中。主要发生在农历五、六、七月三个月，这三个月发生的水灾和旱灾分别是全年水灾及旱灾总数的一半以上。三是嘉陵江的主要支流之一涪江流域是重灾区。水旱灾害发生最频繁的区域是涪江流域，水灾和旱灾次数占嘉陵江流域水灾及旱灾总数的三分之一以上。四是一般性灾害多。水旱灾害等级以一般性灾害、大灾害为主，特大灾害较少。五是森林覆盖率与水旱灾害的发生次数成反比，森林覆盖率越高，水旱灾害越小。

人顺应江河而生存，但人又并非是完全云顺应于自然的存在物。在嘉陵江源头，在嘉陵江转弯之处，在嘉陵江发生过战争或重大灾难之地……大凡不能准确解释的人或事，人们不能理解的模糊的人和事，人们大多会建构出许多神圣性的情节，把功劳归于神灵或英雄。经过世世代代地口口相传，神灵越来越神通广大，英雄越来越勇猛功高；后来在形成文字广泛流传的过程中，一部分故事成为了历史，一部分故事则成为民间传说。历史的真实性留待历史学家们去辨别。有人说，岷江流域出文官，嘉陵江流域出武将，我们通过清理嘉陵江流域的民间传说，发现大多是“人神共天”，一般是以世人为基础，当不能自圆其说地解释历史事件时，则把重任推给神灵，让神灵显示威力，让人神共创历史，因为，神灵只是人们心目中的“美好传说”，可以随意想象。虽然从不同的角度评判，各有其不同的特点；但有一点共同处，即都是传播正能量，激励世人积极向上，在改造客观世界的同时，自觉地改造主观世界。

八

嘉陵江的历史就是中华民族悠久历史的缩影；嘉陵江的文化就是辉煌灿烂的民族文化的缩影。在嘉陵江源远流长的历史长河中，虽然有无数英雄或称霸一方，或统治一时；但兴衰荣辱，弹指一挥间，残存的仅是民间传说而已！

嘉陵江上游多说先秦或秦汉事。民间传说也主要产生于此处。在嘉陵江的源头或各种形式的水流转弯处，某种超越于日常生活习俗的神圣故事被创造出来，并通过某种社会与文化的形式得以表述。而人们的社会生活大都与某种神圣性的信仰紧密地联系在一起。时间久远，内容有或华夏始祖、三皇五帝，或帝王将相、人神共生，或治国理政、民心向好，都承载着人们对华夏先祖的怀念及对美好生活的向往。

嘉陵江中游多说三国时事。既是三国时期许多著名的古战场地，也是巴蜀文化与中原文化的结合地。虽然民间传说因嘉陵江源于三国古战场的缘故而“出武将”，但嘉陵江中游乃至四川盆地的人们自古以来就没有“做皇帝”的野心。遍查历史，四川有“帝王”之称号者，如三国时蜀汉刘备、前蜀国王建、明末清初时的张献忠，均非四川盆地的人。因此，嘉陵江流域中游的民间传说，主要涉及三国古战场以及人们对幸福美好生活的向往。

嘉陵江下游多说当代事。位于嘉陵江下游的直辖市重庆，既是现代大都市（曾经是“陪都”），也是长江重要的交通枢纽，还是巴文化的发源地和聚集地。由于现代化的影响，人们更热心于发展生产增加财富、追求世俗生活中的幸福。

九

嘉陵江的民间传说都是围绕人的属性而展开的故事。人的属性包括自然属性和社会属性，两种属性互相联系、互相制约，辩证统一于人与自然的关系之中。人的自然属性是社会属性得以存在的前提。离开了自然属性，人的社会属性就不可能存在。恩格斯认为，人来源于动物界决定了人们永远不能完全摆脱动物性，即自然属性，问题只在于摆脱得多些或少些。人的社会属性又制约着人的自然属性，并使人的自然属性成为社会化的自然属性。人的社会属性是人所特有的属性，是人的本质属性。离开了社会，人的自然属性就退化为动物的属性。

人的社会属性是在人的后天实践活动和交往活动中形成的且不断变化的特性。嘉陵江的民间传说，将在中国历史舞台上唱过主角的帝王将相、神灵大仙，以故事形式将人的社会属性展现出来。其中贯穿普通劳动人民的爱憎，表现出对真善美及假恶丑的褒贬之情。但是，纵观嘉陵江的每一个民间传说，无论是世人间的争夺，还是神灵间的争斗，都归结于“美女、权力、利益”的分配。

十

人们常说，历史是一面镜子。但记载历史的人，却有着诸多的局限性。司马迁在《史记·高祖本纪》中说汉高祖“左股有七十二黑子”而富有天下，这可以说记得相当的细腻，几乎有暴露汉高祖“隐私”之嫌；但对于古蜀人修建都江堰这项利在千秋的水利工程，司马迁却在《史记·河渠书》中，只用了寥寥数十字：“蜀守冰，凿离碓，辟沫水之害，穿二江成都之中……有余则用溉浸，百姓飨其利……”对建造者只用了一个“冰”字，连姓也没有。据说，司马迁于汉武帝元鼎六年（前111），奉命出使西南时到过都江堰。其实，修建都江堰的李冰是“秦太守”，秦朝定会详记其事，而且当年“焚书坑儒”并没有“焚秦书”；因此，司马迁即使没有到过都江堰，也会有文献可考，但他却惜墨如金，不愿详记。班固著《汉书》时才在“冰”字前加了个“李”姓。后来，常璩在《华阳国志》中才盛赞李冰功绩，说都江堰让成都平原“水旱从人，民不知饥馑，时无荒年，天下谓之天府也”。

人类历史上发生的许多事，并没有记录，却给人留下了无限广阔的想象空间，残存在只言片语的民间传说里。当然，这些传说蕴含着宿命论的世界观，即人类感受冥冥中苍天与人世诸多的神秘变化的命运现象中存有一些定数，从而形成组合世间诸法相的基本力量。本书坚持以传播正能量为主旨，精心选择嘉陵江流域同命运有关的信仰、传说和神话故事，激励人们尝试解开人生的种种奥秘，主动地适应和改造自然。

中国画家很早就有一种文化自觉，即在画家的构图中，山顶上的颠峰总是“高耸挺立”与“绝壁悬崖”为一体，而山脚下的嘉陵江却“汩汩流淌”与“放浪不羁”相结合，勇往直前地奔向长江。

时而静默无声，静观风起云涌；
时而飞湍直下，笑看叶落花开；

时而普度众生，滋润万物生长；

时而一泻千里，席卷世间尘埃；

时而锲而不舍，淡化滴水破石陷地崩山川的亘古俗语，

时而汇水成渊，积淀修身齐家治国平天下的警世恒言。

……

林瑞韬　林　彬

2020 年夏于成都百花潭畔散仙宫

001 南江北河两由之

人们习惯于把江河并称，江与河的区别，却鲜有人知。其实，“江”是中国人的专用名词，“河”是世界人的通用名词，中国人把外国的江河（River）都译为“河”。

《说文解字》说：“江”是形声字。金文从水，工声。小篆整齐化。隶变后楷书写作“江”。《说文·水部》：“江，水。出蜀湔氐徼外崏山，入海。从水，工声。”“江”的本义是长江，原来特指长江。一般而言，江，从水，从畺，有“水”有“畺”，表示属于疆土和国家的水道①。因此，有人感叹“江上几人在，天涯孤棹还”；有人惊呼“江间波浪兼天涌，塞上风云接地阴。”②

《说文解字》说：“河”是形声字。甲骨文和金文皆从水，何声。小篆从可声。隶变后楷书写作“河”。《说文·水部》：“河，水。出敦煌塞外昆仑山，发原注海。”“河”的本义是黄河。泛指河流，地球表面较大的天然水流的通称，多用于北方河流。“河”，从水从可，“可”是表示一个人肩挑东西，负重前行，即“河”字的本义就是肩挑土石方以巩固堤岸。“河”有时特指黄河，黄河所流经的黄土地，其土质疏松，植被稀疏，所以历史上曾多次改道，造成巨大的生命和财产损失。为了治理黄河，古代统治者不得不经常性地大规模征发徭役，以人海战术用大量土石方增高千里长堤，使得今日的黄河成为“地上河”“悬河”。由于北方河流（如淮河等）大多与黄河相似，经

① 水道：本文对江、河的统称。

② 详见许慎撰，思履主编《说文解字》315 页，中国华侨出版社 2016 年版。

常因泛滥成灾而改道，需要时常治理，所以北方的河流通名为“河”。总括而言，江与河的区别有三：

一是地域上的区别，史有“南江北河”之说。南江，即中国南方因气候湿润、植被丰茂而水道固定，很少发生水道泛滥成灾而改道的情况，所以南方的水道称为“江”，如长江、岷江、怒江、金沙江、嘉陵江、澜沧江、雅鲁藏布江、漓江、丽江、珠江、钱塘江。北河，即中国北方的水道，经常泛滥成灾而被迫改道，需要时常征发人徒治理，故北方的水道通称为“河”，如黄河、淮河、渭河、洛河、泾河、汾河、青河、辽河、饮马河、沁河、柴达木河、塔里木河等。

当然，“南江北河”仅是一般意义上的划分。西藏、四川、重庆、湖北、江西、浙江（含）以南多称为“江”，以北多称为“河”。这是南方与北方对水道命名的习惯区别。

二是规模上的区别，有“大江小河”之分。人们在对水道命名时也会根据其大小规模来区别称之为“江”或“河”。如中国北方的鸭绿江、黑龙江、松花江、嫩江、乌苏里江，这些水道位于中国北方，但仍被称为“江”，而这些“江”的共同之处在于长度、流量、流域较大。反之，他们通常会把一些小的水道称为“河”，如中国南方的大渡河、浏阳河、红水河等。

三是习惯上的区别，俗有“通江达河”之议。自古以来，只要最终能够通达入海的水道，都习惯的称之为“江”，或称之为“河”，相互间并没有质的差别。当然，人们习惯称呼江河的基本标准是把在整个流域中，水道陡峭，岸边极少有坡坎的过渡，没有浅滩，岸边的水都很深的水道叫“江”。把整个流域，在许多地段，从岸到水有浅滩过渡，具有许多河滩的水道叫“河”。

人们常说“江源于岷”“河出昆仑”，但这里的江特指“长江”，“河”特指“黄河”。其实，江与河，并无本质区别，都是汇流的水道，只是称谓各异。嘉陵江是江，是长江上游左岸的一条主要支流，她纵贯今陕西省、甘肃省、四川省和重庆市四省（市）。《老子》说：“上善若水，水善利万物而不争。”嘉陵江水有“居善地、心善渊、与善仁、言善信、正善治、事善能、动善时”之德，且以其一往无前所向披靡的锐势流淌于山涧峡谷。

002 三源汇集嘉陵江

人们常说“源远流长”。源，即源头，这里特指江河的发源地，最先出水之处为源。此源逐渐汇水成流而融入江河，即江河赖于众多源头，交汇成流。往往不止一处，故谁是主要的源头——即“正源”，便是人们争论的焦点。关于嘉陵江的“正源”，主要有四川纳摩峡谷正源说、甘肃哈尔登正源说、陕西东峪河正源说三种。

一是四川纳摩峡谷正源说。一些学者认为，嘉陵江起源于四川纳摩峡谷中的一眼泉水。纳摩峡谷位于四川与甘肃交界的若尔盖县北部纳摩格尔底寺所处地带，纳摩峡谷中有一眼泉水流入 2 米宽的小溪，然后流入白龙江，一路流到重庆。2014 年 1 月，中国科学院通过卫星遥感影像分析及实地考察，重新确定正源为白龙江，源头位于岷山西麓的四川省阿坝藏族羌族自治州若尔盖县包座乡境内。中国科学院遥感与数字地球研究所公布：我们依据国内外地理学界普遍采用的“河源唯远”的准则，准确确定嘉陵江的源头为四川若尔盖县北部的纳摩峡谷。

二是甘肃哈尔登正源说。一些学者认为，正如黄河的源头是泉水一样，嘉陵江的源头也是泉水，位于甘肃省曲哈尔登；其理由是经过测量，嘉陵江正源应在甘肃省甘南藏族自治州碌曲县郎木寺镇西的曲哈尔登泉水群，即在若尔盖草原边的曲哈尔登沼泽中有七眼泉水，每眼泉水细流成小溪，七眼泉水潺潺流出，汇流进白龙江，白龙江又汇入嘉陵江。

无论是四川纳摩峡谷正源说，还是甘肃哈尔登正源说，其主要观点都是认为白龙江为嘉陵江干流——即起点为嘉陵江正源。但有关资料表明，白龙江应为嘉陵江干流而非支流的命题，曾被业界否定。20 世纪 40 年代，一些地理研究机构和大学组织人员对嘉陵江流域进行过考察。当时，有人就提出白龙江应为嘉陵江正源，他们认为：古人的活动范围和考察手段有限，故对江河的认定难免存在问题……从而使得白龙江干流地位一直得不到确立。

三是陕西东峪沟正源说。一些学者认为，嘉陵江是长江左岸的主要支流，自宋代以来公认其正源在陕西省宝鸡市凤县境内的秦岭山中东峪沟。嘉陵江又称阆水、渝水，因流经陕西省宝鸡市凤县东北嘉陵谷而得名。比较统一的说法是《水经注》二十（漾水）载："汉水南入嘉陵道而为嘉陵水。"也即嘉陵江发源于秦岭北麓的陕西省凤县代王山的东峪河。因此，嘉陵江干流，发源于秦岭，起于凤县，经过陕西省、甘肃省、四川省、重庆市，注入长江。干流全长1120千米，流域面积15.98万平方千米，是长江支流中流域面积最大、长度仅次于汉江、流量仅次于岷江的大河。四川省广元市昭化区以上为上游，昭化至重庆市合川区为中游，合川至重庆嘉陵江入长江河口为下游。

2011年10月，长江水利委员会确认，东源陕西省凤县秦岭代王山为嘉陵江正源。于是，陕西的宝鸡市天台山国家森林公园，就首批开发建设了自己的重点景区——嘉陵江源头风景区，并立有一尊书写"嘉陵江源头"的巨石。随之景区内的黑龙潭，被命名为"嘉陵江第一瀑布"；东河桥乡村为"千里嘉陵第一村"。

《辞海》认为，嘉陵江古称阆水、渝水，起源于陕西省凤县秦岭山脉现嘉陵江源头风景区所在地东峪沟，南流经略阳，穿大巴山，在四川广元和白龙江汇合，再经过南充进入重庆，在合川和涪江、渠江汇合，最后在朝天门汇入长江，是长江最大的支流。

《中国河湖大典》认为，嘉陵江发源于陕西省凤县秦岭山脉代王山南侧的东峪沟，自源头向西流，至凤县东河桥折向西南。根据凤县县志记载，嘉陵江在陕西省内的河段称为"古道河"，流入四川盆地才称为嘉陵江。现代所称的嘉陵江，是泛指从凤县东河桥以下的所有河段。

据典籍记载，嘉陵江确有东西两源，东源出自陕西凤县东北嘉陵谷，而西源则是甘肃省天水市秦州区的齐寿山，古称西汉水。西汉水这个名称也随历史的变迁而变化，战国时称潜水，秦称西汉水，后一度因上游的水流入故道，还称故道水。唐代《元和郡县图志》中西汉水或嘉陵水二名交替出现。

宋代《太平寰宇记》中则称嘉陵水或嘉陵江，至此后这条江有了统一的名字——嘉陵江。

历史上，岷江曾被认为是长江正源。但是，明代徐霞客通过实地踏查得出长江正源却是金沙江，所以进行了更正，即金沙江是长江正源，岷江是长江的支流。可见，江的正源可以更正。那么，包括嘉陵江在内的任何一条江河的正源，或许可以随着科学技术的进步，以及国家或世界江河正源标准的制定和规范，仍然可以重新认定。

源是开始，但江河之源，绝非一处，必是多处并存，诸源汇集，由小变大，终于成流。有源有流，所以成江，所以成河。当然，江河正源或因科学技术进步、或因人为破坏生态环境造成水源枯竭而更正，但至关重要的是要制定一套江河正源标准，或江河正源法典，统一衡量，统一评估，以正视听，以纠偏差。其实，无论嘉陵江正源位于何处，其源头并无特殊优势；无论嘉陵江去向何方，其江水纳百川而汇入大海后都消逝得无影无踪。因此，我们的责任是从嘉陵江两岸文化底蕴的积淀中，依稀辨别出嘉陵江峥嵘岁月的痕迹；至于“争头抢足”的专业定论，还是让那些水文、地质专家学者们去考证和鉴定吧！

图 02　嘉陵江部分区位示意图

003 代王山水西流去

陕西，简称“陕”或“秦”。省会西安，是秦朝定都的地方。陕西位于西北内陆腹地，横跨黄河和长江两大流域中部，是连接中国东、中部和西北、西南的重要枢纽。

陕西历史悠久，是中华文明的重要发祥地之一。这里也是炎帝故里和黄帝的葬身之地。西周初年（约前 11 世纪），周成王以陕原为界，陕原以西由召公管辖，后人遂称陕原以西为“陕西”。自古以来，陕西就是帝王建都之处，留下的帝王陵墓有 79 座，被称为“东方金字塔”。

陕西西安名列“西安、古罗马、古雅典、古巴比伦”世界四大文明古都之一，曾经建立过 20 个政权，作为古都治所长达 1000 多年。在 20 个政权中，有 14 个政权完全符合王朝政权 5 条标准，即“具有明确国号、完整的政权机构（实体）、一定的国土且中央政府的权力能达到、持续至少一年以上、独立自主”。这 14 朝分别是西周（363 年）、秦（统一后 15 年）、西汉（210 年）、新莽（15 年）、东汉（献帝 6 年）、西晋（愍帝 4 年）、前赵（11 年）、前秦（33 年）、后秦（34 年）、西魏（22 年）、北周（25 年）、隋（38 年）、唐（273 年）、大周（15 年）。

陕西这块地方正是由于占据国家政治经济文化中心的时间太长，所以是名副其实的地灵人杰之地。早在 80 万年前，蓝田猿人就生活在这里。1953 年在西安城东发现的半坡村遗址，显示了 6000 年前母系氏族社会的文明。这里有西安半坡遗址和西安杨官寨遗址，有世界四大文明古都之称的长安，是世代景仰的人文初祖炎帝（生于宝鸡市）和黄帝（生于武功县）的诞生地、部族发源地及陵寝所在地，相传也是更为久远的华胥古国或华胥氏的所在。华胥氏是中华民族的元祖，她分别繁衍了女娲、伏羲，后来女娲、伏羲繁衍了少典，而炎帝、黄帝二帝又是少典的后裔，故华夏和中华的“华”字皆源于华胥氏（也有人说是源于华山，但华山也位于陕西）。这里是古代中国的政治、经济、文化中心之一。陕西有九处世界遗产，即长城、秦始皇兵马俑、大雁塔、小雁塔、兴教寺塔、大明宫、未央宫、彬县大佛寺石窟、张骞墓。

陕西地势特点一是南北高、中部低，二是由西向东倾斜。北山和秦岭把陕西分为三大自然区域，即北部的陕北高原、中部的关中平原、南部的秦巴山区。秦巴山区的秦岭正是嘉陵江的源头，嘉陵江从秦巴山区的秦岭——凤县境内的代王山，循东峪沟由东南流向西北，再转向西南流入甘肃省两当县境。河道属山区峡谷型束放式河流，呈宽谷峡谷相间的串珠状，河床沉积物分选性差。由于新构造运动的影响，谷坡陡峻，曲流深切。沿河无连续性阶地，宽谷内有面积较大的曲流阶地。在略阳县境内，嘉陵江由甘肃省徽县进入县境，由北而南，过白水江，汇流青泥河、八渡河等河流，流入宁强县。

在陕西境内，嘉陵江河道最显著特征是河流袭夺现象多。略阳以上的嘉陵江上游，原属于汉江水系，后被嘉陵江袭夺了。嘉陵江的西侧支流特别长，东侧支流短，而汉江的许多支流却伸到嘉陵江谷地。

004 陇南笑纳白龙江

甘肃简称甘或陇，位于黄河上游，省会兰州。甘肃是取甘州（今张掖）与肃州（今酒泉）二地的首字而成。由于西夏曾置甘肃军司，元代设甘肃省，简称甘；又因省境大部分在陇山（六盘山）以西，而唐代曾在此设置过陇右道，故又简称为陇。

甘肃既是中华民族和华夏文明的发祥地之一，也是中医药学的发祥地之一，被誉为“河岳根源、羲轩桑梓”。相传西王母降凡于泾川县回中山。周人崛起于庆阳，秦人肇基于天水、陇南。先秦时期，中国分为九州，甘肃省境大部属雍、凉二州，旧称“雍凉之地”。

西周时，秦人的祖先在甘肃东部，即今天水地区定居下来，开始了由游牧经济向农业经济地缓慢过渡。公元前688年秦国在征服的邽戎、冀戎地区，设邽县（今天水麦积区南）、冀县（今甘谷县），这是中国历史上建立最早的两个县。战国时期，秦国的疆域已达今甘肃的东南部。秦一统天下，设置36郡，甘肃仍属于陇西郡和北地郡。

甘肃地处黄土高原、青藏高原和内蒙古高原三大高原的交汇地带。地势自西南向东北倾斜，地形狭长，四周为群山峻岭所环抱。东连岷山、秦岭和子午岭，南壤青泥岭，西接阿尔金山和祁连山，北靠六盘山和龙首山。境内地形复杂，山脉纵横交错，海拔相差悬殊，高山、盆地、平川、沙漠和戈壁等兼而有之，是山地型高原地貌。

甘肃省的陇南山地，重峦叠嶂，山高谷深，植被丰厚，到处清流不息。这一区域大致包括渭水以南、临潭、迭部一线以东的山区，为秦岭的西延部分。山地和丘陵西高东低，绿山对峙，溪流急荡，峰锐坡陡，恰似江南风光，又呈五岭逶迤。嘉陵江干流在陕西与甘肃两省之间转了一个“小圈”，即嘉陵江干流自陕西凤县流入素有“秦陇之捍蔽、巴蜀之噤喉”之称的甘肃省陇南地区的两当县、徽县并笑纳白龙江和古西汉水后，急忙转出省境，回到陕西省略阳县。两当县和徽县均属于秦岭北缘或南坡，或群山错峙、万壑分流，或丘陵河谷、潺潺细水，汇成了嘉陵江的独特流姿。

005 纵贯西蜀成记忆

四川，简称“川”或“蜀”，省会成都，地处中国大陆西南腹地，东部为川东平行岭谷和丘陵，中部为四川盆地和成都平原，西部为青藏高原东南缘，与陕西、贵州、云南、西藏、青海、甘肃、重庆诸省市交界，是国宝大熊猫的故乡。北宋真宗咸平年间将地处今四川盆地一带的川陕路分为益州路、梓州路、利州路和夔州路，合称为“川陕四路”或“四川路”，后来简称“四川”，四川由此得名。

四川在距今25000年前开始出现人类文明，并在新石器时代晚期形成了以三星堆遗址、金沙遗址为代表的高度发达的古蜀文明。古蜀文明与华夏文明、良渚文明并称为中国上古三大文明。

在商周时期，四川建立了由古蜀族为主的蜀国，所以四川古称“蜀”。巴族人在四川盆地东缘建立了巴国，四川又称“巴蜀”。大约在夏商时期，蜀人部落从今茂县一带迁徙至成都平原。“三代蜀王”之后，大约相当于西周末期，杜宇王朝建立，其间蜀国的都城迁至郫邑（今成都市郫都区），杜宇王朝采用君主世袭制，其势力基本覆盖了整个四川盆地。

春秋早期，杜宇氏禅位于蜀相鳖灵，鳖灵建立了开明王朝，定都于广都（今成都市双流区），开明九世迁都至成都。前316年，秦国兼并蜀国和巴国，设蜀郡于今成都。前256年，蜀郡太守李冰父子，汲取前人的治水经验，率领当地人民主持修建了著名的都江堰水利工程，成都平原从此成为“水旱从人，民不知饥馑”的“天府之国”。西汉元封5年（前106），汉武帝在全国设13州刺史部，在成都置益州刺史部，益州管辖范围相当于整个四川盆地和汉中地区，形成了今天四川的雏形。新莽地皇5年，蜀郡太守公孙述起兵占据益州并在成都称帝，取起于成都之意，国号“成家”。

嘉陵江干流自陕西凤县向南与西汉水汇合后流经略阳县、阳平关由广元市朝天区入川；过广元市利州区、元坝区及剑阁县，在昭化区接纳白龙江南流至苍溪县后，再进入南充市阆中市，继续南流入南部县，经仪陇县西南角后重返南部县，在南部县与蓬安县交界处接纳西河，途经南充市顺庆区、高坪区、嘉陵区；沿广安市岳池县边境，流经武胜县，然后进入重庆市合川区；嘉陵江支流渠江、涪江分别在东、西两岸汇入，于重庆市朝阳门注入长江。

嘉陵江干流则由北向南纵贯西蜀，沿途多少事，被涤荡成记忆，与流水一同流逝，嘉陵江干流的江心洲岛众多，漏港、叉道纵横，河流稳定，多为卵石河床，间有大型磐石横亘中流，或露水面，或潜水下；或逼水曲流，或阻流成浪；她时而如蛟龙出海，翘首摆尾一泻千里；时而如嫦娥舞袖，左旋右绕缠绵不已。

006 双重喜庆新山城

重庆市，因嘉陵江古称“渝水”，故简称“巴”或“渝”，是巴渝文化的发祥地。嘉陵江流经四川的武胜县进入重庆市合川区。渠江、涪江由东西两侧于合川区汇入嘉陵江。嘉陵江在北碚区纳黑水滩河、后河，经渝北区、江北区，在渝中区的朝天门汇入长江。

重庆有“山城”之称地形大势由南北向长江河谷倾斜，地貌以丘陵、山地为主，其中山地占76%；属亚热带季风性湿润气候，冬暖春早，夏热秋凉，四季分明，无霜期长；境内有长江三峡、大足石刻、武隆喀斯特等自然人文景观。

商周时期，重庆是巴国的首都；南宋淳熙十六年，光宗赵惇先封恭王再即帝位，自诩“双重喜庆”，因此得名“重庆”；抗战时期是国民政府“陪都”；新中国成立初期为西南大区驻地和中央直辖市，后又为四川省辖市，1997年恢复为中央直辖市。

200万年前的旧石器时代早期，在今重庆市巫山县已经出现了中国最早的人类——巫山人。距今两万年至三万年的旧石器时代晚期，出现了“铜梁文化”（在今重庆铜梁区）。夏商时期，三峡地区是中国主要岩盐产区，由此在巫山地区催生了早期的巴国文明。《洛书》说：“人皇始出，继地皇之后，兄弟九人分理九州，人皇居中州，制八辅。华阳之壤，梁岷之域，是其一囿，囿中之国则巴（今重庆）、蜀（今四川成都）矣。”先秦时期，巴国先后在枳（今重庆涪陵区）、江州（今重庆渝中区）、垫江（今重庆合川区）建都。周庄王八年（前689），巴国与楚国激战于那处（今湖北省荆门市东南），双方相持数月，巴人不敌而归。巴楚之战时断时续，几乎贯穿整个巴史。

周慎靓王五年，秦惠文王更元九年（前316），张仪带兵灭巴之后，屯兵江州，筑巴郡城（江州城），城址在今渝中区长江、嘉陵江汇合处朝天门附近。是为史载重庆建城之始。秦朝分天下为三十六郡，巴郡为其一。汉朝时候巴郡称江州，为益州刺史部所管辖。汉光武帝建武十一年（35），岑彭由江州入蜀平定公孙述。汉献帝初平元年（190），刘璋分置永宁郡，治江州。汉献帝建安六年（201）复为巴郡。汉献帝建安十九年（214），刘备、诸葛亮由重庆（江州）入蜀平定四川（益州）。

三国时期，蜀汉李严在江州筑大城。晋朝改永宁郡为巴都郡。晋桓温讨伐李势，朱龄石平定谯纵，皆由江州入蜀。南朝宋齐复为巴郡，郡治皆为江州。南朝梁元帝太清四年（550），武陵王萧纪于巴郡置楚州，西魏文帝大统十七年（551）改为巴州，北周闵帝元年（557）又改楚州。魏晋南北朝时期，巴郡先后是荆州、益州、巴州、楚州的一个辖区。

嘉陵江干流古称“渝水”，隋文帝开皇元年（581），因渝水绕城，改楚州为渝州，治所为巴县。隋炀帝大业初年，州废，复为巴郡。唐高祖武德元年（618）为渝州，唐玄宗天宝初改南平郡，唐肃宗乾元初复为渝州。唐代延续渝州之称，为剑南道辖地。

巴与蜀一样，也是一个古老的部族。关于巴族的由来，常璩《华阳国志》

卷一说得比较含糊，认为黄帝、高阳之支庶世为侯伯，大禹娶妻于江州（今重庆）涂山。又说巴蜀一起参加了周武王伐纣，“武王既克殷，（封）其宗姬于巴，爵之以子”。也就是说，巴族在商周之际已经是一个势力颇强的方国，并得到了周王朝的封爵。《尚书·牧誓》记述协助周武王伐纣的有“庸、蜀、羌、髳、微、卢、彭、濮人”，未言有巴。常璩说巴人也参加了，也许另有所据，亦可能是一种推测。但总的来说，史料依据确实太少，常璩只能作些简略的概述。

其实，关于巴族的起源和建国的过程，还是有很多传说的。如《山海经·海内经》就说：“西南有巴国，大暤生咸鸟，咸鸟生乘厘，乘厘生后照，后照是始为巴人。”学者们通常解释大暤就是伏羲，而伏羲与女娲都是神话人物，巴人为伏羲的后代，当然是一种神话色彩很浓的传说。《世本·氏姓篇》则记述了巴人先祖廪君创国的传说，说“廪君之先，故出巫诞。巴郡南郡蛮，本有五姓，巴氏、樊氏、曋氏、相氏、郑氏，皆出于武落钟离山”；当时“未有君长，俱事鬼神。廪君名曰务相，姓巴氏”，与其他四姓互相赌胜，巴氏子务相掷剑中石、乘土船浮水不沉，众皆叹服，“因共立之，是为廪君”。后来又率众乘船来到盛产鱼、盐的地方，射杀盐水神女，“廪君于是君乎夷城，四姓皆臣之，世尚秦女”。《后汉书·南蛮西南夷列传》也采录此说，作了相同记述。并说“廪君死，魂魄世为白虎。巴氏以虎饮人血，遂以人祠焉。及秦惠文王并巴中，以巴氏为蛮夷君长，世尚秦女”。这些记述虽然传说的成分很重，但也透露了早期巴人是联络了其他一些部族而建立巴国的，并有白虎崇拜之习俗。有学者认为，现在的土家族即为古代巴人的后裔。

常璩《华阳国志》卷一说巴国的范围“其地东至鱼复，西至僰道，北接汉中，南极黔、涪”。也就是说在秦并巴蜀之前，巴人的居住区域大致在今四川东部、重庆、湖北西部、陕西汉中及贵州东北部一带。又说“及七国称王，巴亦称王……巴子时虽都江州，或治垫江，或治平都，后治阆中。其先王陵墓多在枳”。由此可知巴人曾在重庆、合川、阆中等处相继建立过都城。从其他文献记载看，《史记·张仪列传》正义引《括地志》说“巴子城，在合州石镜县南五里，故垫江县也。巴子都江州，在都之北，又峡州界也”。民国《合川县志》也有“今（合州）州治之南，地名水南，俗谓之故城口，即巴子别都也”的记载。巴人为什么要建多处都城？推测与巴族自身的发展以及巴与楚曾多次发生战争有关系。譬如《华阳国志》卷一说“巴、楚数相攻伐，故置扞关、阳关及沔关”，就是例证。

在长江三峡、清江流域、汉水流域、嘉陵江流域等都有很多重要考古发现，其中很多遗迹都与巴族先民有关。这也说明巴人活动范围广阔，以及巴族历史悠久。但遗憾的是，古蜀王国有三星堆与金沙遗址，而古代巴国迄今尚未发现有类似的遗址。由于缺少印证，巴族的由来以及创建巴国的历史，也就云遮雾绕，始终笼罩着一层难以抹去的传说色彩。

抗战时民国政府定重庆为“陪都”——战时首都。1937 年 11 月 16 日，民国政府主席林森，遵循迁都大计，交代属下的文官、参军两处干员，清点好中华民国印信旗幡等重要器物，连夜登船，先离南京去重庆。12 月 1 日正式于重庆办公。在成为“战时首都”之后，重庆成为中国抗战时期大后方的政治、军事、经济、文化中心，是抗日民族统一战线的政治舞台，更是世界反法西斯战争远东指挥中心。重庆在国际上享有盛誉的“英雄之城”“不屈之城”。1945 年 8 月 15 日，抗日战争结束后，民国政府还都南京，重庆为永久陪都。

在北碚区，嘉陵江从西北向东南纵贯全境，支流有黑水滩河、后河、璧北河、梁滩河、马鞍溪、明家溪、车盘溪、底洞沟、马桑溪、山王沟等大小河流 20 余条。在渝北区，嘉陵江沿西南边境流过，有后河注入。在江北区，嘉陵江自西向东三面环绕。在渝中区，嘉陵江在朝天门汇入长江。

嘉陵江支流众多，水系呈树枝状，东西基本对称，是四川流入重庆挟带泥沙最多的河流。由于上游黄土区土质疏松，中下游紫红色页岩又易于风化，加之岸坡很陡，耕垦过度，植被覆盖很差，造成坡面侵蚀强烈，流域内出现两个水土流失严重的地区，一个在上游陕西、甘肃境内，一个在中下游四川盆地中部丘陵区。嘉陵江径流由降雨补给，水量丰沛。洪水特征是历时短、洪峰高。由于嘉陵江流域形状略似扇形，洪水向心汇流，常常产生严重洪灾。

007 张子房拾履拜师

秦岭南麓汉中市留坝县境内有一座紫柏山，山岳巍峨，有九十二峰、八十二坦、七十二洞，风景如画，堪称秦巴千里栈道“第一名山”。紫柏山集高山草甸、珍奇动物、稀有植物、原始森林和峰、岩、洞、坦、泉、溪与峡谷为一体。世有“九寨归来不看水、紫柏归来不看草”之说。八渡河是嘉陵江一级支流之一，就发源于紫柏山西延部南侧。上游称为大川河，向南流经九股树河，先后接纳中川河、金池院河和东渡河等，在路家山以下始称八渡河。在白石沟至吴家营段，流向转折为东西向，吴家营以下又转折为南北向，于略阳县城附近注入嘉陵江。

八渡河干、支流的河谷相当狭窄，纵坡比降很大，显示出山溪性河流的特征，仅白石沟以下河谷稍微开阔，沿河有狭窄的河滩地。八渡河由徽县双洞子山进入留坝县境内，于两河口吸纳金池院河水，始称八渡河；再向南流，转向西流，同北来之任安沟水（古称小八渡河）相汇，迂回南流过象山东至留坝县城北关，过东门外受东渡河之水，向西南流至留坝县三河坝流入嘉陵江。

名山出名人，秦岭南坡的紫柏山麓就出了一个张良，有张良庙为证。张良庙又叫汉张留侯祠，为道教主流全真派十方丛林。川陕公路横越门首，交通较为方便。张良庙所处的庙台子，是山中的一片小谷地，北倚紫关岭，西北靠紫柏山。据说，最早的张良庙是由张良的10世玄孙汉中王张鲁所建，历经1700年，原址已无从考察。庙台子张良庙是明、清建筑，为陕西大型祠庙之一，张良庙大门左右刻着一副对联：

博浪一声震天地；

圯桥三进升云霞。

这副对联，是说张良“拾履拜师”的故事。“博浪一声震天地”这个上联，是说张良在博浪沙派人刺杀秦始皇。原来，张良（字子房），出身于贵族世家，张良的祖父连任战国七雄之一的韩国三朝宰相，父亲也继任韩国两朝宰相，按照当时的制度，张良也应该世袭宰相。但是，到了张良时代，韩国已逐渐衰落，公元前230年，被秦国所灭。张良心存亡国亡家之恨，并把这种仇恨集中于秦始皇身上。据说，张良到东方拜见仓海君，共同制定谋杀行动计划，并由仓海君推荐了一个大力士。张良散尽家资，为大力士打制了一只重达120斤的大铁锤，然后差人打探秦始皇东巡行踪。按照君臣车辇规定，天子六驾，即秦始皇所乘车辇由六匹马拉车，其他大臣四匹马拉车，刺杀目标是乘坐六匹马车的人。

公元前218年，秦始皇东巡，张良很快得知，秦始皇的巡游车队即将到达古博浪沙，因此，张良与大力士埋伏在路边等候。一会儿后，远远看到三十六辆车队由西边向博浪沙行走过来，前面鸣锣开道，紧跟着是马队清场，黑色旌旗仪仗队走在最前面，车队两边，大小官员前呼后拥。见此情景，张良与大力士确定是秦始皇的车队到达。但所有车辇全为四驾，分不清哪一辆是秦始皇的座驾，只看到车队中间的那辆车最豪华；于是张良和大力士认定中间那辆车载的定是秦始皇无疑。因此，大力士手提120斤的大铁锤冲到那车旁，只听车上的“秦始皇”一声大叫，被大力士当场击毙。张良趁乱钻入芦苇丛中，逃离现场。但是，张良与大力士在博浪沙狙击的并非秦始皇本人，而是秦始皇的随从。后来，秦始皇大怒，命令下属立即缉拿张良。因此，张良只好更名换姓，逃亡并藏匿到下邳这个地方。张良从容步游于下邳圯上，时遇圯上老人。

据传说，张良逃亡到下邳后，一天黄昏，他漫无目的地步行在下坯的圯桥上。这里，有一位被世人尊称为“圯上老人”的老翁，经常伫立于圯桥上眺望远方。圯上老人身穿粗布衣，见张良走到跟前，便故意把自己的一只鞋扔到圯桥下，并对张良说：“小伙子，下去给我把鞋子取上来，好吗？”张良丈二和尚摸不着头脑，心想为难圮上老人，但因为圮上老人年纪很大，便强忍怒火，下去取回鞋子。圮上老人得寸进尺地说："你给我穿上吧！"张良想，既然为圮上老人取回了鞋子，又何必计较，便跪下替圮上老人穿鞋。圮上老人伸出脚让张良把鞋穿上，笑着离去。圮上老人离开大约一里，又返身回来，告诉张良说："你这小子可以教导。五天后天亮时，与我在这里见面。"张良莫明其妙，答道"好"。

"圮桥三进"中的"第一进"：第五天天刚亮，张良就去到圮桥。但圮上老人已先到，他生气地责怪张良："跟老人见面，反而后到，为什么呢？"离去时说："五天后早点来见面！"

"圮桥三进"中的"第二进"：又过了五天，鸡刚叫，张良就起身去圮桥，但在途中因扶助一位老妪过街而耽误了片刻；当张良到达圮桥时，"圮上老人"又等在"圮桥"了，他再次发怒道："这么迟到，为什么呢？"不容分说，"圮上老人"再次起身离去，并甩下一句"五天以后再早点来"。

"圮桥二进"中的"第三进"：再过了五天以后，张良晚上还没到半夜就去到"圮桥"等待。只过了一会儿，"圮上老人"就到了，他笑着说"就应该这样"。拿出一本书，说："读这本书可以助你建立一番事业，十三年后你将在济北见到我，谷城山下的黄石就是我。"说完，就离开了。

第二天，张良看那卷书，原来是《太公兵法》。张良感到十分惊奇，常常反复地诵读它，后来，张良成为帝王的老师。

"圮桥三进"故事告诉我们，必须像张良那样，树立"忍"的精神，小不忍则乱大谋。要能机变、灵活地处理各项变化着的事件。

在圯桥附近有一座黄石山，此山的山顶上有黄石台。这个黄石台就是汉代张良和他的老师"圯上老人"相约见面的地方。《水经注》里是这样记载这一传说的："谷城北有黄石台，黄石公与子房（张良）期处也。"张良在圯桥下"拾履拜师"的故事，可谓是妇孺皆知。据史料记载，就在张良拜师学艺之后，"圯上老人"就和张良相约十三年后相见于济北谷城山下。十三年之后，张良跟随汉高祖刘邦，路过济北谷城，曾遍访"圯上老人"而未见。后来，张良来到黄石台下，见一黄色巨石，恰似一位正襟危坐的仙翁，颇像当年的老师"圯上老人"，即认为这石头就是老师化作而成，于是，张良便在此地建了祠堂，将这块黄石供拜起来，以纪念老师授业之恩。因此，黄石台便成了“黄石仙踪”。

有对联为证：

毕生彪炳功勋启自授书始；
历代崇丰烟祀端由辟谷开。

冯玉祥将军所立石碑也提及此事：

豪杰今安在，看青山不老，紫柏长存，想那志士名臣，千载空余凭吊处；

神仙古来稀，设黄石重逢，赤松再遇，得此洞天福地，一生愿作逍遥游。

008 天上流出西汉水

西汉水（又叫犀牛江、浊水），为嘉陵江一级支流。

西汉水有南北两源，南源发源于甘肃省天水寨子山，俗称南河；北源发源于甘肃省天水万寿山，在天水镇前与南河汇合后始称西汉水，在陕西省略阳县汇入嘉陵江。右岸支流清水江，由西向东，略成长条形，在礼县汇入西汉水。西汉水水系为树枝状分布，干支流分别向东、西伸展，主要支流向西，主干向东弯曲。西汉水流域地形以山地为主，仅礼县分布有平坦川地，流域黄土分布较广，水土流失较为严重，给嘉陵江增添了许多泥沙。

民间也有人把“西汉水”称为“天水”，即从“天上流出的水”，所以西汉水发源地就叫天水市。《山海经·西山经》说："嶓冢之山，汉水出焉。"《水经》则说："漾水出陇西氐道县嶓冢山，东至武都沮县为汉水。"郦道元《水经注》说："诸言汉者，多言西汉水。"又引阚骃云："汉或为漾。"也就是说，古代所称的"漾水"就是"汉水"，而《水经》的"汉水"或"漾水"，即今之西汉水。《诗·小雅·大东》说："维天有汉。""汉"，古代特指天河、银河，所谓云汉、天汉者也。在先秦，"汉"是天河、银河的专用名词。

古人之所以把发源于嶓冢山的水称作"汉"，其缘盖于在人类的初期，人们的方位观念并不像现在这么准确，既有东、南、西、北、中；也有上、下、左、右；那时的人由于生产生活实践的狭隘，形成了认识上的极大局限，他们以太阳为标准，只知日出日落，故在他们的方位观念中，只有东、西两个方向。太阳从东方地平线升起，到西边的高山中落下。因此，西边的高山就是太阳居住地"天"。"天"字在甲骨文中，像正立的人头上方有一块方形天空，是人类至高无上的地方。古籍中多以"天门"在西北方，很能说明问题。那时，华夏民族的先祖们活动区域的最西缘就是今天的西汉水流域上游地区（古称西垂）。而雄伟高大的嶓冢山雄居"西"地，那么，其最高端就是当时人们观念中的"天"。《山海经》和《淮南子》中有许多关于天帝的记述，均与嶓冢山有关。因此，发源于"天"的水，当然可称为"天上之水"，简称"天水"。古代时期的"天水"，不是地名，而是专指汉水，亦即西汉水。至于"维天有汉"，是人们对西汉水源头的朴素认识。

1972 年春，礼县征集到一批秦时期的货币、兵器、青铜器等文物，其中最具历史价值的便是"天水家马"鼎。"天水家马"鼎属青铜质地，盖表、腹上部各阴刻篆隶书十三字"天水家马鼎容三升并重十九斤"。该鼎被专家学者考证为秦器。据《汉书·百官公卿表》载："太仆，秦官，掌舆马，有两丞。属官有大厩、未央、家马三令，各五丞一尉……武帝太初元年，更名家马为挏马"。"家马令"是秦初设置的仅次于太仆的高级马政官职，其级别与大厩、未央二令平，是朝廷委任的重官。对"家马"解释，颜师古云："家马者，主供天子私用，非大祀、戎事、军国所需，故谓之家马。"可知，"家马"是天子私家之马。

西汉水上游，为古西垂地，土地肥沃，水草丰茂，又有盐井，是非常理想的繁畜之地。这里出产的马匹高大雄健，耐力持久，在上古时期，既可为优良战马，又可为优良的运载工具。嬴人非子曾在此为周王室牧马，“马大蕃息”，被周孝王封为附庸，邑于“秦”。足见其地具有优越的产马条件。直至如今，该地域的盐官骡马仍饮誉全国。秦人在这里设品质要求极高的皇家家马牧场，有其内在的必然性。

当时的“天水”，已成了地域或牧场名称，但不是行政区域。而且必须说明，“天水家马”鼎的铭文是“天水”一词的第一次出现，因此，“天水”一名的产生至晚可上推到秦代。

1990 年，在礼县红河乡草坝村出土了一通宋代“南山妙胜廨院碑”，碑文称：“秦州南山妙胜院，敕额古迹，唐贞观二十三年赐额昭玄院、天水湖。”宋太祖建隆元年赐敕改“妙胜院”，将“天水湖”改为“天水池”，碑文显示出宋代从皇帝到地方各级官吏对妙胜廨院的重视，也可以看出当时妙胜院的规格、盛况及影响，说明“天水湖”所在之处应是一个宗教和文化活动的中心。那么，妙胜廨院在何处呢？当然，石碑出土之处最能说明问题，而碑文又有明确记载：“南山妙胜廨院，在天水县茅城谷，有常住土田”。“茅城谷”即“峁城谷”。

宋代的“天水”，成了湖泊（池）名，该湖所在地自晋至清隶秦州。因为自魏晋以下，行九品中正制，士族大姓垄断地方选举权力，其姓与其所在郡县相联系，称为地望——即某地的地理位置。“天水”一名起源于西汉水上游，其地望出自《圣武记》。到汉武帝三年，从陇西郡分析出十六县置郡时，便将“天水”用为郡名。从那时起，“天水”才成了真正意义上的行政区域名。直至东汉时期，仍在西汉水上游设有“天水关”（今秦州区天水镇），为诸葛亮收服姜维之处。

009 岭高深陷白龙江

白龙江，属于嘉陵江一级支流，发源于甘肃省碌曲县与四川省若尔盖县交界的郎木寺，流经甘南藏族自治州的迭部县、舟曲县和陇南市的宕昌县、武都区、文县，在四川省广元市境内汇入嘉陵江。白龙江是甘肃陇南山地第一大河，古名桓水或垫江，与秦岭、淮河同为中国地理上重要分界线。

白龙江流域内山岭高耸，河谷深陷，乱石倒立，水流湍急。主要支流有达拉沟、多儿沟、腊子沟、小岷江、拱坝河、白水江及四川省境内的青川河等。山区林草茂密，盛产木材。水土流失轻微。舟曲到武都段，特别是北峪河流域的红、黄土覆盖区，夏秋多泥石流灾害。流域内耕地少，交通不便。

白龙江流域以主干流流经之地为主，也包括主要支流流经之地。主要支流流经之地有甘肃省陇南地区的宕昌县，武都县的洛塘地区，四川省阿坝藏族羌族自治州的九寨沟县。流域北面及东北面与甘南藏族自治州的卓尼县、定西地区的岷县、陇南地区的礼县、西和县、成县、康县接壤，南面与四川阿坝藏族羌族自治州的若尔盖县，九寨沟县、平武县及广元市的青川县相连。白龙江流域山峦起伏，上游属岷山山脉，中游属秦岭山系，河流沿岸的开阔区域不多，大部分地方都是高坡陡崖。

白龙江流域水系不对称，支流大部分分布在右岸。两河口以上属山原地区，河道蜿蜒于高山峡谷之中。中段两河口至碧口以高山为主，有部分高原和少量河谷平坝。碧口以下，属川西北高原向四川盆地丘陵过渡地带。干流右侧有白水江、清江河等支流汇入。白龙江下游河段河谷开阔，间有较宽的河谷平坝，水流减缓。

明代开始，为了巩固边关，教化“异族”，政府开始往白龙江流域大规模地迁徙汉人。加上明清两代的军屯、民屯以及流民，汉民逐渐成为流域的主体居民。

第一次流民高潮出现在明末清初数十年的战乱期间，川蜀移民大量涌入白龙江流域。当时，四川经济遭到严重破坏，造成大量流民。由于白龙江流域山大沟深，林密流急，较少遭遇苛政和兵燹，因而吸引和接纳了大批流民。今陇南各地普遍流传着其祖先是由“四川大槐树”[①] 下迁来的说法。根据民国时期编纂的《徽县新志》和《西和县志》（徽县、西和两县现均属陇南地区，与武都县毗邻）和现今能见到的一些家谱材料，证明这些说法是真实的。

第二次流民高潮出现在清朝同治年间，即陕甘回民大起义的十多年间，陕西移民大量涌入白龙江流域。陕西回民大起义被左宗棠率领的湘军平定后，回民起义部队四处逃散，多数退到甘肃白龙江一带休养生息；当然，也有部分回民退入新疆以及中亚地带，成为后来中亚东干人的祖先。

白龙江流域是古代“藏羌彝走廊”的通道之一，是一个多民族聚居区。元代以前，这里主体民族一直是羌、氐、藏等少数民族，汉族很少。该地处于青藏高原东部边缘地带，在其境内发现的马家窑文化、齐家文化、辛甸文化以及寺洼文化遗址。从大量出土的新旧石器时代的陶器和石器可以看出，骨器、编织和纺织技术已比较发达，环饰、珠饰和贝饰类遗物相当精美。白龙江流域主要盛行佛教和道教。境内沿白龙江有郎木寺、武都龙华寺、武都通化山普化寺、武都城关莲华山寺、武都龙凤山寺院、武都龙凤佛堂寺、陇南汉王寺、万象洞寺院、广严院、琵琶寺、邬金寺、武都坪牙喇嘛庙等数百座佛教寺庙。

如 2010 年 8 月 7 日晚至 8 日凌晨，甘肃省甘南州舟曲县发生强降雨引发泥石流灾害。滑坡泥石流堵塞白龙江，形成堰塞湖。造成重大人员伤亡和经济损失。

---

① 四川大槐树：疑是从“山西洪洞大槐树”移至四川后，再次移民；后人口口相传，只记得“大槐树”。

010 巴国三汇入渠江

渠江是嘉陵江左岸最大支流，也称渠河，古称潜水，又名岩渠水，两晋时称巴江、巴水，宋以后定名为渠江。据《水经》记载："潜水出巴郡宕渠县，南入（长）江。"《汉书·地理志》亦记：巴郡宕渠县"潜水西南入江"。因潜水纵贯宕渠县境，此后即称为渠江或渠河。渠县三汇镇为渠江的起始点，在这里，由通江河、巴河及州河"三汇"而成渠江。

北源通江河的上游有大通江和小通江，大通江发源于陕西省西乡县和镇巴县，小通江发源于陕西省南郑县的碑坝河，大、小通江均横切大巴山区，在通江县诺江汇合成通江河，继续南行，流入平昌县汇入巴河。

西源巴河发源于川、陕两省边界米仓山南麓的小河，从北到南接纳了西来的上两河、流溪、底板河、岳家河、团结河、乐坝河和东来的明水河等支流，在南江县境内称南江。南江流入巴中县大溪口后，始称巴河。在平昌县纳通江河后，继续南流，进入渠县境内。

东源州河，出川、陕两省边界大巴山脉西南麓，西南流，在渠县三汇与北源通江河、西源巴河汇集而名渠江，然后自北而南，流经三汇、土溪、临巴、城郊、鲜渡、琅琊等地，其间先后有涌兴河、桂溪河、流江河、中滩河等支流注入。

渠江从渠县最南端的琅琊瓦窖滩出境，由北东向南西斜贯广安境中部，进入岳池县境内。其间有源于华蓥山脉的临溪河、罗渡河、新民河汇入。接着进入重庆市合川区东北部，在合川区北的渠河嘴，注入嘉陵江。

渠江干流流经通江、南江、万源以南及巴中、平昌、宣汉一带时，山高谷深，河谷多成 V 形；河流曲折深切于岩层比较平缓的台状低山与深丘之间，河谷逐渐开阔，呈浅凹形，局部有“石龙过江”式的基岩河床，形成急流陡滩。

渠江流域支流密布，全流域大小支流共有 582 条。其中流域面积在 1 万平方公里以上的河流 2 条。渠江河道略呈“Y”字类型。主干上发出了许多分枝，形如树枝。渠县三汇镇以上水系，呈典型的扇形水网。

渠江洪水较多，洪枯变幅较大。泥沙较多，主要来自州河。

渠江流域面积约占嘉陵江全流域面积的 25%。从源头到渠河嘴，地跨陕西省的汉中、四川省的巴中、广元、达州、广安等市和重庆万州、合川两区，在四川境内共流经 24 个县（市）。

渠江流域中下游地区气候温和，雨量充沛、属中亚热带湿润气候，而北部米仓山、大巴山区气温较低，并多暴雨，属北亚热带湿润气候。渠江流域是川东北粮仓，特别是干流两岸及支流州河流域，农业生产发达，单产水平较高，达州、渠县、广安、岳池、大竹是省内商品粮基地。通江银耳以其朵大肉厚、胶重色纯为“耳中之魁”，在国际国内市场久负盛名。

渠江是沟通内地物资交往的主要通道，是大巴山区通向四川盆地腹心地带的天然黄金水道。渠江有舟楫之利的记载，始见于东汉建武十八年（42），此后历代均有航运开发。民国时期地方军阀割据，内战频繁，渠江航运日益萧条。直到抗日战争时期，政府颁布《制造木船贷款章程》，失业的船工重操旧业，渠江航运才逐渐兴旺。

渠江主要行航河道上有许多险滩，州河上源后河上的逆石滩乱石林立，最为险恶。隙榨滩、扁担滩、石堰口、沙坝滩、新滩等均系险滩。

渠江水源充足，江内含有大量有机物质和浮游生物，为鱼类的繁殖生长提供了条件。在渠江众多的鱼类中，除鳗鱼是海淡洄游性鱼类之外，其余均为淡水性鱼类。因此，构成优势种群资源的鱼类，均为淡水定居性鱼类。值得注意的是一种叫洋鱼的鱼盛产在石炭岩地区的暗河溶洞之中，既是一种难得的珍肴，也是渠江面临绝灭的鱼类。

011 布帆轻舟满涪江

涪江因流域内绵阳在汉高祖时称涪县而得名。涪江是嘉陵江右岸的最大支流，发源于四川省松潘县与平武县之间的岷山主峰雪宝顶。涪江南流经四川省平武县、江油市、绵阳市、三台县、射洪市、遂宁市、重庆市潼南县、铜梁区等区域，在重庆市合川区汇入嘉陵江。

涪江流域水资源开发早，流域内有唐代的折脚堰、云门堰灌溉工程，当今有被邓小平同志誉为“第二个都江堰”的武都引水工程。涪江干支流上建有多处梯级电站，中下游是四川省蚕茧生产的重要基地。涪江中游人口众多，城镇密集，交通发达。

涪江流域内最高处为源头雪宝顶，最低处为合川河口。域内包括 23 个县（区、市），居住着汉、藏、回等民族。流域内支流众多，或由高山峻岭之中奔驰而下，或由丘间河谷缓缓汇入，流域面积在 1000 平方公里以上的主要支流主要有火烧河、平通河、通口河、安昌河、凯江、梓潼江、郪江、蓬溪河（芝溪）、安居河（琼江）、小安溪。

涪江流域属亚热带湿润性气候区，域内气候温和、湿度大、雨量丰沛、无霜期长。流域内雨量丰沛，但时空差异较大，上游平武、北川、安县、江油处于龙门山、鹿头山暴雨区。年降水量不但空间差异大，年际间变化也大，降水量年内分配也很不均。涪江流域的气候特点，大致可分为上游亚热带湿润山区气候、中游亚热带偏干湿润丘陵区气候与下游亚热带湿润性丘陵区气候。受不同区域气候特点与下垫层的影响，涪江流域从上游到下游形成春旱、夏旱为主过渡到伏旱的分布模式。

涪江流域有众多的自然景观和名胜古迹，他们把这条江点缀得更加多姿多彩。平武报恩寺相传为明朝英宗时，镇守龙州的世袭土官王玺，用重金招聘曾修建过北京“紫禁城”的工匠，仿其形制，大兴土木而建的。这里有9999条龙，有1000只手的千手观音，有堪称稀世珍宝的转轮藏，被誉为报恩寺的“三绝”。

江油是涪江干流流经的重要城市，这里是唐代诗人李白的故乡。

012 天下独峰窦圌山

涪江在江油段，从窦圌山下经过。此山相传为唐代窦子明修道之处，又因山头如盛谷囤故名窦圌山。峰巅分别建有唐宋古庙窦真殿、鲁班殿和东岳庙。其中只有东岳庙有山道可攀登，其余二峰由铁索通行。

窦圌山是剑门蜀道上一颗璀璨的明珠。它山势奇险，佛教、道教文化历史悠久，有珍贵的文物古迹。窦圌山的建设始于梁大同年间，唐、宋、清都有大规模的建设。它最早为道教活动场所，后为佛教场所，最后佛教、道教共融相处。窦圌山山顶突兀着东岳峰、飞仙峰、神斧峰三座山峰，峰顶分别建有东岳殿、窦真殿与鲁班殿。三殿均以铁瓦盖顶，翘檐飞角，每当雨后初晴或晨雾欲退之时，云纱轻裹山峰，殿宇忽隐忽现，宛如天宫仙阙。而在天气晴朗时，周围百里都可以欣赏其凌空欲飞之势。

据明代曹学佺编《蜀中名胜记》记载，早在梁大同年间（535—545年），窦圌山上就住有僧人。唐代在山上兴建了云岩观，宋、元时期建造了规模宏大、工艺精巧的飞天藏等一批宫观寺庙。清代时又重建了山门、文武殿、护法殿、大雄殿等。云岩古刹背靠窦圌山山峰，坐北朝南位于山脊之上，临崖附山，气势雄伟。建筑基本上是佛教禅宗的庙宇布局，但是佛道二教又在文化与建筑上融为一体，东为禅院，西为道观，主要建筑均沿中轴线纵深布置，自外而内，形成殿宇重叠、院落附变、高低错落、主次分明的风格。像云岩寺这样建于山脊上，又是中轴线对称布局的古寺院建筑群，在全国也是罕见的。

当年，绵州才子李化楠、李调元父子曾赋诗窦圌山。李调元官场失意后游窦圌山留诗三首，其中一首：

岌为三峰云际开，天桥不必数天台。人间自有坦平路，谁向灵山顶上来。

乾隆七年进士李化楠在窦圌山也作过三首诗，其中一首：

天半巉岩石径开，罗浮顶上现三台。子明端坐绳桥外，世上何人敢过来。

“一链索三山”是窦圌山三座奇特山峰的缩影。看圌岭飞桥，探索铁桥架桥之迷，感受鬼斧神工的窦圌山。据说，窦圌山有个碧云洞，又名仙人洞、窦真仙洞，传说为窦子明修道之处，洞内有石床、石桌，可容4000余人。据前蜀道士杜光庭《窦圌山记》云：唐咸通初年本地道士毛意欢也曾在此洞修炼，据史料记载“此洞疑在东岳峰下”，但至今仍未找到，此洞究竟在何处至今仍是一个谜。

传说，窦圌山本来只有孤峰一座，后来有人请鲁班来帮助修建房屋亭台，窦圌山变得好似人间仙境。玉皇大帝知道后，他怕人间胜过天宫，便派天兵下凡弹压。鲁班急忙应战天兵，快速挥斧猛砍，但有两刀没砍着天兵头颅，却切入窦圌山峰，将窦圌山砍成了三块，故形成了窦圌山今天的三峰并立的奇观。

为了修造窦圌山上建筑，鲁班把别的山上的石头往窦圌山上赶，石头在鲁班的鞭下，变成了听话的癞蛤蟆，随着鲁班的呼唤声活蹦乱跳朝窦圌山奔去。行至途中，鲁班见一大姐在河边用竹篮打水，甚为奇怪，问道：“大姐，竹篮怎能提水呢?”鲁班话音未落，只见竹篮清水哗哗下漏。大姐勃然大怒，现出本相，乃观音菩萨。未容鲁班谢罪，观音菩萨开口道：“你的石头又为何会奔跑呢?”说罢，满山蛤蟆骤然不动，全都变成了形如蛤蟆、头朝窦圌山的二十四座小丘。

唐代诗人李白，曾在此吟道：“樵夫与耕者，出入画屏中。”一个“屏”字，点染出山的形象，勾画出了窦圌山活生生的世外桃源图。

013 水经西蜀绕绵阳

滚滚涪江，流经西蜀，直奔绵阳，绕城而过。绵阳，在战略家眼里，乃是“控扼四川，推为要害”的军事重镇；在政治家和历史学家眼中，它是川西北政治、经济、文化的中心；而在神州大地旅游业发展方兴未艾的当今，它又是魂系中华游子的旅游胜地。涪江这名字与县名有关。今天的绵阳，在汉高祖时称涪县。涪江流域人口稠密，农业发达，是四川开发较早的地区。雄踞川北的重镇绵阳位于阴平、金牛两条古道的会合之处，西北倚龙门山、摩天岭，东北临剑门山，据两山之险要，扼百川之要冲，自古为囤粮驻兵的重地。自汉、晋以来，涪县（绵阳）就是涪江流域政治、经济、军事的中心，涪江也因此得名。

绵阳地灵人杰，出生了许多历史名人：有大禹、欧阳修、李调元、沙汀。而司马相如、扬雄、诸葛亮、王勃、杜甫、白居易、苏轼、陆游、杨升庵、张问陶等历代名流骚客，则都在绵阳旅居过。

涪江相继经过三台县的云台观和射洪县的金华山。云台观绵延婉约，楼台殿宇，翠柏参天，始建于宋，重建于明清，至今保存完好。金华山居涪江西岸，是唐代著名诗人陈子昂读书台所在地，早为蜀中名胜。满山古柏，茂林森秀，山中道观建筑鳞次栉比，其间亭台错落，斗拱飞檐、古朴雅致，历时千余年，迭经修葺，独具艺术特色。站在金华山巅，滚滚涪江，阵阵松涛，悦耳涤胸。

涪江中游有遂宁广德寺，下游有潼南大佛寺，均建于唐代，十分雄伟壮观。涪江在合川入嘉陵江。合川是一座历史名城，那里有明清时期建造的古圣寺，有宋元战争遗迹钓鱼城。

涪江支流流域很有魅力。火溪河源头就有以保护大熊猫为主的王朗自然保护区。梓江流域有梓潼七曲山大庙、蜀道翠云廊，蓬溪河上有宝梵寺大殿及壁画。流经江油、绵阳、三台、射洪、蓬溪、遂宁的涪江段，有江有山，有水有树；有低山和丘陵，有河谷及平原。丘陵区多浑圆丘顶，成串珠状分布；间有台状、方山状丘原；江中漫滩发育，多沙州、支濠，汛期河床变化大。河流两岸间隔分布着河流冲击层形成的一阶台地小平原，涪江中游人稠物丰，早在新石器时期，我们的祖先就在这片土地上繁衍生息。

014 仙风神雾好消灾

嘉陵江的发源地凤县，古称凤州，地处陕西省宝鸡市西南。因地连陕甘，又处入川孔道，北依秦岭主脊，南接紫柏山，古栈道贯通全境。周代所建的故道，汉时修建的褒斜道，南北朝时修建的回车道，元代修建的连云栈道均从此通过，故有“秦蜀咽喉，汉北锁钥”之称。

凤县西接天水，西南靠陇南地区，东南是富庶汉中，北连西岐关中之地，是华夏祖先最古老的聚居区。夏处雍、梁二州交汇处，商末属岐封地。周并梁州于雍州，为陇右近畿之地，春秋时为氐、羌族聚居地区。

秦始皇二十六年（前 221 年）统一中国，实行郡县制，在今凤县与留坝县大部、太白县小部和甘肃省两当县的范围内设故道县（县治在今张家窑与龙家坪之间），隶陇西郡。

嘉陵江为境内最大河流，发源于境内代王山南侧，自东北向西南斜贯，在县境西南部形成双石铺宽谷构造盆地。小峪河、安河等为其主要支流，呈枝状分布。东部中曲河为褒河支流西河上源，南流出境，属汉江水系。灵官峡是嘉陵江上游第一道峡谷，嘉陵江在灵官峡流出陕西省，跨过甘肃省两当县向西南延伸，然后又流回到陕西省略阳县境内。

凤县的消灾寺，原名萧斋寺，坐落于古凤州豆积山顶古柏覆盖的悬崖石窟中，雄伟壮观。豆积山虽不高，但山势峻峭，奇石突兀，仙风神雾，给人虚无缥缈之感，确是“消灾”避害之地。有人作楹联：

东瞧：蛟龙下岩，观旭日东升，举首入水；
西望：猛虎卧地，看夕阳西下，起身归山。

人们常说凤州左青龙右白虎，乃藏龙卧虎之地。

据说，在两千多年前，楚汉相争，霸王项羽自恃强悍，背信弃义，拥兵据守咸阳，贬刘邦为汉中王。刘邦出于无奈，自咸阳起程前往汉中，一路之上忧心忡忡，大为不快。途经凤州，有一僧人求见，道：贫僧栖身北山小庙，久闻大王圣明，今经此地，故来送行。观大王气度非凡，日后必得善果。今虽有难，自有高人相助。汉中乃藏龙卧虎之地，大王尽可前往，不必忧虑，凡事自有天定。老僧言毕，拂袖而去。后来，刘邦依老僧之言，退守汉中，屯兵养马，大兴农桑，拜韩信为元帅，张良为军师。五年后，明修栈道，暗渡陈仓，灭西楚，平四海，终于一统天下。

刘邦想起当年凤州遇老僧一事，降旨丞相萧何，前往凤州寻访老僧。萧何来到凤州，四处差人查访，方圆百里，并无老僧足迹。刘邦感激老僧的相助之恩，即令萧何在凤州北山——豆积山顶险要地段修建一庙，庙乃萧何所建，故取名“萧斋寺”，从此香火不断。

到了大唐中叶，安禄山兴兵叛乱，叛军兵临潼关，唐玄宗李隆基仓惶逃往四川。路经凤州，进香萧斋寺叩头，对佛祖许愿：“祈求佛祖保佑，大唐江山永固，早日平息叛贼，回京之时定为佛祖翻修庙宇，重塑金身。”不久，安禄山叛乱平息，唐玄宗起驾回长安，人马行至凤州，上山还愿。遂传旨凤州地方官，翻修萧斋寺，重裱佛祖身，将“萧斋寺”，更名为“消灾寺”。从此该寺香火更加旺盛，远近闻名，延续至今。

有关消灾寺的“萧寺晨钟”“铁棋仙迹”“通玄洞”等景观为文人墨客广泛称颂。唐代刘沧在过陈仓栈道途中，题诗《晚春宿僧院》道：

萧寺春风正落花，淹留数宿惠休家。
碧空云尽磬声远，清夜月高窗影斜。
白日闲吟为道侣，青山遥指是生涯。
微微一点寒灯在，乡梦不成闻曙鸦。

刘沧在《秋日山寺怀友人》中说：

萧寺楼台对夕阴，淡烟疏磬散空林。
风生寒渚白苹动，霜落秋山黄叶深。
云尽独看晴塞雁，月明遥听远村砧。
相思不见又经岁，坐向松窗弹玉琴。

《旧唐书·玄宗》载：“辛丑发扶风郡，是夕，次陈仓。壬寅，次散关。分部下为六军，颍王璬先行，寿王瑁等分统六军，前后左右相次。丙午，次河池郡，崔圆奏剑南岁捻民安，储供无缺，上大悦。”其中，河池就是今凤县。安史之乱时，唐玄宗李隆基过栈道南下入蜀路过凤州，而且在凤州接见了剑南使者崔圆。

凤县地处巍巍秦岭之巅、滔滔嘉陵源头而得名，东河桥村被人们称为“千里嘉陵第一村”。嘉陵江源头植被茂密，奇峰耸立，潭瀑众多，景观奇特。

015 不见王师出散关

在中国历史上，“关中”就是“四关之中”，由西大散关（大震关）、东函谷关（东汉后被潼关取代）、南武关（位于陕西凤县）和北萧关（金锁关位于今宁夏同心县南）所拱卫起来的渭河平原地区。关中是兵家心争之地，坐拥关中而成就霸业的王朝有秦、汉、晋、隋、唐。

大散关也叫散关，位于陕西宝鸡市南郊川陕公路侧的清姜河岸。北连渭河支流，南通嘉陵江上源。为周朝散国之关隘，故名散关，有郭沫若书写“大散关”三字。散关远离西安，历史遗迹很多。老子、曹操、王勃、王维、岑参、杜甫、李商隐、陆游等都曾先后到过散关。散关当秦岭咽喉，扼川、陕要道，也是古代兵家必争之地。三国曹操《秋胡行》之一：“晨上散关山，此道当何难!”宋陆游《观长安城图》诗：“三秦父老应惆怅，不见王师出散关。”清吴伟业《圆圆曲》：“斜谷云深起画楼，散关月落开妆镜。”散关始建于西汉，废弃于明代。西周时期，这一带为散国所在地，陈仓故道亦由此经过。现在关址处立有“秦岭”石碑一通。在散关岭上的古散关关门遗址东面，立有“古大散关遗址”石碑一块。

大散关山势险峻，因其扼南北交通咽喉，自古为“川陕咽喉”。秦岭西端与陇山分界处为嘉陵江上游低谷地带，是秦岭西部往来的一条重要通道。大散关即在此通道的北端依险而立，位于今陕西省宝鸡市西。大散关是关中与汉中、巴蜀之间的咽喉，为南北必夺之地。“北不得散关，无以图汉中巴蜀；南不得散关，无以图关中。”如果“不见王师出散关”，那么，汉中必无灾害，巴蜀必是太平之年。据说，大散关曾发生过70多次战役。楚汉相争时韩信“明修栈道，暗渡陈仓”就从这里经过。三国时曹操西征张鲁亦经由此地。据陈寿《三国志》记载："（建兴六年）春，亮复出散关，围陈仓，曹真拒之。"当今的大散关，兵家必争已成民间传说，孤魂野鬼已烟消云散；春季山花烂漫，万木吐绿；夏季凉风习习，群山披翠；秋季层林尽染，云海松涛；冬季白雪皑皑，玉树琼枝。特别是在炎炎夏日，这里凉爽宜人。远望，云海在山间缭绕，如轻烟，似白纱；近听，飞鸟在枝头歌唱，声在响，音在鸣。

016 倒骑毛驴紫气生

古函谷关位于今河南省灵宝市北。据说，在周朝时，函谷关关令尹喜，爱好学习，喜欢天文，善观天象，为官清正，屡被擢迁。有一天，尹喜夜晚巡城时，抬头仰望天空，忽然看见一道奇观，由东向西飘来一条彩龙，紫气东来，祥云聚集。尹喜非常高兴，认为必有异人前来过关！于是，认真观察过往行人，恭候异人光临。后果然见一人倒骑青牛来到函谷关下。尹喜满心欢喜，心知此人倒骑青牛，悠然自乐，必是异人无疑。不由自主脱口而出：

紫气东来三万里，圣人西去经此地。
青牛倒骑观盛世，藏形匿迹混元气。

尹喜并不知道倒骑青牛的人是谁，急忙迎至关前下拜为师。原来，这人就是老子。尹喜真是又惊又喜，苦苦挽留。两人有缘相遇，交谈投机。老子看到尹喜虔诚备至、求知若渴，欣然允诺留在此地闭门著书。这便有了千秋名著《道德经》。从此，"紫气东来"就用来表示祥瑞。

青牛是一种性情温和的动物，且有忍辱负重、坚韧不拔的特点。《易传》曰："天行健，君子以自强不息……地势坤，君子以厚德载物。"这既是道家创始人老子的思想主旨，也是我们中华民族的精神。异人必有异象，异人必有异举，即异人的异象和异举，往往不被常人理解，比如，老子“倒骑青牛”，张果老“倒骑毛驴”。

张果老，本名张果，生于南北朝后期。成年后，他在龙脊山的大方寺出家，仙逝于唐开元年间，《唐书》里有记载。

张果老的标志性品牌是“倒骑毛驴”。传说，当年张果老、鲁班都还年轻，他们在嘉陵江的一个码头相逢，但彼此并不相识。这个码头上，当时摆放着刚从嘉陵江打捞上来的七、八具尸体，嘉陵江中仍有几艘小船在继续打捞尸体。原来当天早上嘉陵江上的一艘渡船侧翻在洪水里，造成了几十人死亡或失踪的灾害，死者的亲人们悲痛欲绝，围观的群众心情十分沉重。在当时，人们过江主要靠渡船，但渡船却经常因风雨或洪水而翻船，乘客或死或伤是常有的事。

“唉，如果……我们能够在嘉陵江上架座桥梁……”鲁班讷讷地说道。鲁班身边骑着毛驴的张果老觉得这年轻人“站着说话不知道腰痛”，好奇地瞪了一眼鲁班，不以为然地答：“这可能么？痴人说梦！”“怎么不可能？”鲁班不服输地反问张果老。“你如果在这嘉陵江上修起了一座桥，我张果老‘把毛驴倒起骑’”。张果老半是讥讽，半是调侃地说；“真的？”鲁班却认了真。张果老被逼，只好硬撑，答：“当然没有假！”鲁班若有所思地点了点头。当天黄昏，鲁班迷迷糊糊地在嘉陵江边睡着了，他恍惚记得观音菩萨教了他“四句偈语”，并告诉他可以用此偈语去“赶木材入江”。鲁班醒来顿悟其意，立即从山上“赶了一大批木材”到嘉陵江码头处，趁着夜色，横七竖八地堆在嘉陵江上，鸡鸣前就拼成了一座大木桥。

次日凌晨，张果老准备出门游山，当他骑上毛驴时，只见毛驴跃身一跳，把张果老翻了个面，成了“倒骑毛驴”状；接着，毛驴驮着张果老，快步出门。张果老惊奇不已，毛驴已经将张果老载到嘉陵江边的大木桥旁，张果老瞪着犹如“苍龙飞架，新月出云；又似长虹饮涧，玉环半沉”的大木桥，顿时明白了发生“倒骑毛驴”变故的原因。张果老摇了摇头，叹道：“凡人不可貌相，海水不可斗量”！

自古君子口中无戏言，后来，张果老从道士一直到修炼成仙后，所经之途，必然是“倒骑毛驴”。

017 用武之地略阳城

略阳城周有六座山。即“男山对女山、狮子瞪象山、凤凰戏牡丹”。其中“男山对女山”，即男山弦音南山，女山弦音雨山，即南山与雨山相对。“狮子瞪象山”，即狮子山与象山对立。

“凤凰戏牡丹”，也是指的两座山。据说，略阳古时候叫“兴州”，传说先秦国王符坚就出生在这里。后来据此消灭了其他割据势力，统一了北方，还进一步向南扩展，企图统一全国。但是在与东晋王朝的“淝水之战”中失利，一蹶不振。以后历朝历代，兴州一直被兵家抢争。

略阳属于陕西省汉中市，位于陕西省西南部，地处陕甘川三省交界地带，东南与勉县、宁强接壤，西北与甘肃康县、成县、徽县相连，是汉中的西大门和陕甘川三省重要的物资集散地。

略阳，先后称过“沮县”“武兴”“顺政”“兴州”“沔州”等。关于略阳之名的由来，亦有多种说法，归纳起来，主要分为三类：

一是光照说。据明代《游寺记》载：“时过午，即不见日，盖山高云障，此略阳之得名也。”“略”，短也；“阳”，太阳，即由于高山耸立，厚云密布，每天午时以后，则很少能看见太阳，所以称为“略阳”。按民间的说法，这里是“半阴半阳”之地。

二是要隘说。据说这里不但地处山峰之南的阳山，而且是“战略关隘”，历来为兵家争夺之地。《嘉靖略阳县志》载：“此地为用武之地，曰‘略’，象山之南曰‘阳’，故名‘略阳’。”

三是侨置说。南北朝时，陇之秦安设有略阳郡。因连年战争，略阳郡大批氐人侨迁至此，仍旧沿用原郡县称谓。《南齐书》因而载之“武兴县侨置略阳县”。本文所说的“氐人”是古族名，周秦时分布在今甘肃、陕西、四川三省相邻地带，主要从事畜牧业和农业。

略阳自西汉元鼎年间划定行政区域以来，至今已经2100多年。而华夏先民在此生息繁衍的历史，则可追溯到新石器时代。从有关史料得知，先秦之前，这里是氐羌两个北方游牧部族的聚居地。他们以狩猎垦荒放牧为生，播谷炙肉，逐渐强盛发展起来。

略阳以县城为中心，东西南北各方大体相等，平面图略呈长方形。县境从北到南有两条高度不等的相对平行线贯穿。一是嘉陵江干流线，将县境分为大致相等的东西两半；二是南北山脉脊岭线，东北部西庵山山脉，向南扩展伸延，脊岭经费家垭、大茅垭、煎茶岭、分水岭，与东南部龙山主峰支脉漂草坪连成一线，伸向宁强县境。

县境内属长江流域，分为汉江、嘉陵江两大水系。灵岩寺摩崖位于陕西省略阳县城南嘉陵江畔。灵岩寺又名灵崖院、白鹿洞。自古以来享有“灵崖洞天”的美誉。据洞内摩崖刻石和《明嘉靖略阳县志》所载：灵崖寺建于唐开元年间，它以两个天然的大洞穴而闻名于世，吸引着历代文人骚客。唐代大诗人杜甫、唐宋八大家之一的苏轼都曾泛舟嘉陵江，游览灵崖。

018 两河一江看狮象

据说唐僧带着孙悟空、猪八戒、沙和尚从西天取经归来，赶了一群狮子和大象，打算给南海观世音菩萨送去。路过略阳，正碰上八渡河、玉带河、嘉陵江两河一江，发洪水淹没城池，危害人畜。唐僧急忙唤悟空察看什么妖怪作乱。孙悟空四下观望，发现城西门下有一块乌龙石，龙头伸进嘉陵江，喷水吐雾，兴风作浪。沿西门水码头停靠的上百只货船，被洪峰时而抛起，时而降落，叫人看了胆颤心惊。悟空怒发冲冠，一个筋斗翻在乌龙石身边，一步跳上龙背，手舞金箍棒大喝一声："大胆乌龙，还不给我退水！"乌龙，挨了一棒，只好潜入水中，再也不敢露面。江水立刻下落，水患很快平息。唐僧各留一只大象狮子，让其站在县城两面，合镇一方，普救万民。"唐僧口念佛经，在白云缭绕中，只听山鸣谷应，祥云高升，八渡河两边，徐徐地升起了两座石山，挺立在两河一江交叉之处。在唐僧师徒的吩咐下，为了免除乌龙再次作乱，大象将长鼻子伸下去，压在乌龙石的背上，日日夜夜镇守嘉陵江。狮子山昂首挺胸，张开大口，驱恶降妖，守护着八渡河。

019 略阳凤凰戏牡丹

略阳古时候叫兴州，一直为兵家所争。宋朝大将吴玠、吴璘兄弟俩，曾在此筑高台，建行馆，坚壁城廓，南拒异族骚扰，北抗金人入侵。这年夏天，兴州发洪水淹没了高台行馆。兄弟俩商议重新修建城池。于是征集民夫，修筑新城。谁知事与愿违，城池筑好就倒，再筑再倒，几易地势，反复如此。一天，雪后，红日高照，迎着朝阳，从天空中落下一只色彩艳丽的凤凰，在兴州城的对面山根，迈着方步，踏雪走了一圈，然后昂首高鸣三声，展翅飞上山顶的梧桐树林。吴玠、吴璘顺着凤凰留在雪地上的脚印察看。凤凰走过的一圈，正像一朵含苞欲放的牡丹花。吴玠晃然大悟：这不是"凤凰戏牡丹"吗？顺着山势，依山而就，一里见方，正是一张难得的兴州新城地形图。吴玠马上下令民夫顺着凤凰脚印构筑城池。第二年春暖花开，一座"牡丹新城"巍然屹立在古兴州的对面。从此，兴州便有了两座城。由于人人爱护凤凰，凤凰也就在山顶上那棵最大的梧桐树上安了家。后来，人们就把这座山叫做凤凰山。凤凰山居高临下，与山下的牡丹新城——兴州（即略阳城），形成“凤凰戏牡丹”之奇景。

020 云姑舞醉山中虎

略阳翠峰亭位于县城东部的嘉陵江畔。传说唐朝安史之乱后，蔡氏引着小女儿云姑，跟随被丈夫生前好友——大诗人杜甫一路，颠沛流离，度关陇，客秦州，寓同谷。杜甫当时也穷困潦倒，对蔡氏的关照难以周到。蔡氏只好沿嘉陵江而行，来到兴州地界，就是今日的略阳翠峰亭附近。这里山青水秀，民情厚道，物产丰富，更可称道的是这里山泉涔涔，四季长流。蔡氏思忖，长期飘泊不定，不如定居从业，凭自己酿酒技艺，开酒店维生。因此，蔡氏母女便住在翠峰亭，开了个“翠峰酒肆”。后来小女儿云姑长到十二三岁时，出落得亭亭玉立，极好歌舞。当时民谣这样形容她：云姑若唱歌，凤凰亦落坡；云姑若起舞，惊醉山中虎。就是说山中的凤凰、老虎都拜倒在云姑的歌舞面前，足可见其歌舞技艺之高超精湛。母亲开店卖酒，女儿唱歌习舞，不久便远近闻名。母女二人极好施舍，乐于助人，四邻乡里，无不敬爱。兴州又处陇、秦、蜀三省接界，过往客商极多，所以生意很是兴隆。当时兴州的太守房涣，也经常来此探访。房大人不仅喜欢观赏歌舞，而且极爱饮酒吟诗。天宝八载（749），房涣应招上朝。皇上夸奖他清廉公正，又设宴款待。房涣兴奋不已，回到略阳以后，便邀请了一伙朋友，到翠峰亭宴游吃酒，观赏云姑的歌舞。席间，他洋洋得意，炫耀皇上对他的赏识。酒毕，趁着酒兴，写了一篇文章，叫《宴游记》，刻在翠峰亭的石壁上。这就是现存《宴游记》摩岩石刻的由来。这通石刻，楷书十八行，每行九个字。石刻内容，是描写当时受到皇上优待，吃过皇上恩赐的酒席，感到无比自豪和荣幸。石刻刀法苍劲有力，古朴豪放，为后世许多金石学者所推崇。当时还把蔡氏所酿造的美酒、云姑的绝唱妙舞，也著文称赞，刻于另一石壁，只因年长日久，风化剥落，已经模糊不清。又过了两个月，南方古楼县（今江苏松江县）来了个文人，名叫邹文。夜里歇在翠峰亭，喝了蔡氏的美酒，观赏了云姑的歌舞，激动不已，第二天黎明，也走上翠峰亭山，刻了“石室”二字。“石室”二字有人解释是“此处险绝，行人少至”，也有人说，女娲补天时，留下一块石头造了此屋，是极好的房屋之意。这石刻的刀法，也为后人称绝。天宝十载冬，蔡氏带着女儿云姑，离开翠峰亭回长安。临行，太守房涣用自己的骏马送母女二人上路，并资助了一笔银两。据说蔡氏回到长安以后，又开了一座酒楼，生意很是兴隆。当时不少文人墨客都到酒楼里吃酒。她经常打听杜甫的消息，希望杜甫能重返长安，但始终未能如愿。蔡氏和云姑虽然走了，但翠峰亭成为春日宴游之地仍然没变。每年春天，来这里踏青赏景、游山怀古的人络绎不绝。

021 秦蜀咽喉汉水源

有“秦蜀咽喉”与“汉水源头”之称的地方是宁强。宁强位于陕西省西南隅，北依秦岭，南枕巴山，处于秦岭和巴山两大山系的交汇地带。境内东南高，西北低，中部有五丁山。雨量充沛，空气湿润，大部地区属暖温带山地湿润季风气候，降水强度大。

宁强县是一个南北交汇、襟陇带蜀的山区县，是大西北进入大西南的门户通道。是汉江发源地，有“三千里汉江第一城”之美誉，嘉陵江南北直贯宁强，从宁强的燕子砭入川。

宁强历史文化沉淀甚厚，独特险要的地理位置，促使南北文化在这里撞击，秦蜀风情在这里融合，巴蜀文化特色鲜明。历代文人骚客对宁强多有题咏，如唐代的杜甫、李白，宋代的文同、陆游，明代的薛宣、杨慎，清代的曾国藩、何绍基以及近代的于右任、罗章龙等，都曾写下有关宁强的诗篇。李白在《上皇西巡南京歌十首》中说：

秦开蜀道置金牛，汉水元通星汉流。
天子一行遗圣道，锦城长作帝王州。

古金牛，今陕西宁强也。宁强据“剑门蜀道”东端，为古今秦蜀咽喉，是汉水发源地和嘉陵江上游。峰峦崔巍，林木葱笼，备秦巴之景色，汇南北之风情。境内奇峰秀水，雄关矗立。西峡关、五丁关、牢固关、七盘关、盐茶关、阳平关、铁锁关、青木川，关隘众多，自古是兵家必争之地。阳平关，三国赵云据此而北伐，唐明皇越境而奔蜀。

青木川是宁强县的一个古镇，既位于嘉陵江边，又处于川陕公路旁，开始因川陕道内边一棵青木树而得名，接着因人物魏辅唐和古建筑而名声大振。2014 年，随着电视剧《一代枭雄》（剧中人物何辅堂历史原型人物就是魏辅唐）的热播，青木川又得一新名“风雷镇”，国人都在寻找陕西省的风雷镇，风雷镇的名字与《一代枭雄》也比较贴切，或许有一天，青木川会改名为风雷镇，就像当年“王村”改名为芙蓉镇一样。

青木川远离县城，地处僻远。虽为要塞，却一直处于闭锁状态。有几条逶迤石径连通邻省毗县，供山民来往交通。遇三逢场（当地人称为“趁墟”），山民结伴来来往往，背扛肩担，荷货互市。

青木川附近的山脉曾名“五盘山”，当年杜甫在此过境时曾赋《五盘》诗一首：

五盘虽云险，山色佳有馀。
仰凌栈道细，俯映江木疏。
地僻无网罟，水清反多鱼。
好鸟不妄飞，野人半巢居。

喜见淳朴俗，坦然心神舒。

……

虽白驹过隙、日月如梭，世界的面貌日新月异，青木川中先秦遗风尚存，青山风貌依旧。

022 中国京师第一县

古三泉县是中国第一京师直辖县。据说，古三泉，即从陕西省宁强县阳平关镇擂鼓台村流出的三眼泉水，清亮如镜，水流如注，冬温夏凉，应时而变，甘甜爽口，含钙高，是天然的矿泉水，历来为游人饮用，从未断流。古三泉遗址，位于古三泉所在的擂鼓台村，距汉中市约一百公里。古三泉县建于唐初，历经残唐五代征战割据，县名、县治一直未改变。出于治理蜀乱的战争需要，北宋乾德五年（967）宋太祖赵匡胤诏令三泉县直属京师，至道二年（996）以三泉县升建大安军，后几经升并，直到元朝至元二十年（1283）因战略需要才将三泉县撤并，三泉县开中国历史中央直辖县的先河，直隶京师137年。

既然号称“中国第一京师直辖县”，一方面说明在这以前从未出现过“京师直辖县”的建制；另一方面说明在唐宋时期，古三泉的地理位置十分重要。大量出土的诸如《皇帝籍田手诏》《仪制令》和宋瓷等珍贵文物为证。古三泉不仅地势险要，而且以风景佳秀著称。南宋陆游写道“江云垂地滩风急，一似前年上峡时”，把三泉的风光与长江三峡相媲美。

023 阳平关唱空城计

在蜀道上，有一个小镇叫阳平关，隧道最多的宝成铁路就经过这里。阳平关镇位于陕西省宁强县以西的嘉陵江谷地，南靠鸡公山，北依银屏山，中有子龙山，地形复杂，气势雄伟，向以险关要隘著称。嘉陵江由东北向西南穿越小镇，三道河与韩家河从东南岸、清河从北岸汇入。

据说，当年蜀相诸葛亮屯兵于阳平关，唱了一出举世闻名的空城计。青砖筑就的四四方方的城门楼，没有什么令人惊奇之处。可就是这样一个不起眼的小楼，却成为兵法“空城计”应用最成功的典范。三国时期，魏国派司马懿挂帅进攻蜀汉街亭，诸葛亮派马谡驻守街亭而失败。司马懿率兵乘胜直逼西城，诸葛亮已经无兵迎敌，但他沉着镇定，大开城门，自己在城楼上弹琴。司马懿怀疑城内设有埋伏，引兵退去。这就是著名的“空城计”。

雄关依旧，往事如烟。当纵横交错的公路、铁道已使天堑变通途时，古阳平关遗址上那残存的城墙、古碑刻和深深浅浅的壕沟，似乎仍在向人们诉说着一个个辉煌和荣耀的故事。

子龙山巍然坐落在嘉陵江边，据说因当年赵子龙在此镇守练兵而得名。老街面对嘉陵江，背靠鸡公山。鸡公山又叫击鼓山，在不远处有“擂鼓台”，有山有水。站在子龙山上看嘉陵江对面的鸡公山，就像雄鸡的头冠挺立，翠绿的山体把他装扮得更加瑰丽。

024 刘备抢占定军山

东汉灵帝末年，益州牧刘焉阴谋割据巴蜀，遣张鲁为督义司马，攻打汉中。张鲁率兵自成都北上，沿剑阁栈道出古百牢关，到达沔阳（今陕西勉县）。首先从阳平关打开缺口，并筑寨堡于西侧的走马岭，随后南渡沔水（今汉江）占领定军山，北面夺取天荡山，杀死汉中太守苏固，从而占领整个汉中。张鲁自封“汉宁郡王”，统治汉中长达20多年。

建安二十年（215），曹操率兵10万，攻取徽县、凤县后，开始进军汉中，攻阳平关。张鲁命守将张卫、杨昂、杨任等人依山筑寨坚守。曹兵久攻不下，只好诈退，使阳平关守军放松警戒。而后，曹兵乘机攻取阳平关，张鲁守军自乱，杨昂战死，张卫、杨任逃回南郑，张鲁逃往四川巴中。曹操夺取汉中后，留夏侯渊、张郃、徐晃等镇守汉中，自己则因恐后方不稳而率主力回到北方。

建安二十三年（218），刘备率领诸将进军汉中，被张郃阻挡在阳平关外汉江上流的深山峡谷之中的彼此相互对峙一年有余，刘备未能进入汉中盆地。建安二十四年（219），刘备一面派兵攻打张郃在走马岭的营堡，一面南渡汉江，沿山涧小路，通过夜间偷袭抢占了军事要地定军山，并且斩了夏侯渊。张郃闻夏侯渊败死，即退守阳平关。随后，曹操增兵阳平关与刘备决战，刘备坚守不出，曹军终因军粮不济，将士伤亡过大，而败退关中。自此，汉中归刘备管辖。

建兴五年（227），诸葛亮出师北伐，率领各路大军屯兵沔阳长达八年之久。在这八年里诸葛亮一直把阳平关作为进可以攻、退利于守的大本营。其中，六出祁山，有四次都是出阳平关沿陈仓古道进行北伐的。而每当退兵时，他又在这里休养生息，教兵演武。现今在古阳平关的卧龙岗上仍留有诸葛亮读书台遗址。

025 嶓冢山水至今流

唐朝诗人胡曾在《嶓冢》一诗中写道：

夏禹崩来一万秋，水从嶓冢至今流。

这里的水指汉水。汉水又叫汉江，是长江的主要支流之一，发源于嶓冢山，向东南流入沔水。嶓冢古代通称汉水为沔水。据《水经注》记载，北源出自今陕西留坝西一名沮水者为沔水，西源出自今宁强县者为汉水，二源合流后，通称沔水或汉水。《说文》中说：“沔水出武都沮县东狼谷。”

嶓冢山系从汉王山起首，向西南延伸，直至川陕交界处。山之东水东流入汉水，山之西水西流入嘉陵江。据传，当年汉高祖刘邦曾亲登此山，山上至今尚有汉王庙和汉王系马桩等遗迹，昔日南麓还有高祖试剑石，汉王山现已满山葱郁，绿林接天。南宋爱国诗人陆游告老还乡后，在《十月二十六日夜梦行南郑道中既觉恍然揽笔作》中，依然怀念嶓冢山及汉王山的美丽风光：

孤云两角不可行，望云九井不可渡。
嶓冢之山高插天，汉水滔滔日东去。
高皇试剑石为分，草没苔封犹故处。
将坛坡陀过千载，中野疑有神物护。
我时在幕府，来往无晨暮。

夜宿沔阳驿，朝饭长木铺。
雪中痛饮百榼空，蹴踏山林伐狐兔。
耽耽北山虎，食人不知数。
孤儿寡妇雠不报，日落风生行旅惧。
我闻投袂起，大呼闻百步。
奋戈直前虎人立，吼裂苍崖血如注。
从骑三十皆秦人，面青气夺空相顾。
国家未发度辽师，落魄人间傍行路。
对花把酒学酝藉，空辱诸公诵诗句。
即今衰病卧在床，振臂犹思傋征戍。
南人孰谓不知兵？昔者亡秦楚三户！

026 警钟长鸣国无穷

嘉陵江与汉江两大水系的分水岭是东西横亘的大巴山主脊，其北面为汉水，南面为嘉陵江。大巴山主脊的地质构成以褶皱、断层为主，喀斯特地貌发育，多溶洞、暗河，地表岩石多为沉积岩和变质岩。境内沟谷幽深，山势陡峭，相对高差大。地势西北高，东南低，南坡缓，北坡陡。

地处汉水与嘉陵江分水岭的就是镇巴县，位于陕西省南端，汉中市东南隅，大巴山西部，米仓山东段，南接重庆市万源市、四川省通江县。东邻安康市紫阳县、汉阴县，西北与西乡县接壤。先民们取名“镇巴”，据说因地接川省难以定边疆固邦域，原名定远县，后改为镇巴县，乃地属巴山必有以镇之，以期人民各安生业，永保无虞。也有记载说境内有大小巴山，置县以镇摄之意，故名镇巴县。镇巴县境内有汉族、苗族、回族、维吾尔族、壮族等，是西北地区最大的苗民聚居地。东汉永元七年（95），汉和帝封班超为定远侯，县地为其封邑，置定远城，亦名平西城、班城。

在镇巴有著名的古钟长廊，形成独特的古钟文化。其中，极具代表性的是蒿坪寺古钟，铁质，南宋绍定二年（1229）铸造。钟口呈波浪状，钟体上掩下侈，分三段。上段环分八格，分格篆铸“皇帝万岁”“重臣千秋”“法轮常转”“佛日严明”16字，并间隔铸文臣武将图案；中段环分八格，与上段人物图案相对的四格，各为九颗大乳钉，与上段篆文相对的四格为铭文，记载铸钟宗旨及首僧和地方官吏，以及西乡、兴光道、南郑部分捐钱、献铁、拾炭的信士姓名；下段环铸山川、飞天、麒麟图案。

以下为蒿坪寺古钟铭文：

> 维大宋国洋州西乡县游仙乡马宗保敕赐福安院修造比丘惠义，伏以吻既弊而当更已，赖诸禅即之成就。人有施则必报。宜勤我佛子之祷祈洪钟一新，福阴四满。伏愿天声大振，国祚无穷。欲觉而闻敲去三边之宿瘴，如撞斯应警回大众之迷津，一切有情俱登极乐。绍定二祀岁次己丑正月庚午朔初十日己卯吉辰记……

据说大钟铸成之日，主持铸钟的僧人将离开此地，临行时嘱咐，待他走远后才可以撞钟。他走愈远，钟声传送愈远，福泽亦愈宽。僧行十数里，众人按捺不住便撞响洪钟。钟声越山岭过沟壑，方圆几十里，都能听得清晰。

我国古代多以铸钟记事。撞钟之声提醒人们常忆勿忘，故有警钟长鸣一说。因此也形成了独特的钟文化景观。而镇巴以如此多的古钟悬挂于一廊，就更显文化魅力和历史底蕴。

027 奇峰高湖好会仙

绵延数千里的大巴山左迂右折，中间挤出一条清澈明净的河流，那便是奔流不息的白天河。白天河犹如一位温柔恬静的少女，身着银白色长纱在大山深处轻歌曼舞；她又仿佛一位技艺娴熟的音乐家，在深谷幽壑中演奏出一曲曲天籁之音。清秀是她温情脉脉的颜容，俊逸是她超凡脱俗的性格，冰清玉洁的流水，标示着她的生命奔腾不息。

白天河山山对峙，险峰万仞，气势逼人，常有猕猴攀登跳跃于两山之间。山势陡峭处，就像被刀削斧劈了一样，让人望而生畏。那些顽强的树木依石而生，附石而立，在绝壁上依然欣欣向荣。

白天河望上空，苍天却只有一条细线那么宽。白天河谷之中，十分幽暗神秘，寂寥深邃。

沿白天河谷旁的羊肠小道步行，突然就没有了进路，一条深沟横在了面前。只见一座石拱桥连通两岸，桥长不足十米，宽不足五米。桥旁的山崖上一排排斧凿的痕迹清晰可见，并留有清光绪十九年间造桥的铭文，三个苍劲有力的题字“会仙桥”尤为醒目。当地人说这桥名大有来头，在建桥之初，一位老者要求入伙，工头见他蓬头垢面，便不答应，老者拂袖而去。他在附近一个穷人朱大哥家里住下，朱大哥一家人待老者非常热情，但老者每日只将一块石头叮叮当当地敲打，最后凿成一个猪槽送给朱大哥。临走时，老者告诉朱大哥，待那座桥竣工时，如果有用到猪槽，必须要五两白银才能卖它。石桥竣工时，就真的差一块石头，找来的石头大小宽窄总是不匀称。无意间他们发现了那个猪槽，拿去一试，非常合适。朱大哥说出原委，大家觉得一定是神仙指点，遂把此桥命名为会仙桥。

028 思妻何须怨洪水

嘉陵江水系的思溪河，被大巴山左右横挡，在经过上千米的流淌后，到达小地名叫八角崖的地方。此处两山相挤，错出一狭口，河到此处呈“S”形，再折而向东入楮河，汇成悠悠碧波，潋滟而去。相传两百年前，这条河畔住着一位书生和他的妻子，书生为了博取功名，赴京赶考，一去数载未归。一日闻妻病重，赶回探望，适逢河水暴涨，当时河上没有渡桥，书生思妻心切，不顾众人阻拦，毅然泅水过河，不幸被汹涌的河水冲走。后人为了纪念这个爱情故事，就此依山傍水修建了这座石拱桥，将河唤作思妻河，桥唤作思妻桥，后来“思妻”写成了“思溪”。

思妻桥是一座古石拱桥，高约十米，宽十米。桥就势起于两岸巨石之上，桥身用千余块条石砌成，每块条石精雕细琢，条石之间自然铆合，天衣无缝。思妻桥宛如一道长虹东衔西接，将东西两山连为一体，河从它的身下缓缓而过。

从思妻河的下游仰观思妻桥，桥洞如半圆天门，锁背后一弯碧水青山。民间是不缺乏智慧的，也许他们于谈笑风生中就建成了思妻桥。如今思妻桥已无人行走，桥头已无路，思妻桥已成为思乡和记住乡愁的遗址，供人们观瞻和回忆过去。

029 唐王泪洒云屏寺

距离两当县城 30 多公里的云屏山，有一寺名叫云屏寺。云屏寺始建于唐天宝年间，是大唐帝国自玄奘从印度取经回到中原后，大兴佛教之风时所建造，距今有 1000 多年历史。

云屏山东与陕西凤县相邻，西接徽县，南越大阳山可直达陕西勉县、略阳、汉中，通往川中。历史上此地曾置"黑水县"，有诗赞曰："黑水城，四道门，通巴蜀，襟秦陇。"其中大阳山是西汉水与嘉陵江的分水岭，属典型的喀斯特地貌特征，使云屏三峡长岭逶迤、秀峰群立、层峦叠嶂、雄关险隘；山涧溪流清沌，河内碧潭映翠；独特的山水风光集北国之雄奇和聚南国之秀丽于一体。

765 年，安禄山攻破长安，李氏王朝危在旦夕，唐明皇为转帝国颓势，携杨玉环南逃成都。途中，由于马嵬坡兵怒，唐明皇不惜白绫赐死杨玉环，唐明皇心碎力竭，在云屏寺度过了一个不眠之夜！

唐代诗人郑畋有七言绝句《马嵬坡》为证：

玄宗回马杨妃死，云雨难忘日月新。
终是圣明天子事，景阳宫井又何人。

030 嘉陵江畔石琵琶

相传很早以前，嘉陵江畔有一位善弹琵琶的美丽姑娘，人们都叫她琵琶姑娘。琵琶姑娘爱上了与之青梅竹马的张石匠。

琵琶姑娘在嘉陵江边弹琵琶，张石匠在嘉陵江边“打石头”，皆大欢喜。

那时候，嘉陵江水汹涌湍急，平日里靠小船摆渡，遇到大雨天江水暴涨，渡船无法往来，极为不便。琵琶姑娘便与张石匠商议，决心在嘉陵江上建一座石桥。

所以，年轻的张石匠开始在嘉陵江边“打石头”，为修桥备料；美丽的琵琶姑娘坐在嘉陵江边弹琵琶，为张石匠助兴。一个晚上，乌云翻滚，电闪雷鸣，狂风暴雨劈头盖脸打下来，嘉陵江江水猛涨，涛声怒吼，张石匠急去搬运石头，但却被卷入波涛之中；琵琶姑娘急忙跳进水中救援张石匠，接着被冲进嘉陵江中……

人们打着火把，沿江呼喊，沿岸寻找，但仍然没有找到张石匠和琵琶姑娘。第二天，石料不见了，张石匠和琵琶姑娘也不见了，只有那浑浊的江水撞击拍打着崖壁，咆哮着向南流去，但在嘉陵江边这光秃而壁直的悬崖上却非常显眼地凭空增添了一个巨大的石琵琶，人们为了纪念这一段故事就称这悬崖为“琵琶崖”。从此以后，每当秋雨连绵，嘉陵江水涨时，激荡的江水冲击琵琶崖回音响彻峡谷，那水声如同石琵琶发出的清脆悦耳的铮铮声，仿佛琵琶姑娘正在弹奏着琵琶。后来当人们一听见琵琶的声响后，就知道是嘉陵江水即将暴涨，便做好抗洪抢险的准备。

031 闲卧空洞张果老

张果老是“八仙”之一，原名叫张果，因不知其年岁，便尊称为“老”。据说，张果老是唐代武则天和玄宗时人，冬天在鸑鷟山修真。《中国古今地名大辞典》《九域志》中都有鸑鷟山在甘肃两当县的记载，《图经》中介绍鸑鷟山时还提到“昔张果先生夏居豆积，冬居此山”。时至今日，在当地老百姓中还流传着许多关于张果老的传说故事。新旧《唐书》中均有文字记述。《全唐诗》第二十四册卷八百六十载有张果《题登真洞》诗一首：

修成金骨炼归真，洞锁遗踪不计春。
野草漫随青岭秀，闲花长对白云新。
风摇翠筱敲寒玉，水激丹砂走素鳞。
自是神仙多变异，肯教踪迹掩红尘。

诗后附一小传：“张果，两当人。先隐中条山，后于鸑鷟山登真洞往来。天后召之不起，明皇以礼致之，肩舆入宫，赠银青光禄丈夫，赐号通玄先生，未几还山。”又据《两当县新志·名迹篇》：城东十五里鸑鷟山有“登真洞”，相传唐通玄先生张果修真处，洞高一丈深百尺，有水自顶注入石池中，旁石震之有声，又名石鼓洞。崔熙碑载：“两当邑之东有鸑鷟山，一洞嵌深流水泠然，唐张果先生隐居所也……”登真洞由三洞一阁相嵌而成，叠连成轴。其中二洞与三洞皆幽深莫测，内塑果老倚塌、“八仙”聚会与董真人造访等群塑，形象逼真，各具姿态，意趣盎然。洞顶“三清阁”有果老的宗师元始天尊、灵宝天尊和太上老君三位天尊。还有一观一庙，即集休观、樵夫庙，毁于战乱，遗迹尚存。登真洞出土唐三彩和琉璃建筑物残片及部分钞币，千年变故依稀可见。但洞内还保存着唐、宋以来各代记述张果老在此修仙悟道、造楼建阁的记述碑文和历代文人墨客为登真洞题写的诗碑。

北宋政和二年（1112），有佚名诗人咏《登真洞》：

三千行满末骖鸾，闲卧空山不计年。
云锁洞门清扣玉，石流甘液泠飞泉。
青驴去踏红尘里，白鹤来归玉柱前。
试看高真栖隐处，此中疑似蔚蓝天。

明代马在田《登真洞》诗云：

洞口烟霞五色文，洞深一窦杳难分。
桃花乱落涧中水，芝草自生石畔云。
去去白驴何日返，寥寥石鼓几回闻。
谁人传得长生术，我欲相从一问君。

清朝邑人罗璋《果老遗迹》说：

古洞馀仙迹，空名只是浮。
杵声山久寂，棋局岭徒留。
烂斧失柯影，残碑没记游。
往来街道路，瞻眺几时休。

据历史记载曾经有两位皇帝请他入宫讲道。一位是武则天，她听说张果是个隐居的老道，民间唤为张果老，名气极大，有长年秘术或神仙术，为了祈求长生，她曾多次派使者奉迎，均被张果老婉拒。还有一位是唐玄宗，唐开元二十一年，派大臣裴晤专程去请张果老，只见张果老已齿落发稀，皓首驼背。张果老在裴晤前佯装气绝而亡，裴晤焚香启请再三表明玄宗求道之诚意，闻言张果老才渐渐苏醒。后来玄宗又派中书舍人徐峤持书迎接，并赐号通玄先生。张果老进京拜见玄宗时，瞬间变得乌鬓皓齿，胜似壮年，见此情景玄宗十分高兴，一心要把玉真公主嫁给他。而张果老揖手相谢。不久他便辞谢玄宗返还登真洞，继续过着喂鹿养鹤和倒骑毛驴游山玩水的仙道生活。

032 乘象入胎生贵子

甘谷县位于甘肃省东南部，东邻秦安县、麦积区，南接秦州区、礼县，西与武山县接壤，北与通渭县相连。

甘谷县属黄土高原地区，南部山区为秦岭山脉西延区，属于嘉陵江水系；北部山区为六盘山余脉，境内梁、峁、沟、壑起伏纵横，湾、坪、川、滩交错。甘谷大像山，位于甘谷县城西南秦岭西端的文旗山上。山中悬崖峭壁上有大洞窟一个，洞内坐石胎泥塑大佛一尊。

从外观看，甘谷大佛既有印度早期佛教犍陀罗风格所特有的蓄有须发以及笈多王朝时期佛教造像的螺型头发，且两眉之间有白毫相等特征，又表现出北周时期颈部较粗、鼻宽短、面部神情温和韶秀等特征，还显现出盛唐时期面容饱满、唇润颐丰、双眉弯曲、两眼明澈而略显突起的审美特征。而大佛头顶的大螺旋式高肉髻则反映了其造像所跨越的北魏至盛唐的历史时空，在后来宋、明、清各代的修缮和重妆中同样也留下了时代的印记。尤其是甘谷大佛宽厚的上唇短须在佛教造像中并不多见，中西文化的相互融合可见一斑。甘谷大佛，身高 20 余米，端座于悬崖之壁，开凿在相对地面高度 200 米之上，但无论从山下或窟内各个角度去观赏，都给人一种慈祥恬静的感觉，没有不合比例的地方。在千余年前就做到了技巧与观感的完善统一。

大佛为释迦牟尼佛，虽然有人根据释迦牟尼“乘象入胎”的传说，认为起名大像山更为确切，但并未得到世人采信。其实，“大像山”是因高大的释迦牟尼佛像而为名。从外观看，甘谷大佛既有印度早期佛教犍陀罗风格所特有的蓄有须发以及笈多王朝时期佛教造像的螺型头发，且两眉之间有白毫相等特征，又表现出北周时期颈部较粗、鼻宽短、面部神情温和韶秀等特征，还显现出盛唐时期面容饱满、唇润颐丰、双眉弯曲、两眼明澈而略显凸起的审美要求。而大佛头顶的大螺旋式高肉髻则反映了其造像所跨越的北魏至盛唐的历史时空，在后来宋、明、清各代的修缮和重妆中同样也留下了时代的印记。尤其是甘谷大佛宽厚的上唇短须在佛教造像中并不多见，中西文化的相互融合可见一斑。

033 伏羲八卦立太极

伏羲是中华民族的人文始祖，其发祥地在古代的天水甘谷大像山一带。这里正处于大陇山西北坡下的葫芦河下游河谷地带，气候比较温和，适宜种植农业；且又正处于从关中越过大陇山山口故关峡通往河西走廊到西域的大道即丝绸之路上。

伏羲（生卒年不详），风姓，燧人氏之子。《史记》中称“伏牺”，又写作宓羲、庖牺、包牺、伏戏，亦称牺皇、皇羲、太昊，又称青帝，是五天帝之一。伏羲坐于方坛之上，听八方之气，根据天地万物的变化，发明创造了占卜八卦，八卦衍生《易经》，开华夏文明之先。伏羲创造文字、古琴，结束了“结绳记事”的历史。

甘谷大像山第一个建设伏羲庙亦即太昊宫，是明万历年间建筑，是专供伏羲塑像的大庙。明代叶应甲编纂的《伏羌县志》说：“邑人以本县乃伏羲笃生故地，于万历四十八年重建于大像山之西。”原庙于同治二年（1863）毁于兵燹，光绪十年（1884）重建。

清光绪海涵联：

绍皇开泰运，厥后有石子访道，伯约怀忠，问化育根源，发蒙在炎黄颛喾而上；

望古动幽情，其下则烟火成邻，桑榆布荫，幸邃初风景，复睹于金戈瓦砾之余。

上联先赞伏羲开肇文明之功业远在神农、黄帝、颛顼、帝喾之前，而其发祥诞生之地甘谷代有贤人。石作蜀“跋涉数千里，求学于鲁”，姜维“以羁旅之孤臣，受军国之重寄，卒能奋忠勤、仗胆义，住偏安之局，恢张薄伐之勋，”其次，感叹时下兵戈已平息，庆幸往古太平居景象，复见于今日。

清宣统雷光甸联：

从一画开天，说什么虫鸟篆，梵字佛经，到卦台前齐俯首；

继三皇立极，看后来商周文，帝升王降，于史册上见传心。

此联则盛赞伏羲肇启文明，即仓颉之造字，释迦之创教，亦远不能比；至于为三皇五帝立典则，示规范，远及于质朴之商，文雅之周，还有以后的历代王朝，皆沾被其泽，史册俱在，昭然若揭。

关于伏羲的生地，众说纷纭。民国张其昀、陆美锷《甘肃省人文地理图志》第二十章《名胜史迹·古迹》云：“大像山伏羲庙：山在甘谷西南五里，峭壁如削，危然挺立，高约二百公尺，相传伏羲为甘谷人，生长于此山沟之内，明万历年间建庙于山麓心祀之。”贾鸿逵编次安履祥之《甘谷县志》于伏羲作按云：“考甘谷南山有村名古风台者，乡人谓系帝祖兄所居之地，因氏以名地，亦未可知；且俗称古风台人善编制鸡罩，以鸡罩形似八卦，洵为莫之为而为之者，其说虽不经，而实不无因焉”。

图 03　伏羲八卦示意图

034 河图洛书天地准

据说，当年伏羲氏经常在甘肃天水画八卦。

伏羲氏，称木德王，以有圣德，象日月之明，亦称“太昊”。据朱熹《周易本义》：“自伏羲以上皆无文字，只有图书（指河图、洛书）最宜深玩，可见作《易》本原、精微之意。”近年由当代蒙古族学者韩永贤考释为：“《河图》系上古游牧时期的气象图，《洛书》系方位图。易以天地准，故能弥纶天地之道。”《经典释义序录》说：“伏羲氏之王天下，仰则观于天文，俯则察于地理，观鸟兽之文与地之宜，近取诸身，远取诸物，始画八卦。”八卦，是《周易》中的八种基本图形，以“—”（阳）和“- -”（阴）为符号组成，《易传》作者认为它象征着天、地、雷、风、水、火、山、泽八种自然现象。

相传，上古伏羲氏时，洛阳东北孟津县境内的黄河中浮出龙马，背负

“河图”，献给伏羲。伏羲依此而演成八卦，后为《周易》来源。大禹时，洛阳西洛宁县洛河中浮出神龟，背驮“洛书”，献给大禹。大禹依此治水成功，遂划天下为九州。又依此定九章大法，治理社会，流传下来收入《尚书》中，名《洪范九畴》。

河图、洛书是中华文化、阴阳五行术数之源，汉代儒士认为，河图就是八卦，而洛书就是《尚书》中的《洪范九畴》。河图、洛书最早记录在《尚书》之中，其次在《易传》之中，诸子百家多有记述。太极、八卦、周易、六甲、九星、风水等皆可追源至此。因此，《易·系辞上》说：“河出图，洛出书。”就是指这两件事。《周易》和《洪范九畴》两书，在中华文化发展史上有着重要的地位，在哲学、政治学、军事学、伦理学、美学、文学诸领域产生了深远影响。

伏羲画八卦的地方（画卦台），山势突兀高耸。明胡缵宗《卦台记》有“成纪之北约三十里，曰三阳川；其西北隅有台焉，羲皇画卦台处也”的记载。故别称“卦台山”。所谓“三阳”，即“朝阳启明，其台光莹；太阳中天，其台宣朗；夕阳返照，其台腾射”（《卦台记》），构成“三阳开泰”奇观。此地亦称“羲皇故里”，系“秦州八景”之一。伏羲庙中具有“先天下觉”“则古称先”“与天地准”等牌匾。

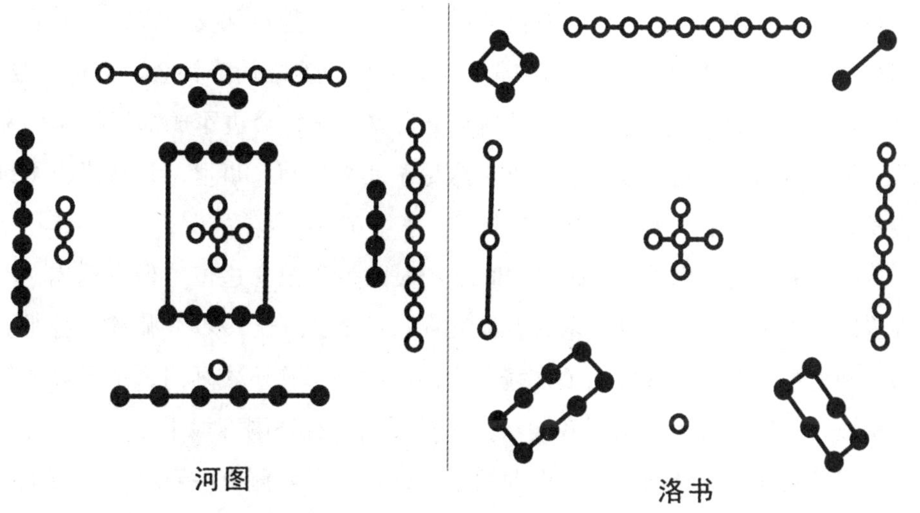

图 04　河图洛书示意图

035 姜维退守剑门关

姜维，字伯约，三国时天水冀城（今甘谷县）人，是甘肃早期历史上的著名人物。据《三国志》《剑阁县续志》等有关史料记载：姜维少年时就成了孤儿，随母亲长大成人。自幼博览群书，酷爱孙武之学，有胆义，才智超人，心存汉室，志图统一中原，原为魏中郎将，建兴七年（227）冬，蜀相诸葛亮取天水关时，姜维归蜀。诸葛亮特别器重姜维。建兴十二年（234），诸葛亮病故后，姜维为右监军辅汉将军，封平襄侯。延熙十九年春（256）晋升汉大将军。姜维继承诸葛亮遗志，竭忠尽力，欲恢复中原，再兴汉室。姜维乃挥师陇西沓中（今文县附近）屯田，次年魏伐蜀，汉中失守，姜维退守剑阁（今四川剑阁县剑门关），魏将钟会率十万精兵强攻剑门，趔趄难进，向姜维投书劝降，姜维坚守不答，列阵守险。十一月，魏将邓艾出谋，劝蜀后主刘禅不战而降，并召坚守剑门的姜维弃戈降魏。姜维伪降钟会，伺机恢复。264年，钟会诬邓艾据蜀谋反，司马昭至长安，命钟会进军成都以槛车囚邓艾。钟会欲据蜀，问计姜维。姜维示意尽杀北来诸将，事泄，北来诸将杀钟会及姜维于乱军中。姜维亦被剖腹分尸，享年62岁。

姜维逝世后，忠骨埋在四川，但故乡人民为了纪念这位“但有远志，不在当归”的大将军，在县城东的姜家庄的将军岭上，于1999年修建了姜维衣冠冢和姜维纪念馆。该馆由前广场、大门、前庭、牌坊式耳门、主殿等建筑物构成，主体建筑为悬山顶双坡水，斗拱飞檐，有外围廊檐十二柱，起脊瓦兽，二龙戏珠，琉璃筒瓦，内设九梁十八柱。院子西侧有一石碑，碑石上是杨成武将军题写的“姜维故里”四个大字。将军坡，山上有土窑式古洞一处，相传是姜维母亲当年居住过的窑洞，曾经是抚养姜维长大成人之处。沿山坡而上，有姜维衣冠冢一座，由墓碑和树木花草景观构成。周围芳草萋萋，松柏掩映。放眼北望，渭川景色尽收眼底。

036 秦人霸业的摇篮

礼县，古称“西犬丘”，又叫“西垂”，是秦人最早的都邑所在地。地处甘肃省东南部陇南山区，属嘉陵江水系的西汉水上游。当年大禹“嶓冢导漾”，导的就是流经嘉陵江支流礼县的西汉水。礼县深居内陆，为典型的温带大陆性季风气候区。

据《史记·秦本纪》记载：秦人先祖“在西戎、保西垂”“非子居犬丘”“庄公居其西犬丘”“秦仲、庄公、襄公葬西垂”。西垂即西犬丘，是秦人走向中原成就霸业的摇篮。

据《史记·秦本纪》记载，秦人属于嬴姓，源出东夷，殷商末年，嬴人首领一路进攻，进驻渭水中游一带，守卫商王朝的边疆。随着周王朝灭掉商纣，嬴人守卫的地区也被周人攻占，在其首领大骆的带领下，沿渭水西进，继续寻找生存之地。最后迁移至渭河以南远离周人中心的西汉水上游地区，从而保持了相对的独立，为以后的发展壮大奠定了基础。在这里，他们战胜了力量相对弱小的氐人，修建了城邑。周王朝建立后，他们归顺了周王朝，周天子认可他们占据“西犬丘”，确认了他们的社会地位。秦人先祖非子善于养马，受到周孝王的赏识，封为附庸，邑之秦。此后非子后裔秦仲为大夫，秦仲在对戎作战中死后，其子庄公继承遗志对戎作战，收复领地，被宣王封为西垂大夫。庄公次子襄公在平定叛乱中护送周平王迁都洛阳，因功封侯，正式立国。庄公死后文公继承王位，继续对戎作战，占领陕西岐山地区，完全结束游牧生活，开始了农耕生活。秦人的发展壮大始终都未摆脱“西垂”

这一中心和根据地。

礼县大堡子山发现的古墓群于2002年被认定为秦始皇祖先的第一陵园——西垂陵园；礼县也被认定是《史记》所记载的秦人发祥地“西犬丘”所在地。

037 长使英雄泪满襟

三国时，西和县所处的秦陇地区是魏蜀争夺的重要地带，祁山也因之成为当时的著名战场。

221年，刘备称帝，建立蜀汉，国号汉，建治成都。223年吴蜀夷陵之战后，刘备败逃白帝城，临死托孤，请诸葛亮辅佐刘禅。诸葛亮在外忧内患中与吴国重新修好，整史治，平南中。后举兵北伐。这既是为了完成先帝刘备的遗愿，兴汉定天下，也是保蜀的需要，是以守为攻的策略。

曾为“西犬丘”的礼县，是三国古战场之一，诸葛亮曾在这里“六出祁山”。祁山位于甘肃陇南礼县东、西汉水北侧，西起北岈（今平泉大堡子山），东至卤城（今盐官镇），绵延悠远。连山秀举，罗峰競峙，被誉为“九州之名阻，天下之奇峻”，地扼蜀陇咽喉，势控攻守要冲，成为三国时魏蜀必争之地。

祈山堡是依祈山就势修建的城堡，始建于西汉。在东西长达百余里的宽阔川坝中，一峰突起，高数十丈，峰顶平坦如坻，古木森森，浓荫蔽空，朱甍画栋，幽静肃穆。登堡远望，西汉水绕堡滚滚而去，北面山麓有诸葛大军的九寨故垒，南面有集驯战马的圈马沟。

建兴五年（227）三月，诸葛亮于成都向蜀后主刘禅上《后出师表》后，进入汉中设临时丞相府。实施了六出祁山的北伐战略行动。

一出祁山。建兴六年（228）四月，诸葛亮第一次出祁山，占领南安、天水、安定三郡，关中大震，但马谡在街亭失守，战局急剧直下，蜀军急忙撤退。诸葛亮挥泪斩马谡；诸葛亮只收服天水名将姜维返回汉中。

二出祁山。建兴六年（228）冬天，蜀军围陈仓，因粮草不济退兵。后人有诗说：二出祁山不太好，郝昭挡道很不妙；幸得姜维诈献书，才从祁山走得出；只恨粮草实在少，得胜还得往回跑。

三出祁山。建兴七年（229），蜀将陈式占武都、阴平，诸葛亮到达建威城（今西和县境内）。

四出祁山。建兴八年（230），魏延西入天水、陇南的羌氐一带，大败魏将郭淮而回；也有人说，是出兵因大雨无功而返。

五出祁山。建兴九年（231），蜀道崎岖，补给困难，诸葛亮发明了“木牛”“流马”，解决了粮食运输问题，终于破了上邦；后因发生李平贻误军机，假传退兵圣旨事件而使这次北伐功败垂成。

六出祁山。建兴十二年（234）春，诸葛亮亲率十万大军出斜谷，占领渭水南岸的武功五丈原，并于渭水屯田，与司马懿进行持久战。他又改进“木牛”而造“流马”，即将手推独轮车改装成牲畜牵引的双轮或四轮车，加快了车速，增加了载重量。

其实，诸葛亮只在一出祈山（建兴六年）和五出祈山（建兴九年），两次到达祁山。还有两次接近祁山，两次未到祁山；即“战出祁山、接近祁山、未到祁山”各占三分之一。六出祁山是诸葛亮晚年北伐战略的整体行动，也是其百折不挠、鞠躬尽瘁精神的象征。

诸葛亮“六出祈山”，除第一次出兵祈山失利外，其余几次在战场上均处于优势，使魏军统帅司马懿“畏蜀如虎”。但诸葛亮终因积劳成疾，病死于第六次出兵祈山的北伐军中，“出师未捷身先死，长使英雄泪满襟”。诸葛亮虽未能实现复兴汉室的壮志，但他鞠躬尽瘁，死而后已的精神感动了后世无数人。他无与伦比的军事才能与智慧，也令后人尊崇不已。

诸葛亮“六出祈山”，给人以深思，给人以启迪，正如清末民初赵藩为成都武侯祠写的对联：“能攻心则反侧自消，从古知兵非好战；不审势即宽严皆误，后来治蜀要深思。”其实，岂止是治蜀要深思，小到“治家”，大到“治国”都应深思，既不能“宽”更不可“严”，攻心为上，为民造福。

038 鹊桥空留相思雨

乞巧是一个流传甚广、历史悠久的古老民俗，它源于汉文化中织女、牵牛、河汉三种天象。最早见于东汉崔寔的《四民月令》。东晋葛洪的《西京杂记》中也有“汉彩女常以七月七穿七孔针于开襟楼，人俱习之”的记载，这是古文献中最早的关于乞巧的记载。“乞巧”是向神灵讨要智慧的意思，乞指乞讨，巧则指心灵手巧或有巧思妙想。

西和县、礼县一带的“乞巧节”又称“巧娘娘节”，是指农历七月初一至七月初七，独由女性欢度祈福的节日，最早源于牛郎织女的神话传说。乞巧中的“巧娘娘”是王母娘娘的第七个女儿，即七仙女。《史记·秦本纪》载：“帝颛顼之苗裔孙曰女修，女修织，玄鸟陨卵，女修吞之，生子大业。”大业为秦人之祖，传说中的秦人始祖女修，就是以织而闻名。织女的传说同周人始祖中发明了牛耕的叔均传说结合在一起，形成牛郎织女的传说，而这正是中国古代农村社会男耕女织经济结构的反映。西和、礼县交界处的大堡子山秦文公墓的出土，说明秦人发祥于西和县一带，因此“乞巧”风俗是秦人古老遗风。

礼县、西和县是黄河仰韶文化和长江巴蜀文化的交汇点，在这里，处处是战争遗迹。因此，乞巧节寄托了年轻姑娘们对在外征战的良人们的相思。

039 司马昭拜泉救命

铁笼山位于礼县县城南面，西汉水绕其南，急流翻滚，谷转雷鸣，其山状若鸟笼，故称铁笼山。

当年，姜维就是在这里围困司马昭。诸葛亮死后，姜维受任蜀汉大将军，为实现诸葛亮“壮志未酬”之业，起兵汉中，屯兵铁笼山，以图再攻祁山，向中原进发。姜维在铁笼山修筑城堡、地道，山前设营盘、中军帐，拉开张弓之势，等待魏军前来交战。出兵二百，木牛流马，运送粮草，以诱敌出笼。司马昭不知是计，派徐质率兵五千，前来偷袭，断其粮道。蜀兵乘机弃粮而逃。徐质率兵追赶，被蜀兵重重包围，杀下马来。蜀兵又换上魏装，赚开魏军营门。魏军四处无路，被逼上了铁笼山。司马昭被困在山上，断了水路，死者不计其数，尽弃在斗底峪峡谷。司马昭仰天长叹：“吾死于此也。”

有个名叫王韬的下属向司马昭献计道：俗话说，“山有多高，水有多深”，这铁笼山山巅原有一眼明泉，泉水洪期不涨，旱季不枯，但因经久无人使用，泉口周边为杂草所覆盖，现在人们已不知明泉的具体位置 。主公可上山拜泉，求神灵护佑，或可得水解燃眉之急。司马昭已是走投无路之时，别无良策，只好依王韬之计，上山拜泉；由于司马昭命不该绝，果然，一股清澈的泉水从茂密的杂草丛中涌出，救了6000兵将的性命。

在铁笼山，当年魏军将士困死后坠落的深谷犹在，深谷阴森袭人，悬空而下，当地人称“万人坑”。在铁笼山的一眼枯泉中，村民发现了刻有“军司马印”的方铜印一枚，山上出土了多枚戟、戈、铜镞等文物。

040 刑天魂归仇池山

仇池山位于西和县城南大桥乡南部。西汉水由西北绕山脚南下，洛峪河从东南沿山麓西去汇入西汉水，二水汇流山下，形成三面环水，一面衔山的天险胜地。这里是人文始祖伏羲的诞生地、神话传说中刑天被斩首的地方，以及仇池国的故土。

《水经注》描述仇池山为：

> 绝壁峭峙，孤险云高，望之形若覆壶。高二十余里，羊肠蟠道，三十六回。《开山图》谓之仇夷，所谓积石嵯峨，嵚岑隐阿者也。上有平田百顷，煮土成盐，因以百顷为号。山上丰水泉，所谓清泉涌沸，润气上流者也。

据宋代罗泌著的《路史》载，仇池山的出名始源于五千年前的上古时代。人文始祖伏羲“生于仇夷（仇池），长于成起（成纪）”；汉《遁甲开山图》说：“仇池山，四绝孤立，太昊之治，伏羲生处。”据《山海经·海外西经》记载：氐族首领刑天与黄帝争位，黄帝断刑天之首，葬之于常羊山，“以乳为目，以脐为口”。常羊山即今之仇池山。仇池山的出名还与古仇池国有关。296年，氐人首领杨茂搜统领四千户氐人部落返回仇池山，建立了前仇池国，自号辅国将军，右贤王。前仇池国“并氐搜为一国”，抗衡前赵，控制后蜀，鼎峙三国，雄霸一隅。371年，前仇池国被前秦苻坚攻灭，氐人杨定奔陇右，领关中徒氐，又返回仇池，自称龙骧将军、仇池公，建立了后仇池国。元嘉十三年春三月，氐王杨难当自称大秦王，改元建义，立妻为王后，世子为太子，置百官如天子之制，后仇池国疆域扩展到陇南全境以及天水、陕南和川北，虎视关中，南图四川。442 年，后仇池国被南朝刘宋政权攻灭。仇池国先后击败前赵、后赵、成汉、先秦、西秦、后秦、大夏、东晋和刘宋政权的多次进攻，与中原 23 个政权抗衡达数百年。

041 道法自然独头岭

萨爷殿也称萨真人祠，为道教宫观，修造于独头岭。独头岭在南宋绍兴年间改称岷郡山。当时金灭北宋，关陇六路尽陷于金，岷州州治南移白石镇，即今西和城北郊白水河以北，白石镇无险可守，又移署于岷郡山，后宋金议和，因“岷”字犯金太祖完颜旻之讳，故将岷州改为和州。又因江淮之间也有一个和州，两地同名，不便区分，遂加一“西”字，称之为西和州。州名更改，岷郡山之名却由民间沿称至今。

萨真人祠为西和胜境，其始建年代已无从可考，现存殿宇为清乾隆年间修建。祠内古柏巨槐，雕镌刊刻，清幽绝尘。祠前漫坡杂花丛生，鸟声传韵，满目翠微清凉之间山道弯弯。一带龙脊入云之处，殿阁隐隐。晨钟暮鼓，声闻十里，春秋佳日，游人不绝，四时八节，香烟缭绕。山门坐南面北，进山门穿底楼而过为戏场，戏场南侧钟鼓二楼之间有一过厅，为硬山卷棚顶式建筑，正面檐下是一横匾“杏林春雨”，为陇右书家赵松龄先生所书，前面题一横幅“你们来了吗”五字，风趣诙谐。过厅后院南面正殿，供萨真人塑像，慈眉善目，白须拂胸，着八卦衣端坐于须弥席上。

萨真人，名守坚，道号全杨子，北宋时西河（即西和）人。年轻时因学医用药失误而致死人命，出家学道，拜著名道士林灵素和张继先为师，研习道教法术，学到所谓“五雷秘法”，并收养湘人王善为徒。后王善得其道尸解之后，专司天上人间纠察之事，地位同佛教中的韦陀相仿，成为道教神，人奉为“王灵官”，萨守坚被尊奉为“萨真人”。后明成祖朱棣又封萨守坚为“宗恩真君”，王灵官为“隆恩真君”。《西和县志》记载：“萨守坚曾主持稍峪碧流里之隆兴寺，晚年又主持县城南之岷郡山，募化十方，重修庙宇，工竣即羽化此山。”

042 唐僧失信敲木鱼

佛孔寺位于西和县正东边，离县城约 40 公里，地处西、礼、徽、成、天水之交界处。依山而建，山上山下，结构奇巧，气势磅礴，被称为“小麦积山”，是较为罕见的巧妙利用丹霞地貌而修建的寺庙。

在佛事活动中，和尚诵经礼忏，念佛上殿，手中都在不停地敲木鱼。传说这“敲木鱼”缘于当年唐僧师徒到西天取经返回途中，当走到通天河时，恰逢洪水猛涨；唐僧师徒正愁无计可过通天河，有一只万年老龟向唐僧师徒游来，背驮唐僧师徒过河。万年老龟游到通天河中时，追问曾经礼托唐僧之事。原来，万年老龟曾是天庭神将，因醉犯天条而被贬入通天河为龟万年有多，何时能够重回天庭仍然渺无音讯；因此，万年老龟借有助于唐僧过通天河去西天取经之功，礼托唐僧替它向如来佛问自己还须修炼多长时间才能重回天庭？当万年老龟问唐僧“如来佛有何旨意”时，唐僧心中一惊，其实，唐僧并没有代问如来佛旨意。因此，唐僧“对不起……”的话音未落，老龟一怒之下，钻入通天河，唐僧师徒与取回的经书一齐落水……

唐僧师徒立即抢救经书，然后去到佛孔寺对经书进行清理和修正，因此，佛孔寺又名“佛捆寺”。唐僧师徒在佛孔寺虽然抢救了许多经书，但经书或缺页，或缺字，特别是“人类长生不老”那段经书，不知所向，因此，至今

“人类长生不老”不能成为事实。孙悟空怀疑是万年老龟钻入通天河时，那段经书卷入了老龟肚里。所以，孙悟空从通天河里揪出万年老龟，用金箍棒使劲敲打，令其吐出经书；据说，孙悟空每敲打一棒，万年老龟就吐出一字经文……后来，各寺庙的和尚均以此为样本，仿制“木鱼”，不停地“敲木鱼”，促使木鱼口吐经文……当然，这仅仅是传说，因为，多少年来多少代，众僧一直在敲打木鱼，但“人类长生不老”至今仍是一个谜。

其实，木鱼是佛教最常用，也是最主要的法器之一，因为即使在晚上，鱼在水中也不会闭眼睡觉，为了勤修道业，用木鱼来警策僧众抓紧时间，用功修道。同时，木鱼用来引导僧众把握诵经时的轻重快慢，让僧众凝心一处，不起杂念。人的特性是悲喜不定，容易受情绪的影响，喜欢以自我的好恶来界定事物的好坏，形成片面观点和一家之言。因此，“敲木鱼”即是警醒僧众弘扬木鱼“不休不眠”精神，勤学精修，清净身心，行于中道而进道立命，不断累积福德资粮。

043 修行就去法镜寺

世有传说，修行就去法镜寺。

西和法镜寺位于县城以北的五台山，是陇南境内一处著名的石窟佛寺。因唐代大诗人杜甫留诗而声闻陇右。唐肃宗乾元二年（759），安史之乱，加之关中一带闹饥荒，时任司功参军的杜甫弃官，携妻带子，西赴秦州（今天水）。一路颠沛流离，又从秦州赶赴同谷（今成县），路经法镜寺。见法镜寺翠碧修篁，凤尾森森，雨中的松树枝叶青青，晨烟霭霭，旭日初升，在阳光映衬下，金黄的屋脊闪闪发光，洁净的轩窗历历可数，窗棂如灼灼慧眼，使人流连忘返，随即写下《法镜寺》一诗：

身危适他州，勉强终劳苦。神伤山行深，愁破崖寺古。
婵娟碧藓净，萧撼寒箨聚。回回山根水，冉冉松上雨。
泄云蒙清晨，初日翳复吐。朱甍半光炯，户牖粲可数。
拄策忘前期，出萝已亭午。冥冥子规叫，微径不复取。

法镜寺所在地石山绵亘，其色如彤云赤霞，山势从北而来，直通长道寒峡，自汉以来，这里就是由秦入蜀的必经之路，诸葛亮出祁山曾经过此地，姜维争陇右也经过此地，吴玠与金人争皂郊又过此地，因而这里多建城堡，地名亦称“石堡城”。自南北朝以来，陆续凿塑石窟佛像。石窟背依五台山，其山一支横插河畔，绝然挺立，似从天上飞来，故名“飞来山”，与杭州法镜寺旁的“飞来峰”具有许多相同之处。山高十余丈，周里许，上有石井，井水常年不涸，谓之“宝泉盈地”。石窟雕像便以飞来山为画廊，分南北两处。北崖原建有法镜寺正殿，依势建庙，结构宏伟。明清之际，崖前建筑曾毁于大水，后扩展祁西公路，部分雕像随之被毁，完整雕像所剩无几。

现法镜寺移建于五台山上，五台山山势陡峭，居高得势，危峰悬顶。据法镜寺碑文载，五台山“被依耸峰，俨然崆峒形势，西南润流，直注汉水渊源”，远山近水，一望无遗。山顶局促，寺仅一院，然殿宇高昂，庭院宽阔，苍松翠柏，日影岑差，藤萝蔓草，点缀四周，路篁异卉，星布路径，自有一番气象。

044 虔诚渴饮香泉水

香山位于西和县南部与礼县交界处，横贯东西，其地势东缓西陡。

登香山，极目四眺，群山朝拱，云海茫茫。西汉水自山脚悄然流过，在云雾缭绕的半山腰，上寺、中寺、下寺三座寺院，错落有致，依次排列在万绿丛中。看流云翻飞，听松涛阵阵，赏奇花异草，瞅绿海扬波，聆百禽鸣叫，使人如入仙境，心旷神怡，乐而忘返。

香山风光秀丽，因为海拔高，又在林区，故这里云雾缭绕，缥缈奇绝。每当天晴，密雾凝成云片纷纷上升，环绕山头。时向庙宇入，穿过亭而去；或从过亭入，透庙出院。游人以手探之，则珠露盈掌。云行时亦沙沙有声，或聚或散，原无一定，有时云降山腰，则雷雨即作，而山上晴红如故，形成了香山特有的香山流云奇观。

在舍身崖半山腰有一洞口，号为风洞。大风起兮，风从洞口呼啸而出；大雾出兮，雾从洞口喷涌而现。风洞掩映在香山后山的参天古柏和峭壁悬崖中，六月三伏天，洞内寒气袭人；三九寒冬日，洞内温暖如春。风洞之下，有三眼清泉，饮之可清暑祛病，延年益寿。其实，泉水时旱时盈，捉摸不定，只要虔诚祈祷，泉水即盈满而出，尽随人意。如若轻浮傲慢，喧哗吵闹，则不见泉水，故此人们将这泉水叫“悄悄水”。

045 流寓同谷杜子美

成县地处秦岭山脉南麓丘陵河谷地带。境内多高山峡谷，地势西北高东南低。地貌特征南北为山地，中部为丘陵。青泥河及其支流切割形成的各地块贯穿其间。成县境内有西汉水（犀牛江）、东河、南河、洛河等“一江三河”为主的水系。

在成县县城东南的凤凰山麓、青泥河两岸，有一处纪念唐代大诗人杜甫的祠堂式建筑——杜甫草堂。这是一组纪念唐代诗人杜甫流寓同谷的祠堂式建筑，也是国内现存三十七处“草堂”中历史最久的一处。

据说，唐肃宗乾元二年（759）十月，杜甫离开秦州（今天水）避“安史之乱”。到达西北“边郡”同谷（即今成县飞龙峡）后，在峡西岸选择了一处背靠青山巨岩、面对峡谷山峰且向阳的山坡地，营建了简陋的栖身草堂。在同谷的时间里，诗人亲自负薪采松，拾橡为生，儿女饿殍者数人。在严峻的生活考验面前，诗人的创作热情没有丝毫减退，先后创作了《龙门镇》《凤凰台》《石龛》《积草岭》《泥功山》《万丈潭》《乾元中寓居同谷县作歌七首》《发同谷县》等十几首诗作。尤以《凤凰台》和《同谷七歌》为最，与《三吏》《三别》争辉。同年十一月一日，诗人“忡忡去绝境，杳杳更远适”，取道东南由栗亭、木皮岭、自沙渡一线，开始了向成都的艰难跋涉。他不仅给后世留下了后来者诵其诗，怀其人，“仰其高风，立祠祀之”。唐懿宗咸通十四年（873），成州刺史赵鸿在五律《杜甫同谷茅茨》中写道：

工部栖迟后，邻家大半无。
青羌迷道路，白社宗杯盂。
大雅何人继，全生此地孤。
孤云飞鸟什，空勒旧山隅。

此诗说明当时杜甫故居遗迹尚存。宋徽宗宣和五年（1123），秀才赵惟恭捐地五亩，在杜甫故居的遗址上重修了一座祠堂。

杜甫草堂成为诗圣辗转甘肃陇南的一个足印，诗人在这里留下了许多优美的诗篇，并由此向南进入四川。后人为纪念杜甫，在居住的旧址上立祠建堂。《成县新志》对此也有记载：“子美草堂在飞龙峡口，山带水环，霞飞雾落，清丽可人，唐乾元中子美避难居此，作草亭，有同谷七歌及凤凰台诸诗，后人感其高风，即其址祠祀之。”

后来经过宋、明、清和民国年间几次修建和补葺，草堂逐步美轮美奂，初见规模。现在草堂内还留存有南宋光宗绍熙四年（癸丑）宇文子震刻写的诗碑，明世宗嘉靖九年（庚寅）和十九年（庚子）立的两座诗碑，及明神宗万历四十七年（已未）立的《重修杜少陵祠记》碑石等十多处。

046 奇峰孤耸西狭颂

鸡峰山位于成县县城西南，属西秦岭余脉，山势险峻，松林繁茂。据说，秦始皇曾登临此山，山间多建寺庙。它东连仙人崖，西接乱山，北临南河。鸡峰山以峰美、水秀、洞奇而得名，号称陇南第一山，徽成第一景，享誉陕、甘、川三省。

鸡峰山，因“奇峰孤耸、直入云际、状似鸡首”而得名。据鸡峰山留存的北魏摩崖石刻和宋真宗赵恒时期的碑刻记载，汉代就有摩崖石刻《西狭颂》，唐代建筑初具规模，宋代山上寺庙建筑规模宏大，常有佛事活动。

鸡峰山植被以华山松、油松、落叶松为主，间有经济树种红青岗、板栗、刺五加、观赏植物铁木匠、粗榧、水柏。野生动物有羚羊、梅花鹿、野猪、狼兔。

鸡峰山东山腰的天然石洞“清泉出龙洞”，洞内钟乳石星罗棋布，万象森列，神龛下泉水涌流，澄碧清澈，每遇雨天，洞内云雾喷涌而出，如玉龙出洞，腾旋飞舞。

龙洞上空绝壁上的“石鸡临绝壁”，一块巨石状如鸡形，凌空突出。北山腰的“云海浮仙山”，浩瀚的云涛中浮露出数座苍翠的峰峦，旭日东升，云蒸霞蔚，仿佛海上仙山。

《西狭颂》碑亭位于天井山麓，鱼窍峡中。

《西狭颂》与陕西汉中的《石门颂》、略阳的《郙阁颂》同列为汉代书法“三颂”。

《西狭颂》碑刻字体清晰，简洁古质，结构美观，刀法有力，是书法艺术的瑰宝。碑文和书法均有很高的考古研究和临摹鉴赏价值，在国内及日本等国曾掀起《西狭颂》研究热。它在我国金石学、文化史、书法史和交通史上均占有重要位置，是中华民族优秀传统文化的一颗璀璨明珠，享誉海内外。

047 百鸟齐鸣薤韭山

薤（xiè）韭山位于成县与西和县交界处，大地构造属西秦岭海西印支褶皱带东段，区内地层主要为中泥盆统安家岔组，属暖温带大陆性气候。唐代诗人杜甫笔下的“积草岭”（同谷县界），就是今薤韭山。因山上盛产薤韭而得名。薤韭属于多年生草本植物，鳞茎可食用。唐乾元二年（759）冬月，诗人杜甫携妻带子在投奔同谷的路上，过积草岭，有《积草岭》诗为证：

连峰积长阴，白日递隐见。飕飕林响交，惨惨石状变。
山分积草岭，路异明水县。旅泊吾道穷，衰年岁时倦。
卜居尚百里，休驾投诸彦。邑有佳主人，情如已会面。
来书语绝妙，远客惊深眷。食蕨不愿馀，茅茨眼中见。

薤韭山有众多坑。因四周环林，中部凹陷，呈倒置锥形，似农家做饭铁锅状，故称锅坑。此也一奇景也。

048 香洞流泉花自美

香水洞又名响水洞，位于今成县西侧的黄家河下游的龙门峡中。洞四周峰峦屏蔽，洞下流水泠然。洞口顶部有清注泻下，雨季如瀑，旱季如线，四季径流不断。洞中石形怪异有的如斧，有的如盆。另有一石如蟠龙状，石上有纹，酷似龙鳞，故称“龙石留形”。又因洞顶水落石盆，泠泠有声，故又得名“响水泉”。洞底还有钟乳石，呈坐佛状，佛前石桌上缀满石花如蝌蚪文，旧志称“古佛诵经”。洞左有钟乳石如狮，口中吐水成珠，顺石上小沟流入钟乳石盆中，不溢不涸，取水饮之，则奇香盈口，久留不去，此则为香水洞名之由来。明邑令谢镛有《香水仙洞》诗一首：

乘舆探奇不惮险，仙源一径如山关。
数重叠障云学洞，百尺飞泉水做濂。
瑶草千年仍是碧，蟠龙万骥总可潜。
凋残地主何缘到，问俗伤心泪欲沾。

香水洞掩居于山腰竹林中，环境幽雅，景致奇特，自明代以来便是人们寻幽探胜的佳地，明代即以“香洞流泉”载入史册。香水洞之名虽来自传说，但漫步洞中，确有一种清馨芳香之感。其实，若在春夏之交沿洞口扶木攀藤而上，寻至泉水源头，便可一解其中之谜。原来，香水洞在海拔一千多米的峭壁之上，洞外河谷、山坡、崖畔上，到处生长着一种叫七里香的白色小花，花事最盛的时期，漫山漫坡雪涛翻滚，香风四溢，即使远在七八里之外，也能闻到它的香气，香水洞泉水之香正是源自这花香遍野的灵秀之地。

049 百步九折青泥岭

在甘肃省徽县和陕西省略阳县境内，铁山是青泥山脉最高峰，又名巾子山、泥公山。青泥岭是蜀道天险，也是文化名山。诗仙李白的句“青泥何盘盘，百步九折萦岩峦”，让青泥岭名传千古。诗圣杜甫的“始知五岳外，别有他山尊”，更给这里的山川景观以极高的评价。世人有诗曰：

遗迹横岗梦幻峦，洞穿林立鸟蹒跚。
杜公悔赞它山绝，李白惊呼蜀道难。
四季怀春生万象，双沟揽月护三滩。
离离草甸铺云外，独有天坑诉大观。

《新修白水路记》摩崖石刻位于甘肃省陇南市徽县城南公路左侧的悬崖上，于北宋嘉祐二年（1057）二月六日镌刻，雷简夫撰文并书。青泥岭是古蜀道中最为艰难险阻的一段。这里峭壁千仞，高耸入云，江水滔滔，吼声震天，道路崎岖，九曲八湾。

050 陇上翡翠漂三滩

三滩位于甘肃东南部陇南市的徽县及两当县辖区，秦岭南麓，嘉陵江上游，地处甘、陕、川三省交界处。宝成铁路、徽白省道和风光秀丽的嘉陵江从景区穿过，316 国道纵贯徽县和两当县县境。南部在构造断裂的基础上，流水切割成峡谷；中部的砂岩和板岩，在长期的剥蚀作用下形成众多的高山平台和岩溶地洞；北部山峰耸峙，林木茂密，为高海拔原始森林区。

“滩”，并不是我们常说的河滩，而是草地；“三滩”指位于青泥岭森林中的三处高山草甸。三滩的山泉众多，水质优良，形成了多处瀑布、溪潭，较大者有梅崖瀑布、椒树坪瀑布和三眼泉、江涡潭等。其中梅崖瀑布，每年雨季飞瀑高悬，如从天降，水雾弥漫，哄响如雷，气势逼人。

三滩人文景观众多，这里自古为巴蜀咽喉，秦陇要塞。三国时，诸葛亮“六出祁山”曾三次借道于此，月亮峡至今仍有古栈道遗迹。唐朝时，这里是官道和商道，唐玄宗、唐僖宗入蜀均走此道。明清以前，三滩宗教文化就极为兴盛，曾有八卦庙、观音庙、南天门、太阳寺等寺庙。月亮峡内有多处岩溶地洞，钟乳奇特，鬼斧神工，既有独特的观赏价值，又蕴藏了众多脍炙人口的神话传说，展现了当地丰厚的文化积淀和纯朴的民俗风情。

三滩具备多元性、丰富性、神秘性和原始古朴的综合性特点，在自然和人文两方面，既有“神”的显著特征，又有“秘”可探奥之处。它既是一座永不枯竭的森林湖泊，又是一个功能巨大的天然氧吧，对周边地区的气候环境起着重要的调节作用。

051 静是深潭动为瀑

康县隶属于甘肃省陇南市，取“安宁、康福”之意，以北周时之康州而得名；民间有人传说是取“永宁康泰”之意为永康县，后去“永”字改名为康县。康县位于甘肃省东南部，甘肃、四川、陕西三省交界地带，全境处于西秦岭南侧陇南山中，地质构造为昆仑秦岭地槽褶皱地带，地势西高东低，中部高，南北低。自然、人文资源非常丰富。

康县东临陕西省略阳县，南接陕西省宁强县，西与武都区毗连，北隔西汉水与成县相望。商、周为氐人住地，后为秦辖白马氐部族住地。康南林木茂盛，风光奇旎。有波光粼粼的月牙潭，碧海浩渺的天鹅湖，穿石喷玉的海棠谷瀑布，也有平静如海的河滩。阳坝梅园瀑布群位于阳坝梅园沟，都镶嵌在深山峡谷之中，水流湍急，水势凶猛，从山巅泄入潭中，如银帘落入巨大的绿色旋涡之中，震耳欲聋，气壮山河。依山体而上，溪流湍急，小瀑布星罗棋布。瀑布周围，百年古树，分外绸密，遮天蔽日。

滚滚嘉陵江，人生如晓梦；错综复杂，千丝万缕；道不尽红尘恩怨，走不出绿叶遮天的境地。仰望苍天白云，翠峰林立，万木丛生，原始森林的胜景一次又一次地冲击心头。在这杂草丛生，树木摇曳的植物群里行走，看不见前方大场面的美景，只有曲径遍幽的小道钻过树林向纵深处延续，一条小溪或明或暗地跳跃于山涧，玉佩摇环地奏鸣这个世界的天籁之音。

康县阳坝梅园瀑布群位于阳坝梅园沟，镶嵌在深山峡谷之中。依山体而上，溪流湍急，小瀑布星罗棋布。瀑布周围，百年古树，分外稠密，遮天蔽日。

052 赵家天子杨家将

西汉水在康县境段称“犀牛江”。江流曲折，江水滔滔，南北两岸崇山峻岭，奇峰对峙。西汉水与平洛河汇合处旁边有一个深潭，当地人称“犀牛凼”或“犀牛潭”。犀牛潭水碧澈如镜，山石倒映潭。日间群鱼翔游，入夜微波映月。潭边有一方形巨石，青苔满布，石上有一痕迹，形如牛蹄。南北山上伸出两道山脉似两臂合围，将潭水、巨石搂揽其中，规模宏大，历史悠长的犀牛寺就建在潭南的山坡上。

据说，唐朝末年，犀牛潭边南山上的赵家庄，一个赵姓人家，父亲早亡，只有母子相依为命，家庭贫困，儿子叫赵小林，每逢酷暑炎日，赵小林经常到犀牛潭中“洗澡”游泳。

有一位姓杨的撵龙匠（即风水先生），我们就称他为“杨撵龙”吧！杨撵龙一生以“撵龙”维生，即沿着山脉风水步行，四处寻找“风水宝地”；当他都年过花甲后才“撵”到犀牛潭。杨撵龙到达犀牛潭时，正是酷暑烈日，他见少年赵小林在犀牛潭中洗澡，少年赵小林不断地与犀牛嬉戏，时而骑在犀牛背上，时而又翻身潜入犀牛潭中，十分惊喜。

待少年赵小林上岸时，杨撵龙问道：“小朋友，你不怕犀牛发怒？”

赵小林瞪了一眼杨撵龙，反问道：“怕什么？”

“犀牛……”

“我才不怕呢！”

“你潜到潭水下面，看见了些什么？”

“没有什么，潭水下面有个岩洞，犀牛就在里面歇息。”

“你能进入岩洞吗？”

“我从小就到岩洞里与犀牛玩……”

杨撵龙神秘地问赵小林：“小朋友，你想升官发财吗?”

赵小林答：“升官发财……谁不想啊?”

“这就对了。你父母还健在吗?”

“我父亲已去世多年，家中只有一个老母亲。”

杨撵龙点点头，吩咐道：“你今天晚上回去把你父亲的尸骨捡来烧成灰，用‘红、橙、黄、绿、青、蓝、紫’七层绸布包裹后，明天午时前到这里来，我为你指点迷津，告诉你一条升官发财的路。”

“干吗呢?”

“你明天来了就知道了。”

赵小林不明原因，第二天准时到达犀牛潭时，杨撵龙早早地就等在那里了。

杨撵龙并没有为赵小林指出发财之路，而是见面就问：“你父亲的骨灰带来了吗?”

“带来了。但我家没有绸布，只用青菜叶包裹了一下。”赵小林如实地答。

杨撵龙心想，我再三嘱咐你务必用绸布包裹你父亲的骨灰，你不用是你家没有福分，这不该怪我。因此，他取出一包绸布包裹的先祖骨灰递给赵小林，吩咐道：“你潜入犀牛潭，把我这个小包喂给犀牛吃了后，再把你那小包你父亲的骨灰给犀牛吃。”

“好吧!”赵小林不解其意。

当赵小林即将下到犀牛潭时，杨撵龙再次命令道：“你必须先喂我这小包给犀牛吃了后，才能喂你那小包给犀牛吃哈!”

“知道了!”赵小林答道，拿着两包骨灰纵身跳进了犀牛潭中。杨撵龙得意地点了点头，盯着赵小林潜入犀牛潭中。

这时，突然乌云蔽日，雷声轰鸣，狂风猛烈，暴雨如注。犀牛潭中先前清澈明亮的潭水，顿时变得浑浊起来，并开始沸腾翻滚……接着潭水快速上涨，像盛开的莲花，喷薄而出，向四周散发，一个浪头把赵小林推向了潭边。再接着，潭水却逐渐平静了，潭底的泥土往上涌成一个小山峰……原来的犀牛潭顿时消失了。西汉水与平洛河从此汇合，绕原犀牛潭形成的山峰转了一个弯，才浩浩荡荡地向下游而去。如今这里仍有犀牛脚印、古犀牛潭痕迹。

当杨撵龙缓过神来时，立即问赵小林："你是按我的办法把小包喂给犀牛吃了?"

赵小林不以为然地答："我右手拿你那小包反复喂犀牛，犀牛只闻，可能因为是绸布的原因，就是不愿意吃；后来，犀牛见我左手拿着一小包青菜叶，趁我没注意，一口就抢去吃了。这时，潭水突然翻滚起来，但犀牛仍然不吃你那个小包……我塞都塞不进犀牛口中，急忙将你那个小包挂在犀牛角上。后来，我就被洪水冲到岸上来了……"

杨撵龙不愧是多年的撵龙高手，先是不悦，但立马就说道："左挂左成相，右挂右成相，赵家天子杨家将，改朝不换将!"

据说，次日清晨，一群喜鹊在赵小林家房前飞来飞去，大声地叫道："赵家天子万万年，赵家天子万万年!"赵小林的老母亲正在厨房，听着这群喜鹊的叫声，心想，我们赵家现在是吃不饱腹，穿不暖身，还当"天子"，还"万万年"？因此，赵小林的老母亲用正在洗锅的刷把①在灶头上敲了一下，没好气地说："万万年？有三百年就心满意足了!"这个赵小林的老母亲，用正在洗锅的刷把敲打灶头，灶王菩萨挨了冤枉打，立即启奏玉帝："赵家天子……他们只要三百年。"可能是玉帝准奏，所以，"赵家天子"只做了三百多年时间；而"杨家将"则是保家卫国将领，世世代代的征战英雄中，都有"杨家将"，甚至民间有"无杨不成将"的传说。当然，这只是"赵家天子、杨家将"的美好传说而已。

① 刷把：将黄竹劈篾成丝并扎成一束，称为刷把，专用于洗锅和洗灶台。

053 桥是弯弓塔是箭

西汉水流经康县河口时，当地人在河中间淘成了一方碧清的深潭。这潭方圆十余丈，潭水清滢明澈。潭边有一巨石，像珍珠嵌在青山碧水边。两边山腰上，伸出两条鱼脊般的石山，蜿蜒而下，势如游龙，一齐延伸到该巨石前。当地农民称这“两山一石”为“二龙戏珠”，北山为青龙，南山为黄龙，巨石为珍珠。

相传古时候，有一个年迈的撵龙匠漫游到河口。当他一眼看见这“二龙戏珠”时，不禁脱口赞叹：“千里来龙踞福地，一湾秀水绕明堂，好一个藏龙卧虎之地!”这话恰被当地一个人听见了。这个人叫吴名堂，为人刁钻贪婪，当地人暗中称他为“无名堂”。吴名堂将撵龙匠请到家里，恭恭敬敬地请教福地。撵龙匠摆摆手说道：“天机不可泄露。”吴名堂苦苦恳求，撵龙匠说：“倘若泄露天机，你吴家升官发财了，我却会双目失明，生活无着落，如何是好?”吴名堂一听，当即赌咒发誓说：“我吴家只要有升官发财之日，情愿把您供养，保您无忧无虑，衣暖食足!”撵龙匠见吴名堂情真意切，又想今后的衣食住行，由此也有了着落，就给吴名堂指点了修房造屋的穴道。

吴名堂按照撵龙匠指点的地方，盖了一院大瓦房。说来也怪，这吴名堂自从修房盖屋以后，家庭十分顺利，不但财运亨通，日子一天比一天富裕。而且妻妾俩人，连续生了十个儿子，这十个儿子渐渐长大成才，分别做了翰林院、兵部侍郎、州府、县衙门等朝廷命官。

撵龙匠自从给吴名堂指点了福居穴道后，果然双目失明，生活完全依靠吴家供养。开始时，吴名堂对他毕恭毕敬，关怀备至。可时间一长，当吴家发迹后，就渐渐忘却了撵龙匠的好处，并觉得撵龙匠是吴家吃闲饭的人。因此，吴名堂见撵龙匠虽然双目失明，但可以绕着大磨旋转，即叫撵龙匠推磨碾米，吃残羹剩饭。

撵龙匠有个徒弟，因为姓仇，最恨世间不平事，经常为人打抱不平，世人都叫他“仇不平”。仇不平多年不见师父，便到吴名堂家拜望师父。

仇不平见到师父，心一酸，急忙问道：“师父，您这是……”撵龙匠一听是徒弟的声音，悲喜交集，流泪道：“吴名堂刁钻贪婪……”就把他的遭遇说给徒弟听。仇不平听后，怒目圆睁，骂道：“吴名堂小人，胆敢辱我师父，我不报此仇，誓不为人！”师徒二人如此这般，低声耳语了一会，就急忙离开了。

这时，吴名堂迈着方步，从大厅里踱了出来，仇不平假装观看风水，赞叹道：“好一个藏龙卧虎之地呀！”吴名堂笑道：“谁说不是？这里是兵部侍郎的虎踞！”“哦！”仇不平讥诮地问：“此地有帝王之象呀！”吴名堂一听，满脸堆笑。却道：“客官，别信口开河，这是要掉脑袋的事。”

仇不平瞪了一眼吴名堂，说：“这地势有帝王之象……只是万事俱备，只欠东风。”

吴名堂追问：“欠东风？客官有何高见？”

“你看这‘二龙戏珠’，是‘二龙’呈抢夺之势。天无二日，人无二王，‘二龙’争抢，这帝王……”

“客官的意思是……”

“修一座桥，将‘龙头’连起来，形成‘二龙’合力之势；并在那‘珠’顶修一座白塔，这帝王……”

真是人心不足蛇吞象，升官发财还不满足，还想当帝王！吴名堂听了，觉得仇不平言之有理。吴名堂想，我吴姓已是富贵荣华之家，如果……何乐而不为？

因此，吴名堂立即动工修桥建塔。当仇不平亲自为“珠”顶建塔举行仪式后，立即回到吴名堂家，背着仍在推磨的师父，快步消失在山野中。真是天有不测风云，当吴名堂修桥建塔竣工后的五年内，吴名堂的十个儿子，不明不白，陆续犯事；要么战亡，要么贬官，吴家从此也就衰败了。后来，许多好事者，专程撵龙到此地，有人叹道：桥是弯弓塔是箭，箭箭射到翰林院！

当然，这纯属传说。虽然两山一石仍在，但在“两山一石”上，既无桥也无塔的痕迹。这只是警示后人，做人要诚信，做事要厚道；命中有时终须有，命中无时莫强求。正如好了歌所言：

世人都说神仙好，惟有功名忘不了；
古今将相今何在，荒冢一堆草没了！

054 扎西德勒彭松措

“扎西德勒彭松措”，汉语是“吉祥如意，功德圆满”的意思，这是藏族晚辈回敬长辈的祝贺语，源于甘肃省碌曲县。碌曲县隶属于甘南藏族自治州，位于甘肃省西南部，青藏高原东边缘，甘、青、川三省交界处。碌曲县在历史上地处泛指为“羌中”之地。

碌曲县属青藏高原气候带高原湿润气候区，冬长无夏，春秋短促，高寒阴湿。境内主要有嘉陵江水系的白龙江及八十多条支流。

白龙江为嘉陵江支流，发源于甘肃省甘南藏族自治州碌曲县与四川若尔盖县交界的郎木寺。流经甘南州的迭部县、舟曲县、陇南市的宕昌县、武都区、文县，在四川广元市境内汇入嘉陵江。

香浪节是甘南的传统节日，是一种群众性游山活动。香浪节源于上山采薪。“香浪”的藏语意思就是采薪。为夏河拉卜楞寺首创，第四世嘉木样为保护寺院周围生态环境，避免乱砍滥伐，规定每年藏历三、四、五、六、八、九月为进山采薪日期，过了香浪日，一律不准进山砍柴。

农历正月初一，又称新年。一早，家家在佛龛前点燃酥油灯，供奉用酥油炸成的各种面点等供品，预示来年的丰收。常常是长者先起来，女主人从外面背回一桶“吉祥水”，喂饱牲畜后唤醒大家，男女老少全换新衣后一家人开始聚餐过年。此时，长辈逐个祝“洛桑尔桑”（新年好），“扎西德勒”（吉祥如意），晚辈回敬“扎西德勒彭松措”（吉祥如意，功德圆满）。这一天全家都不出门，妇女有回娘家的习俗。群众性的活动安排在初三。

055 一庙两省郎木寺

郎木寺藏语称“噶丹雪珠具噶卓卫林”，意为“具喜讲修白莲解脱洲”，系“虎穴仙女”之地，有“东方小瑞士”美称。它位于四川、甘肃、青海三省交界处，是著名藏传佛教格鲁派寺院。据说郎木寺是莲花生大师降伏妖魔之地，而莲花生大师相传是印度佛教史上集大成就者之一，藏传佛教的主要奠基者。郎木寺悠久的历史和庞大的规模，蜚声中外，不但在安多、康巴藏区以及卫藏地区声名远扬，在国际上也拥有一定的知名度。郎木寺前山形似僧帽，寺东红色砂砾岩壁高峙，寺西石峰高峻挺拔，嶙峋嵯峨。

郎木寺由格鲁派高僧即第五十三任噶丹赤巴萨木察坚赞僧格于 1748 年创建。1752 年建大经堂，成立显宗闻思院，后来又建立密宗喜金刚学院。阿坝曲尖嘉措、俄然巴阿坝罗桑谢热、松州克珠嘉措、索波罗桑曲培、大恩活佛罗桑生格等依次任寺院法台。至 20 世纪 50 年代，郎木寺有闻思学院、喜金刚学院、时轮金刚学院、医学院四大学院。寺院建筑壮观、规模宏大，成为甘川交界处的著名佛教圣地。寺内除四大学院的经堂外，尚有赛赤拉章、弥勒殿、罗汉堂、千佛殿、三层宝塔殿、药师佛殿、怙主殿、邬仗那大师殿、马头明王殿以及时活佛的僧众居住的房屋。郎木寺闻思学院采用西藏哲寺郭莽学院的教本，分十个班级，系统讲授五部大论。正月法会程式仿扎什伦布寺进行，寺内原藏有《丹珠尔》、金字《甘珠尔》等许多文物。

郎木寺其实由两座寺庙组成，一是属于四川省的格尔底寺院群落，二是属于甘肃省的郎木寺赛亦寺院群落，一条小河横在两座寺庙之间。郎木寺的小溪多，数十眼小温泉，日夜不息地涌出温暖而清澈的泉水，穿过大街小巷村头院落又汇聚成小河，而条条小河又汇合成江流。

寺院的佛塔有第一世赤哇嘉参格桑的肉身灵塔等灵塔和制作各异的佛塔。郎木寺辖有十座属寺和两座静修院，前后有七十多任赤哇。

郎木寺原名“达仓郎木”，藏语意为虎穴仙女。因该地有一个石洞，洞中站立着美丽婀娜如人形的钟乳石，其名由此而得。相传是莲花生大师来此降妖驯服猛虎，并教化佛法，使猛虎成为善良的仙女化身，而今虎穴依旧。“郎木”身上挂满各色哈达，恰如仙女身着衣裙翩翩起舞。在郎木寺西侧一个高耸的石壁上，留存着一只巨型手印。据说，从前石壁有一个洞口，与大海相通，海水喷涌不止，村寨成为汪洋。郎木寺的高僧见此情景，上前猛击一掌，便封闭了洞口，从此滴水不漏。如今，那手印历经悠悠岁月依然清晰可见，有山水洞壁为证。这风光宝地，更显神秘空灵。

056 进藏门口吐谷浑

临潭县隶属甘南藏族自治州，地处青藏高原东北边缘，即甘南藏族自治州东部，是农区与牧区、藏区与汉区的结合部。

早在新石器时期，就有先民在临潭生息繁衍。千百年来临潭一直是东进西出、南联北往的门户，被史家称为北蔽河湟、西控番戎、东济陇右的边塞要地，是唐番古道的要冲地段，史称“进藏门户”，是有名“茶马互市”。

西汉王朝迁徙灾民于洮州，遂带来中原先进的生产技术和文化艺术。西晋吐谷浑占据洮阳城，修庙宇，从古战牛头城遗址和古城村出土文物可知吐谷浑当时占领着古城、旧城等要地，且信仰佛教。唐置临潭县，相传县址临近水潭而得名。

吐谷浑（313 — 663），亦称吐浑，中国古代西北民族及其所建国名。本为辽东鲜卑慕容部的一支，藏人称其为阿柴，是西晋至唐朝时期位于祁连山脉和黄河上游谷地的一个古代国家。

西晋末，首领吐谷浑率部西迁到枹罕。后扩展，统治了包括今临潭县在内的青海、甘南和四川西北地区的羌、氐部落，建立国家。至其孙叶延，始以祖名为族名、国号。南朝称之为河南国，邻族称之为阿柴虏或野虏。东晋十六国时期控制了青海、甘肃等地，与南北朝各国都较友好。隋朝与之联姻。被唐朝征服，加封青海王。唐朝中期，被吐蕃驱赶至河东，唐后期称之为退浑、吐浑。五代时期开始受辽国统治。

临潭县境内属高山丘陵地区，地形西高东低，西南向东北倾斜，境内多为低山深谷，沟壑纵横。临潭县大部分气候属高寒干旱区，寒冷、阴湿、四季不分明，降水东北多西南少，旱涝雹冻频繁。临潭县境内主要河流有洮河、冶木河、羊沙河。

冶海冰图是指天池冶海冬日结冰后冰面呈现的奇异现象。当地汉族群众称冶海为常爷池，藏族群众称常阿玛周措，是山峡堰塞淡水湖。当地群众因其神奇而奉其为神湖。冰图是她多种神奇现象之一。

洮水流珠是指洮河冬日冻冰如珠，随河漂浮形成的奇观。

057 雄柱威镇莲花山

在今甘南藏族自治州临潭县的新城镇，有一座古老的城垣，建在四山环绕之中。城北有大石山（也叫朵山）、三角石山和凤凰山，城西南有烟墩山，城东南是仁寿山（俗称墩坡山）、紫螃山（俗称雷祖山、丁家山），城正南是红桦山。古城依山而筑，东北高西南低。南门河自西向东绕城而过。东、南、西三面城墙笔直，东北、北、西北沿山脊而筑，蜿蜒于东陇山数座山峰上。各峰头尚有数座烽火墩台遗迹。城墙气势雄伟，就如巨龙盘绕。临潭县是中国最大的卫城——洮州卫城，被美国权威旅游杂志《视野》《探险》评选为人一生要去的世界五十个地方之一。

莲花山雄踞于临潭县境内的羊沙、八角、冶力关三关之间，东邻康乐县。东面洮河流过，南北有羊沙河与冶木河。莲花山高耸入云，山峰裸岩似盛开的莲花，俨然佛国仙境，古有“西崆峒”之称。主峰隽秀挺拔，在早晨或傍晚的阳光照射下，山岩呈粉红色，恰似莲瓣花蕊，亭亭盛开。山腰以下则林木葱笼，飞瀑清泉点缀其间，鸟语花香，美不胜收。

莲花山山形奇特，四面危崖千仞，悬崖峭壁上攀生着无数的苍松翠柏、藤条芝草，远望四壁如削，近看苍翠挺拔。空谷幽涧，流水叮咚，玉皇阁、水帘洞等景观显示出大自然造化之神奇。从山底到山顶，依次错落别致地修造了大小几十处楼阁殿宇，或悬垂半空，或坐落于山谷中。

据说，莲花生到西藏传教时，曾在莲花山传扬佛法，元、明、清代。赴京僧人往往取道此地，上山朝拜。清顺治以来，洮州佛教信士在山上广建庙宇，弘扬佛道。

莲花山花儿会，是自古以来闻名西北的民间盛会。每年农历六月初，附近三州六县的各民族群众云集莲花山，游山赏景，唱歌跳舞，昼夜不息。

具有神秘生殖原本传说的“镇关雄柱”位于冶力关正南方郁郁葱葱的大林中。在野性的坦露中冠以“镇关雄柱”，有人更直接的称为“阴阳石”。以其洞若生命之源，柱如生命之根的酷形令人遐想。关于人类生殖景说亘古就有。蜀国大地男根生殖图腾文化遗址留存多处，另外，奥斯陆维格兰雕塑公园就有人工雕成的矗立男根，是人们拜谒的生命之神。

在这全然没有人为痕迹的景观后，有一段传说。相传很久以前，冶力关叫野林关，说是一块水秀山青、物阜民丰、人民安居乐业的风水宝地。但突然有一股淫邪之气降临这里，青崖沟突生出这壁洞。从此这块美丽的地方充满阴霾，灾异不断。从那以后，当地人口中生女多生男少，若是生了男，大多到了青壮年时期就会不明不白夭亡。日子一久，就连牲畜也是雌多雄少，外部男人进入此地，也是常常消失踪迹，当地人大多逃亡外地。民生疾苦，神灵鉴之，这事被玉皇大帝知道了。他派巡游大神察明是妖气所致，便降雄根神柱镇之，这就是“镇关雄柱”。此柱一立，镇住了妖魔淫邪，地方又恢复了往日的宁静秀美，人口也是比例恰当，更显男壮女秀，野林关也随之改称为冶力关，青崖沟也叫亲昵沟了。

058 宕昌不见吐谷浑

宕昌县隶属于甘肃省陇南市。当地羌人在南北朝时期曾建立“宕昌国”，宕昌为羌族部落首领之名。素有“千年药乡”美誉，中药材种类达690多种，尤以当归、党参、大黄、红芪、柴胡、黄芪为甚。

宕昌历史悠久，早在5000年前就有人类繁衍生息。1913年，阶州西固分州改为西固县，隶属陇南道（旋改渭川道）。1954年6月，经政务院批准西固县治迁宕昌，11月13日，西固县更名为宕昌县。

宕昌县属青藏高原边缘和西秦岭、岷山两大山系支脉的交错地带，加之受岷江、白龙江等河流的长期冲刷、切割，境内山峦起伏，沟壑纵横，地形地貌异常复杂，山岳特征显著。地势由西北向东南倾斜，地形由山地、丘陵、河谷三大单元构成，南部多深山峡谷，北部多黄土梁峁。

宕昌县为北亚热带、温带、高原三种气候的过渡地带，垂直气候显著，南北差异大，一般为温带大陆性气候，气候温和而湿润，按甘肃省气候分区，属陇南温带湿润区。境内水资源属嘉陵江水系，县内集水面由白龙江和西汉水两大流域构成，有白龙江、岷江、良恭河等大小河流。

宕昌曾是吐谷（yu）浑统治。吐谷浑（285 — 663），亦称吐浑，中国古代西北民族及其所建国名。本为辽东鲜卑慕容部的一支，藏族人民称之为阿柴。

《北史·宕昌传》记载，国土“自仇池以西，东西千里，席（藉）水以南，南北八百里。地多山阜，人二万余落（户）”。宕昌羌人当时还处于畜牧为主的阶段，虽建立了政权，但社会生活仍以部落组织为基础，“俗皆土著，居有屋宇，其屋织牦牛尾及羖羊毛以覆之。国无法令，又无徭赋。唯征战之时，乃相屯聚，不然，则各事生业，不相往来。皆衣裘褐。牧养牦牛、羊、豕以供其食”。宕昌很少向相邻政权发动攻击，也难以抵御其他政权的进攻，常常受到西邻吐谷浑的威胁。470 年前后和 485 年，吐谷浑两次颠覆宕昌政权。由于北魏干涉保护，才免于灭亡。处于各强大政权夹缝中的宕昌，不仅对北朝的北魏、西魏、北周频频进贡，也向南朝的宋、齐、梁不断贡奉。550 年，宕昌发生獠甘叛乱，国王梁弥定逃亡西魏，獠甘自立为宕昌王。魏派大将史宁平定变乱，杀獠甘，送弥定复位。565 年，宕昌与北周对立，攻周边境，被击退。后又联络吐谷浑 4000 轻骑进攻北周，被北周伏兵击败。566 年，北周大将田弘进军宕昌，直至城下，遂灭宕昌。

沧海桑田，万象更新。宕昌羌人早已与当地汉、藏民族融合。而宕昌这一国名、族名、城名三位一体的名称，却保留至今，仍是宕昌城和宕昌县的名称。宕昌城仍在，宕昌名犹存，弹指挥间千多年，独不见当年吐谷浑！宕昌羌人独具特色的房屋建筑在宕昌、舟曲两县交界地区还大量存在，是我国民居建筑艺术中的一枝奇葩。宕昌故城至今完好。已经发现的“汉率善羌君”和“魏率善羌伯长”两颗铜印，在宕昌县文化馆陈列，引起史学界的高度重视。

059 阴坪羌寨竹簧声

阴坪羌寨位于宕昌县，寨子依山而建。从对面望去，古羌寨塔板房在参天古木中时隐时现，与从寨底流过的官鹅河与情侣湖、公主湖交相辉映，形成一幅原生态的水墨画。

阴坪羌寨在古时叫金羊寨，那时官鹅沟内生活着氐、羌两个民族，氐族聚居在金羊寨，羌族聚居在鹿仁寨。他们都以放牧为生，过着与世无争、悠闲安逸的生活。后随着两寨的壮大，为争夺官鹅沟的水草发生了争斗。你争我夺，两寨的仇恨不断加深。金羊寨主达嘎，为一举消灭鹿仁寨，派儿子官珠化名潜入鹿仁寨。但时间不长，他就同鹿仁寨寨主木楞大王的公主娥曼相爱。随着两人坠入爱河，官珠逐渐放弃了复仇计划，并商定化解两寨的恩怨，但他俩的计划被木楞大王的管家铁布听见。官珠说服父王打算在八月十五迎娶娥曼。两寨寨主却暗中准备，欲给对方以致命打击。当官珠和娥曼明白时，却为时已晚，两首领搭箭拉弦，带着仇恨射向了对方，官珠和娥曼奋不顾身，挡住各自父亲的箭。一对热恋的情侣，就这样献出了年轻的生命。两首领幡然醒悟，所谓冤冤相报何时了，从此握手言和。金羊寨的人们为了忘却那段令人伤心的往事，就把自己寨子名字按居住的地形改为“阴坪羌寨”。如今，阴坪羌寨的人们还保留着官鹅沟原始羌人的生活习俗，居住着古老的踏板房。寨子里的妇女都会弹奏一种竹簧口琴，这种琴长不过 3 寸，左手抓住口琴尾部，右手不停地扯拉拴在琴口的细线绳子，张驰有序，口形一开一合，口琴立时发出美妙而又低沉的声音，声音听起来就像一群蜜蜂飞过一样。柳管小笛、麦杆、草叶小吹等都是独具特色的羌族小乐器。

060 舒展欢快朵迪舞

舟曲县，甘肃省甘南藏族自治州下辖县，位于甘肃南部，甘南藏族自治州东南部。地处南秦岭山地，地势西北高，东南低，是典型的高山峡谷区，气候属暖温带，白龙江、拱坝河、博峪河“一江两河”贯穿其中，地形地貌复杂，自然灾害频繁。

舟曲县的拉尕山有独具特色的民俗风情，藏族服饰光彩夺目、珠摇环佩。有格调迥异的藏族罗罗舞、摆阵舞、马铃舞，尤其是朵迪舞，十七八岁的藏族姑娘们，梳起长辫子，头戴银盘、身穿民族服装，一般节日期间则披五彩绫罗绸缎，载歌载舞，时而舒展欢快，时而婉约缠绵。

翠峰山，位于舟曲县城北，原西固八景之一（北峰古刹）。《甘肃古迹名胜辞典》称翠峰山为“陇上名山”。其峰状似一面屏风。峰脊如剑锋凸兀凌空，东南北三面峭壁悬崖。千寻峰顶巨松古柏参天，重重迭翠，奇险绝清，翠云寺掩映其间。登上峰顶，千山万壑尽收眼底，鸟瞰舟曲县城，楼房鳞次栉比，白龙江如飘逸的哈达，穿峡谷而去。

061 五次移民西汉水

武都县位于甘肃省东南部，地处秦巴山地，毗邻川、陕两省。境内沟壑纵横、峰峦叠嶂。由于特殊的地理环境，这里既有南国的灵秀，又具北国之雄奇，是典型的山区农业县。物产丰富、地灵人杰，自古以来就是兵家必争之地，是陇南政治、经济、文化、交通中心和军事重镇。根据白龙沟发现的“武都森林古猿”化石研究报告证明，早在1000万年前，武都白龙江和北峪河流域已是古猿生活的重要地区之一。这里河谷纵横，雨量充沛，森林繁茂，因而还生息繁衍着三趾马、大唇犀、始柱鹿、褐牛、剑齿象、剑齿虎等动物。文物普查、考证发现，白龙江及支流北峪河、沟坝河、福津河沿岸的黄土坪上，有着极为丰富的古文化遗迹，有距今7000年的仰韶文化、距今5000年的马家窑文化、距今4000多年的齐家文化及商周时代武都白马氐族的寺洼文化。武都最迟在7000年前就有华夏民族的足迹，他们先在北峪河流域，再繁衍到白龙江及其支流沟坝河、福津河沿岸，开创了武都灿烂的古文化。气候属北亚热带半湿润气候，垂直差异明显，具有亚热带、暖温带、寒温带三种气候特征。气候温和、四季分明。秦岭和岷山两大山系的支脉东西向横贯武都全境，境内高山、河谷、溶洞、丘陵、盆地交错，峰峦叠嶂，沟壑纵横，气候垂直分布，地理差异明显，被著名地质学家李四光誉为“宝贝的复杂地带”。武都境内有白龙江、广坪河、西汉水三大水系。

历史上这里有曾建有武都国。武都国的领土位于古仇池国的东南部，东据今陕西略阳以东，西界邓至（今四川九寨沟县），南有平武（今四川平武县），北邻宕昌。武都国的建立，一方面依靠氐族群众对杨氏家族的拥戴，另一方面依靠刘宋政权的支持。

这里也是著名的藏彝走廊。历史上在武都发生人群迁徙多次。最早的是约6000年前因气候急剧趋向干燥寒冷，甘青地区人群中的一支开始南下向藏彝走廊迁徙，其中一条路线是从甘南洮河上游向南，经甘肃岷县、武都一带沿白龙江流域向南发展，从岷山西侧进入岷江上游地区。

据说，历史上西汉水发生过五次大迁徙。其中，汉至三国，氐人三次大迁徙；明清产生过两次大迁徙。第一次是氐人移民酒泉。汉武帝元封三年（前108），官兵镇压氐人反抗，将部分氐人迁于酒泉，这些氐人便是酒泉福氐之氐。

第二次是氐人移民蜀汉。汉献帝建安二十四年（219），曹操累攻武都，徙氐五万余落出居扶风、天水界，并多次到氐地掠夺粮谷和人口；魏又强迫武都氐、汉等族人众迁于京兆、汧、雍、天水、南安、广魏等郡。在蜀魏争夺中，也有一些氐人徙居蜀汉。至魏晋时，氐人除原在武都、阴平二郡以外，又在关中、陇右一些郡县形成与汉人及其他各族交错杂处的聚居区。其中最著名的如晋略阳氐蒲（苻）氏、吕氏，其先人都是从武都迁徙而来。

第三次，氐人移民实蜀。据《阶州直隶州续志》记载“蜀汉建兴十四年（236），徙武都氐王苻健及羌民四百余户于广都（今成都南）”。有人说其真实原因是姜维计划“移民实蜀”，“建兴十四年，准备徙武都氐王苻健及氐民四百余户于广都，但苻健与其弟发生分裂，苻健弟率四百户降魏”。

元代以前，白龙江和西汉水流域的主体民族一直是氐、羌、藏等少数民族，汉族虽已陆续进入白龙江流域，但数量少。明代开始，为了巩固边关，教化“异族”，政府开始往白龙江流域大规模迁徙汉人。加上明清两代的军屯、民屯，和两次流民高潮，汉民逐渐成为白龙江流域的主体居民。

第四次，蜀人移民白龙江流域。明末清初数十年的战乱期间，也就是传说中的“张献忠剿四川”时，蜀地民众纷纷将妻携子，合家迁离川蜀，涌入白龙江流域，形成新的流民高潮。

第五次，陕人移民白龙江流域。出现在清朝同治年间的“同治回乱”的十多年间，陕西移民大量涌入白龙江流域。由于白龙江流域山大沟深，林密流急，较少遭遇苛政和兵燹，因而吸引了大批流民。白龙江流域的大量史志资料表明，陕西、山西人进入该地区的数量很多。因此，武都及邻县的居民主要来自四川、湖北、陕西、山西。

062 天池白马藏族人

文县隶属于甘肃省陇南市，因沿用古文州之文而得县名。其位于甘肃省最南端与四川、陕西交界处，地处秦巴山地，是甘肃的南大门。早在原始氏族公社已有人类活动，县境内有新石器时代仰韶文化马家窑类型的文化遗址。

文县西高东低，地处内陆腹地，属秦巴山地，构造复杂。境内有两江、八河、三百六十多条小溪。白龙江和白水江由西至东穿流而过，汇入嘉陵江。

由于远古时期的地壳活动，致使地壳断裂，洋汤河河道被堵截，于是在天魏山上，汇成了状如葫芦的一湖碧水，人们称之为“天池”。文县天池有九道大湾和一百零八个小湾，周围俱是连绵的崇山峻岭，风光秀美。这里冬无严寒，夏无酷暑，雨量充沛气候温和。

生活在这里的白马藏族人民秉性耿直，热情好客，能歌善舞，生活衣着、婚丧祭祀至今仍保留着古老习俗。白马藏族同胞把最具特色的婚礼和盛大节庆祭祀活动时表演的面具舞称为“池哥昼”，也叫“神面舞”。“池哥”是白马人对“面具”的读音，“昼”译成汉语为跳，即跳“面具舞”的意思。这种面具舞被赋予祈祷丰收、安宁、驱恶避邪的意思。“池哥昼”，场面庄重热烈，既有神秘的宗教气氛，又充满浓郁的娱乐色彩，极具历史和民俗特色。

063 秦蜀重镇朝天峡

朝天区为四川省广元市市辖区，是秦岭南麓蜀道起点上的第一个政治、经济、文化中心，素有“秦蜀重镇”“川北门户”之称。相传唐天宝十五载(756)，唐玄宗避安史之乱奔蜀，至飞霞镇后，蜀中百官于此接驾“朝见天子”，故名“朝天”。

西周时期，朝天为西周辖治。春秋初期，蜀部落酋长于蜀称王，建立蜀国，朝天为蜀治。春秋中期，蜀于今广元南部建置附庸国。春秋末期，蜀开明氏废附庸国，于今广元南部（今昭化境内）置苴国，朝天属苴治。

朝天区位于四川省东北部，广元市北，嘉陵江上游，川陕甘三省交界的边陲地带。地势东北高，西南低，境内最高峰大尖山，最低点酒茶沟。由此形成东北部中山区、中部河谷平坝、西南低山区的特殊地理环境。朝天区境内有大小河流 14 条，分别由东北和西北两个方向呈“非”字形注入嘉陵江。

朝天区水资源属嘉陵江水系，集雨面积大于 100 平方公里的河流有嘉陵江、羊木河、安乐河、潜溪河、青边河、鱼洞河。朝天区境属亚热带湿润季风气候。东北部中山区冬寒夏凉，西南部低山区及平坝河谷地带冬冷夏热。全区境内气候湿润，雨量充足，光照适宜，四季分明，但由于地处冷暖空气对流交汇的秦巴山地区中部，故夏秋季多雨而冬春季多风。由于东北和西南相对高差悬殊，故季节、气候相差较大。

064 天梯古栈六道通

朝天峡也叫明月峡。明月峡位于广元城北的嘉陵江畔。这里扼川陕公路咽喉，两岸绝壁如削，江涛拍岸，东岸石壁上仍遗留着长约半公里的古栈道孔眼。栈道开凿于先秦，历代续有修葺。《史记》有“栈道千里通于蜀汉”的记载。公元前316年秋，秦惠文王纳司马错之策，命张仪、司马错、都尉墨率兵沿此道灭蜀。西汉刘邦派萧何维修栈道，川北一带数十万石军粮经此出川，支援前线，故有“汉之兴自蜀汉”之说。三国诸葛亮北伐曹魏，对栈道曾进行修整扩建使其成为调遣兵马、运送粮秣的通途。如今该峡谷集水道、纤大道、栈道、驿道、公路、铁路古今“六道”于一峡，被誉为“中国交通史博物馆”。

古栈道同长城、运河一样是人类历史上的伟大创举。古代“五丁开道”的神话传说流传了几千年，给古道的开凿蒙上了一道神秘的色彩。《蜀道难》中有：地崩山摧壮士死，天梯石栈道相连。栈道的修建，究竟是半崖中悬绳吊筐？还是河中搭架？或者是横向凿孔、铺板，依次而成？至今仍是一个谜。

图05　广元朝天古蜀道示意图

065 明月峡中好饮马

萧何弄舟明月峡。萧何碑遗址现存于明月峡老虎口下，碑文为“……沛公为汉中王，王巴蜀汉中四十一县，都南郑。……王留公于南郑，收巴蜀租给助军粮……”。此段文字可佐证刘邦派萧何维修明月峡栈道的史实。诸葛亮北伐曹魏，常有“粮尽退”的困惑，曾派费祎对此道进行修整，使其成为调遣兵马、运用粮秣的通途。“木牛流马”这一交通工具也为适应蜀道运输而制。但终因蜀道太难，加之蜀国乏力，导致北伐最终失败。

陆游诗落明月峡。诗人陆游面对南宋政府不图进取放弃西北抗金大业的作法，心情极度悲痛，在从汉中南郑至成都任职途中，他像一个失魂落魄的危重病人，神情恍惚，乘一叶扁舟，过望云滩，不慎将在南郑时所作的《山南杂诗》百余篇坠入位于明月峡出口处古望云滩江中。

嘉陵江从北向南，饮马溪从东至西，恰好在筹笔驿与嘉陵江干流构成“丁”字形。由一江一溪划出三山鼎立。而饮马溪的出口较为严缓，积成一片平滩，不知何年何月沙滩升出江面，日渐增高，成为开阔的河床。那鼎立的三山，东山名汉王寨，西山叫安家山，北山称八庙山，这三山迎面是陡峭石壁，有相互顾盼之势。

汉王山上汉王寨，相传刘备做汉中王前在这里屯过兵。山的顶端平坦，约两百亩。刘备在此建过营盘，还有校场、旗杆坪地名流传于世。据说诸葛亮北伐来到筹笔，爬上汉王寨，看到这险峻的山势，也在汉王寨扎了兵。过去的汉王寨修建有宏大规模的汉王庙，庙中塑有刘备和孔明、关羽、张飞等泥像。远近的老百姓逢年过节都来庙上朝拜，香火盛旺。

安家山在汉王寨对面，中间隔嘉陵江。迎面一道峭壁，名曰“筹笔岩”。

安家山的名字也来源于诸葛武侯，据说他的士兵打仗残废，便退下来在安家山安了家，故此而得名。

八庙山与汉王寨排齐，中间隔一条饮马溪。八庙山的坡度较为平缓，上山的道路是间断性石阶，山的高度低于汉王寨和安家山，山顶曾修建过天贡堂，传说是诸葛亮商议军机大事的地方。

066 深闺不识含羞泉

据《地球》杂志1982年第6期梅正星《含羞泉》一文介绍，四川广元市龙门山东北的陈家乡山中，有一处怪泉。论文说："只要你往水面扔一块石头，产生响声振动后，泉水俨如一位含羞的姑娘，掉头就躲藏起来。"人们给它取名叫"含羞泉"。一般情况下，泉水从穴中汩汩涌出，当游人大声地呼叫，或将小石块扔进泉水里时，受惊的泉水立即滚动，慌慌张张退回"深闺"，这时，泉洞只有水浸过的印痕犹存；待一会儿后，泉水又试探着伸出头来。据说，泉水"含羞"的原因是岩石间的微孔细缝如千千万万的毛细管，将地下水汲出地表而汇聚成泉，当遇有响声振动产生压力，水便被顶了回去，响声消失压力不存在时，水就又流出来了。

其实，朝天区银广岩对岸，峭壁间有小隙，喷出泉水清冽寒齿，流二三丈注入安乐河。泉水常年不涸，时涨时缩。行人有咳嗽声，呼喊声，泉水即缩回，声静泉水复流如故……含羞泉主要分布在能被水溶蚀的碳酸岩地层，岩石受挤压形成许多裂缝，降水和地表水沿裂缝潜入地下，先汇集在一个大贮水洞里，通过一条能产生虹吸现象的溶蚀管道排出，并受降水等不均匀补给的制约，造成间歇式排泄，所以，"含羞泉"实际是一口"间歇泉"。

067 一代女皇武则天

利州区地处四川盆地北部边缘，嘉陵江上游，在广元市中部，是广元市的政治、经济、文化中心。

皇泽寺，是中国唯一女皇帝武则天的祀庙，位于四川省广元利州区城西嘉陵江畔。

皇泽寺是国内唯一一座武则天的祀庙，寺内保存着开凿于北魏至明清的皇泽寺摩崖造像及其历代碑刻，不仅有极高的文物价值，而且有极高的观赏和研究价值，被专家们誉为中华传统文化的瑰宝。

皇泽寺始建于唐开元年间，原名“乌奴寺”，又名“川主庙”，相传是为了纪念李冰与二郎神的。唐贞观年间，武则天的父亲武士彟任利州都督时，武则天出生于此。建立武周政权以后，施脂粉钱修建当时已具规模的川主庙，后取“皇恩浩荡，泽及故里”之意改名“皇泽寺”。据明代陈鸿恩所撰《皇泽寺书事碑》载：“皇泽寺相传为武后创。”清代张邦伸《云栈记程》中也说：“武后秉政，建皇泽寺于此。”

也有人传说，武则天死而为神，民间遂给她建庙命名“皇泽”，是祈望她的“在天之灵”能泽被桑梓，因而祀庙内一直供奉她的真容像。

后蜀广政二十二年（959），又对该寺进行了改扩建，形成“唐则天皇后武氏新庙”。当时的皇泽寺，临江是“则天门”“天后梳洗楼”“乐楼”（戏楼），还有“弥勒佛殿”“铁观音殿”等建筑。

其后屡有毁建，现存建筑大部为清代建筑。主体建筑有大门、二圣殿、则天殿、大佛楼、吕祖阁、五佛亭等，寺依悬崖，下瞰江流，雕梁画栋，错落有致，气势不凡。

每年农历正月二十三日，皇泽寺都要举行盛大庙会，广元人民要去皇泽寺前乌龙潭一带划舟竞渡和游河湾纪念武后生日。

皇泽寺内现新建有女皇山庄，宋代墓室浮雕墙。跨进皇泽寺大门，首先看到的是二圣殿，大殿正中，供奉着二圣，即唐高宗和武则天。

二圣殿内左右两侧，塑有唐高宗、武周朝时期的九位著名大臣，分别是李勣、张兴、魏元忠、李昭德、狄仁杰、娄师德、张柬之、来俊臣、上官婉儿。

皇泽寺的主殿是则天殿，位于二圣殿后。则天殿始建于唐，历史上曾称“武后真容殿”“则天圣后殿”。与一般寺庙不同，皇泽寺这座由女皇御敕建造的寺庙内没有“大雄宝殿”，因此，则天殿就是皇泽寺的主殿。

则天殿内，有武氏家系图。史载，武则天的父亲武士彟是太原文水人，当初是山西木材商人，为了从军，结识李渊（唐高祖），官路亨通，武德三年（620）升正三品工部尚书（相当于建设部部长）。作为唐朝开国元勋之一，武士彟一直深受唐高祖信任并因此成为唐高祖时期的朝廷重臣。武德八年（625）八月后，武士彟以检校扬州大都督府长史外放为官，本来唐高祖跟他说只外放半年，但不久（武德九年六月初四）后，李世民发动玄武门兵变，李渊退位，朝中重臣全部换上了李世民的亲信，武士彟遭到排挤，从此没能重回朝廷。武德九年（626）八月，李世民登基即皇帝位，改年号贞观。第二年（627），武士彟改任利州都督。

关于武则天的出生时间，有三种说法，第一种说法是生于武德七年（624），第二种说法是武德八年（625），第三种说法是贞观二年（628）。若按第一二种说法，武则天生于长安（今陕西西安）；若按第三种说法，武则天却生于广元。

无论武则天出生在哪里，她都是在广元度过了童年和少年。12 岁父亲去世，她和母亲受到族兄的虐待。贞观十一年（637），14 岁的武则天入宫成为唐太宗的才人（正五品），唐太宗最初非常宠爱她，赐名“武媚娘”，但不久便将她冷落一边。武则天做了 12 年的才人。李治继位后，武则天由“才人”“昭仪”而为“皇后”。690 年，武则天正式登上皇帝宝座，成为中国历史上唯一的女皇帝，改国号为周。那一年，武则天已是 67 岁的老妇人。705 年，武则天还周于唐，唐中宗继位。当年11月26日，武则天与世长辞，临终前留下遗诏："去帝号，称则天大圣皇后。"

则天殿正中，立有国内唯一一尊的"武后真容"石刻像。宋人《九域志》载：武则天当皇帝后，"赐寺刻其真容"。石刻像高1.8米，由整块沙岩雕成，距今已有1300余年。只见这位唐代女皇方额广颈，神态安详，头戴佛门宝冠，身着僧尼衣袍，肩披素帛，项饰珞圈，双手相叠于膝，作法界禅定印。据说，这是武则天晚年之像，虽俨然佛家装束，却颇具人神兼备之气。

殿内有一尊武则天的石刻画像碑，碑上刻着女皇头戴冕旒，身着王服，云环雾鬓，舞带霓裳，是民国人临摹明代陈鸿恩所著《无双传》中之"金轮遗像"所刻，当是武则天为"王"时的神态。有一首古诗对其赞美道：

绝代佳人绝世雄，衣冠万国冕旒崇；
须眉有幸朝宸下，宰辅多才到阁中。
六尺遗孤兴浩劫，千秋高视仰丰功；
残山剩水留纤影，依旧倾城醉雁鸿。

则天殿还陈列有一块广政碑和一块升仙太子碑。升仙太子碑是武周圣历二年（699）二月初四，武则天由洛阳赴嵩山封禅，返回时留宿于偃师县缑山升仙太子庙，一时触景生情而撰写的。碑文表面记述周灵王太子晋升仙故事，实则歌颂武周盛世。

皇泽寺大门北侧，有风阁、钟楼，南侧则有写《心经》洞、武氏家庙和鼓楼。

据说，武士彟出任利州都督后，"招辑叛亡，抚循老弱，为官清廉，政绩卓越，颇得百姓爱戴，故今特建庙以纪之"。武氏家庙内，塑有武则天全家像，正中是武士彟及后妻杨夫人，武士彟的原配是相里氏，死于武德六年；武德七年四月，唐高祖亲自做媒，为其娶继室——隋朝王室宰相杨达之女杨氏，后封为荣国夫人。杨氏与武士彟结婚后，先后生了三个女儿，武则天是杨氏的次女。右侧是武士彟与原配相里氏所生的两个儿子：武元庆和武元爽。左侧是武士彟与与杨夫人所生的三个女儿：长女名顺，字明则，嫁越王府法曹贺兰越石，后封韩国夫人，得幸于高宗，死后又追封郑国夫人。次女武则天，名约，字明空，即曌（zhào）。季女史书没有记录名字，嫁郭孝慎，早卒不显。

武氏家庙东南是鼓楼，东北是写《心经》洞。唐代宗初年，颜真卿为利州刺史，曾写《心经》一卷，刻于此处，因此俗称写《心经》洞。

写《心经》洞洞区有造像，分布于巨石三面，东面主要雕刻经幢和六道轮回的内容；西面造像主要内容为三世佛及释迦、多宝佛的题材；南面洞窟为武则天的父母武士彟、杨氏开凿，时间为贞观二年（628），这个时间与武则天出生的第三种说法相符，因此这两个窟可能是为武则天的出生祈福所开，窟内现存有武氏夫妇礼佛图一组，弥足珍贵。

大佛楼又叫大佛石窟，原本无楼，是则天殿侧依山摩崖造像石窟，开凿于唐代中期。这座石窟内刻有一“供养人”像。他身着官服，头戴唐制双翅官帽，双手合掌跪于佛前虔诚祷告，在大佛足下，显得卑微而又渺小。张大千老先生考证认为，此“供养人”应为被废后的唐中宗李显，因希求复帝，以取悦母后，正为其母祈祷之。另一说法为章怀太子李贤。因李贤曾令范晔诠译《后汉书》，有影射皇权旁落之嫌而得罪于武则天，被废为庶人；后令李贤监造“皇泽寺”时，令石工将自己的像雕于大佛脚下以示忏悔请罪。

068 植桑养蚕嫘祖功

清代嘉庆年间，广元有一个县令叫曾逢吉。曾逢吉是湖北京山人氏，举人出身，清嘉庆十七年（1812），以军功授昭化县令。赴任后深入民间探索富民之道，号召县民植桑养蚕，颇有政绩。逐渐得出植桑养蚕致富之理。四年后调任广元县令，仍一如既往地倡导栽桑养蚕，并对全县每株桑树逐一造册登记，颁行只能增植、缺一补一、严禁砍伐的县规。在他的苦心经营下，广元县境内所有道路两旁皆桑树成荫，绿色夹道。清道光七年（1827），曾逢吉升任松潘知州，临行前，赶绘了极似连环画的石刻《蚕桑十二事图》碑，告诫当地百姓及继任县令不要荒废了植桑养蚕造福百姓的事业。

《蚕桑十二事图》碑，首图绘着嫘祖依马小憩，一只蚕虫在一株桑枝上悬丝坠向嫘祖头顶的画面，此图取材于嫘祖与白马的传说。据说上古时代，嫘祖的父亲是一个部落酋长，在一次外出狩猎中与外敌发生战斗，战败被俘；嫘祖得知消息后万分着急，便召集部落众人商计救父之策，并当众许下诺言，谁救回嫘父者，她当嫁他为妻。部众均无良谋。然而嫘祖家的大白马闻言，却长啸一声脱缰而去，傍晚时分驮回了嫘祖的父亲。但是，在以后的几天里，白马不吃不喝，嫘祖的父亲感到十分奇怪。问之众人，嫘祖遂谈及许诺救父配婚之语。嫘祖的父亲闻言大怒，说："人畜焉能配婚?"遂斩杀白马，剥皮曝晒于烈日之下。可刚将马皮晒出，突然狂风突起，马皮与嫘祖被一同卷上天空，尔后一声雷响，嫘祖化为一只蚕虫，悠然从天上悬丝而下，而埋入土中的白马骨骼渐渐长出一株大树，蚕虫悬挂树上，以叶为食，吐丝作茧。这树后人叫它伤心树，简称"桑树"（谐音"伤树"），寓意着嫘祖那一段伤心的往事。原来嫘祖家的大白马，是黄帝托生；后来，黄帝终于娶嫘祖为妻。

《蚕桑十二事图》碑中《选桑椹》《种桑》《树桑》《条桑》四图，展现了我国清代培植桑树的情景。这些办法仍在今天的植桑活动中被采用。此外《窝种》《种蚕》《喂蚕》《起眠》《上簇》《分茧》《腌蚕》《缫丝》八图，展现了清代人养蚕、缫丝、纺织的全过程。这组石刻图碑的拓片被前国家纺织部和上海丝绸博物馆拓片收藏，成为我国十分珍贵的史料实物和古代科普创作的艺术瑰宝。

069 千佛摩崖菩萨像

广元千佛崖摩崖造像位于四川省广元市北 4 公里外的嘉陵江东岸。它是四川境内规模最宏伟的石窟群，龛窟密布，重重叠叠。根据清咸丰四年（1854）所立的石碑记载，全岩的造像有一万七千余座。但 1935 年修筑川陕公路时，炸崖开路，一半以上的造像被毁。现存大小龛窟四百多个，造像七千余座。根据《广元县志》的统计，有唐刻二十七段、五代刻五段、宋刻二十六段、元刻二十六段、明刻八段、无年号者四十一段，另有唐、宋、元、明、清历朝历代的文字题记和摩崖碑刻一百多通。

千佛崖造像以大云洞为中心，分为南北两段。南段著名的龛窟有大佛洞、莲花洞、牟尼洞、千佛洞、睡佛龛、多宝佛窟、如意轮观音等；北段著名的有三世佛窟、无忧花树佛、弥勒佛窟、三身佛龛、菩提像窟、卢舍那佛龛和清代的藏佛洞等。荟萃了从南北朝、唐、宋到清代的石刻作品，雕刻精细，造型优美，具有独特的艺术风格。

大云洞在千佛崖的中心。窟的正中是弥勒佛立像，肩宽体胖，圆脸弯眉，袒腹含笑，坦然无忧。像的后边是锥形的石壁，两边雕刻有众多的小龛及排列有序的菩萨像，左右壁凿出两个深龛，内雕一佛、二弟子、二菩萨、二力士共七尊造像。南北两壁采用半圆雕法，刻出观音 148 尊，均华冠盛服、脚踏云莲，气势不凡。

大佛洞和三圣龛内的佛祖容貌清秀，眼小唇薄，通肩的佛衣折褶直线阴刻，软而薄。胁侍突额高鼻，唇沟深陷，表情淡雅；头上两髻高耸，两耳各悬有一条飘带，帔肩搭交于腹前。从莲台、佛龛、蚊龙拱眉等造型特征来看，与其他龛窟的风格不同，当是南北朝时期的作品。大云洞右侧三圣龛窟中有南朝梁天成元年（555）的文字题记，窟的中三龛造像，面相古朴，衣饰典雅，与大佛洞的造像相似，同属于千佛崖最早的造像。

莲花洞因为藻井的正中有一朵直径 1.2 米的莲花而得名。莲花周围的牡丹是宋人所绘，莲蓬绘成中国道教的“八卦太极图”。洞的东、北、南三壁各雕造一个大龛，内刻一佛二胁侍，佛像方脸宽肩，身着圆领通肩的大衣，外披袈裟，袒右肩，背后有桃形的光环。三龛的空隙处又造佛、罗汉、观音等。睡佛龛中，释迦牟尼侧身而卧，神态安详，像身后的众弟子，有的捶胸，有的恸哭、抽泣，各具姿态、表情各异。两端各站立一菩萨，背依婆罗双树，树干上各有一蟠龙。窟龛的北壁浮雕有两组关于佛“金棺”的故事。此龛是唐代石刻造像的杰作。

千佛崖还有许多小龛，雕凿细致，人物形象栩栩如生，如身着胡服的乐工、随曲飞舞的飞天、胁生双翅的飞人、身着铠甲的勇士，以及各种飞禽走兽等，内容十分丰富，是中国古代石窟艺术的宝库。

070 山水太极昭化古城

广元市昭化区，古称葭萌，至今已有 4000 多年的历史和 2200 多年连续建县史，是迄今为止国内保存最为完好的一座三国古城。属低山地带，嘉陵江纵贯西部，有子云、工农、马蹄滩等中型水库。广旺铁路、京昆高速公路、212 国道、202 省道过境。有建于清嘉庆十四年（1809）的柳桥石刻牌坊。有昭化历史文化古城、蜀汉大将军墓等名胜古迹。昭化区西部的云台山、牛头山属剑门蜀道风景点。

昭化区是广元东、西、南三个方向进出口通道的必经之地，绵广、广巴、广南高速公路和兰渝、成普铁路穿越区境，国道 212 线、环线公路和嘉陵江纵贯南北，集高速公路、国省干线、铁路和水运于一体的交通格局，使元坝处在一个扼水陆要冲、控南北咽喉的枢纽位置上。

昭化有秦汉时期的巴蜀第一县址——昭化古城。古城有费祎陵墓、鲍三娘陵墓以及葭萌险关等古迹；有融自然和人文景观为一体的云台风光、柏林驿道；有建于东汉至今保存完备的广善寺；有巍巍红军山、红军纪念牌、红军练兵遗址、红军烈士陵园、红军石刻碑林和红军石牌坊；有南宋名寺蜀北第一丛林平乐寺。

图06 广元昭化山水太极示意图

071 人头牛头都是山头

昭化区境内有人头山（也叫云台山）和牛头山。因其山形如“人头”，其岭态似“牛头”，固有“人头牛头都是山头”之说。

人头山相传是三国时魏将邓艾被冤杀后的人头所化而成。人们常见的是雨过天晴，云雾掠身而过的彩霞，出现在山的顶峰，故又名“云台山”。登山远眺，晨观日出，暮看云海，有“羽化登仙”之感。《大清一统志》载：“人头山在昭化县西四十五里，山岭突出，宛如人头。后唐长兴初伐蜀，王宏贽从白卫岭人头山后，出剑门南，即此也。”

人头山巨石矗矗，连卷如云，是周围诸峰之首。“一线天”异常险峻，又名“才君洞”，传说太上老君在此炼丹。“观音殿”建筑构思新颖，将山石内的泉水自观音像手中玉瓶内引出，断续而有规律地流出，长年累月不断流，凡是登山至此者，都要喝几口水，洗脸洗手，据说此水有消灾祛病。净肤美容之特效。

牛头山与人头山遥遥相望，牛头山形似一个巨大的牛头，故而得名。因天雄关在其间，所以又称“牛首雄关”。此关四周群峰昂首，与剑门群峰遥相呼应。

072 山水成就帝王霸业

在古代，昭化是通京驿道的主干线。《道光县志·铺递》载：通京驿道谓之极冲，凡八铺。分别是榆钱铺（系广昭分界处，上接广元的皂角铺，下接桔柏铺）、桔柏铺、县门铺、天雄铺、新铺、竹垭铺、大木铺、高庙铺（系剑昭分界处）；每铺置司兵四人，共三十二人。

史载，从昭化古城到剑门的驿道经过三条路线。一是清水江路，这是隋唐前路线，溯清水江上行入剑门（西路）。二是嘉陵江路，这是沿嘉陵江，经昭化古城西龙爪湾过泥溪上高庙铺到剑门（西路），也就是沿嘉陵江下从灯杆梁直达高庙铺。三是陆路，经天雄关大朝驿到剑门（西路大道），路线短，易行走，是最佳选择。宋元以来已有行人从此道行走。明朝大规模进行修缮，提高道路等级。自隋至清，驿站皆属于兵部。驿铺按等级置司兵，一般两人。县门铺领投公务较繁置司兵四人。清代各省腹地设为驿，军报所设为站，驿站担负起重要的政务与军事信息的传递。

昔日的昭化，舟船川流不息、车马络绎不绝，是交通要塞，又是军事重地。三国时，刘备据此东制陕西，西控蜀中，终于成就帝王霸业。刘备占据葭萌后，看中了昭化的重要战略地位。昭化城两江汇合，绕城东去；金牛古道，穿城而过；剑门雄关，巍峨傍立；桔柏古渡，扼江拒守。虽是弹丸之地，而有金汤之固。刘备以此为根据地，向西进攻刘璋，夺益州；再向东击败张鲁，取得了汉中，建立了蜀汉。蜀汉左将军马超当年在这里降归刘备，大将军蒋琬曾督军于此。魏将钟会、邓艾攻蜀时，被蜀将张翼、关索等长期阻于嘉陵江之东，两军在这里进行过多次争夺战，关索的夫人鲍三娘就战死在昭化附近的土箕坝。

073 兴于葭萌灭于剑门

昭化古城，文物古迹颇多，尤以三国遗迹最多，城西的牛头山上“襟剑阁而带葭萌，踞嘉陵而枕清水，诚天设之险”的“天雄关”，而今关门犹存，雄姿不减当年，山顶上的“姜维拜水井”至今尚存。

昭化古城东门外，嘉陵江和白龙江汇合处的“桔柏古渡”是古今文人吟咏之地。古时这里白天万人拱手，夜晚千盏明灯。新旧《唐书》所载唐明皇幸蜀“遇有双鱼负舟过津，议者以为龙”的故事就发生在这里。在此汇合的白龙江水白，嘉陵江水赤，初相汇合，还各自保持自己的本色，清浊分明，似两龙交合，形成一大奇观。历代诗人如杜甫、杨慎、张问陶等对此都有题咏。至今这一奇观犹如当年，清晰可辨。

杜甫吟《桔柏渡》：

青冥寒江渡，驾竹为长桥。竿湿烟漠漠，江永风萧萧。
连笮动袅娜，征衣飒飘飖。急流鸨鹢散，绝岸鼋鼍骄。
西辕自兹异，东逝不可要。高通荆门路，阔会沧海潮。
孤光隐顾眄，游子怅寂寥。无以洗心胸，前登但山椒。

历史上对三国蜀汉的兴亡概括为“兴于葭萌，灭于剑门”，把昭化古城奉为发祥之地，因而引起了不少人对她的向往。

葭萌坊，整个牌坊雕刻技术精湛，图饰古朴典雅。在春秋时期，今昭化嘉陵江流域一带生活的居民，人们称他为苴人，其实苴人是巴人的一支，他们主要靠捕鱼打猎为生。至古蜀王九世开明时，蜀国征服巴国苴人集聚区后，封其弟为苴侯，封地为苍溪县北至汉中以南，都邑建在嘉陵江与白龙江交汇的土基坝上（当时叫吐费城），命名为葭萌。在《华阳国志·蜀志》记：“蜀王封弟葭萌于汉中，号苴侯，命其邑曰葭萌焉。”葭萌坊上雕有一副柱联“蜀道三国重镇；天下第一太极”。昭化是三国文化最耀眼之地。史载刘备、诸葛亮、张飞、黄忠、霍峻、费祎、庞统等众多三国英雄人物到过这里，留下了大量的遗迹：葭萌古关、费祎墓、费敬侯祠、战胜坝、桔柏古渡、天雄关、牛头山、姜维井等。

绕城而过的嘉陵江被前方的笔架山和后方的翼山分割后形成了一道呈酷似道教的阴阳太极图。昭化古城正好位于太极图阳极的“鱼眼”之上，故而称之谓“太极天成”。据目前所掌握的资料，如此气势宏大的山水太极图在国内实属罕见。

昭化古城自公元前蜀王开明氏封其弟于葭萌始即与军事结下了不解之缘。自秦始皇征服蜀建县治地已历时2400多年。《县志·形势》：“昭邑北枕秦陇，西凭剑阁，全蜀咽喉，川北锁钥。”“县城四面皆山，三面临水。以天雄关为障，则上接朝天，声势联络，下望剑阁，首尾呼应；以嘉陵江为限，则扼广元之要害，据保宁之上游。信夫弹丸之城而有金汤之固也。”又云：“县属四界，东来广元有桔柏渡以拒之，西出剑阁有天雄关以镇之，南下苍阆有梅林关以间之，北渡阴平有白水关以守之。石关为白水之重门，小剑为剑阁之侧扃镝。周至不数虎牢之隘矣。”昭化县辖的疆土呈带状，基本上沿嘉陵江上下延伸。《县志·舆地志》：“地势南北赢而东西缩，南北相去三百二十里，东西相去七十里。”

昭化古城背依翼山，三面江水构成天然护城河。道光县志引《旧县志》：“城池甚为巩固，山抱水环，形胜屹然。”其背靠天雄关，面临嘉陵江，在冷兵器时代易守难攻。虽然小，但却是入蜀的咽喉。自北而来的军事力量攻破了昭化古城，也就基本上有了入蜀的希望。守住了昭化古城，也就守住了川北门户。昭化稍有失利，则很有可能造成蜀地大的失利。但同时即使被攻占，防守者也可退避天雄关居高临下以伺机收复。历史上许多次短兵相接的激战都是为争夺昭化这座城池而进行的。

蜀地自古以来就与中原地区往来频繁。《华阳国志·蜀志》：“（帝喾）封其支庶于蜀，世为侯伯，历夏商周……周失纲纪，蜀先称王，有蜀侯蚕丛，其目纵，始称王。”杜宇取代鱼凫后，教民务农，开疆拓土，“乃以褒斜为前门”。《华阳国志》载蜀国土地已北达汉中。鳖灵取代杜宇称开明氏。遂据有巴蜀之地。开明氏实行诸侯分封制，把皇室成员赶出舒适的皇宫，让他们到边防重镇去戍守锻炼。昭化就是“苴侯”的封地。开明氏历十二世达350年。秦蜀之间以争夺南郑为中心进行了长时间的拉锯战。昭化充当了重要的据点。《县志》曾提醒治事者，“国家混一，区宇防御无庸，况当太平”。“盛世烽烟永靖，鸡犬无惊，则虽有天险，徒供游士之眺玩而已。然申画郊圻，慎固封守，邑有形胜，亦守土者之当知也”。

昭化古城的布局体现了鲜明的军事特色，是一座坚固的“瓮城”。由于是弹丸之地，城墙的四座城门并不是按对称的方式设置的，而有一定的错位。城内的街道呈“丁”字形连接，不是一通到底，这是十分巧妙的布局。利用其迷惑性，可以采用“引君入瓮”的策略。敌人如果攻进城门，在不熟悉路径的情形下摸不着头脑，辨不清方向。守方则可乘机反扑。

葭萌关和剑门关都是天下雄关。纵观历史，可以说蜀汉“兴于葭萌，灭于剑门”。“兴于葭萌”，是说三国时，刘备采纳诸葛亮、庞统的建议，从荆州入川，以北拒汉中张鲁为名，驻军葭萌（今广元昭化），按兵不动，在今广元一带建立根据地。接着，挥师南下，斩白水关守将杨怀、高沛，战涪关，攻落凤坡，取绵竹关，夺成都，取代刘璋，占领益州，据有汉中；遂于 221 年建立蜀汉，称昭烈皇帝。“灭于剑门”是指司马昭派钟会、邓艾兵分两路直取西川，钟会率兵十万攻打剑门关，邓艾率精兵，从阴平道经甘肃文县和四川青川境内的摩天岭裹毡而下，偷袭江油关（今平武县南坝镇），直取成都。这迫使刘禅下令姜维投降，蜀汉遂亡。

074 藏风聚气葭萌苴国

昭化古城是名副其实的风水宝地。从地理地貌上看，广元市区（含利州区、朝天区、昭化区、剑阁县、青川县）的大部分地区构成一个巨大的北高南低的扇形地貌。昭化古城处于“水口”的位置。从风水的角度看，昭化古城四面环山，三江交汇，罗城周密，山环水绕，藏风聚气。《保宁府志》：“昭化县井鬼分野，鹑首之次……昭化在鬼宿末度，并翼宿初度之交。天体左旋，昭邑接汉中故也。”昭化古城其地脉来自秦岭，绵延数百公里，到此结穴。上映天星二十八宿中的井宿鬼宿分野，其位置相对于汉中的西南方。井鬼宿属南方朱雀七星中的星宿。人类自狩猎进入游牧时代后逐水草而居。在上古时代，昭化水草丰茂。《禹贡》称为梁州之城。《道光·县志》：“春秋时，蜀王开明氏封其弟葭萌于此，谓之苴侯。邑驻吐费城。”吐费城的原址在今土基坝。苴人本是巴族的支系，被蜀人征服后，开明王把这块地方封给了他的弟弟葭萌称苴侯。当时，是春秋战国时期。土基坝是后起名，得名正是来源于当地发现的土筑城墙的遗址。《县志·舆地志·古迹》：“汉葭萌故城在治北五里土基坝。旧有土城基址，故名。汉江左绕，白水右环，亦称形胜。周显王时蜀王封其弟葭萌于此，本名吐费城。秦始以葭萌名县。”土基坝处于嘉陵江、白龙江和青水江交汇形成的平坝上，土地肥沃，它体现了古人逐水草而居的选址观念。但是，“沙土疏浮，基址难坚，虽数十年来无溃决之虞而守斯土者未可不并留意焉”。曾经的水患让土基坝遭受了灭顶之灾。加之，江流交汇于下游，地势北高南低，不利于抵御北方外来者的入侵，进难攻，退难守。前316年，秦王派张仪司马错从汉中、阳平关、白水关一路南下，蜀王开明十二世率军迎敌，在昭化激战，兵败国亡。从风水的角度来看，土基坝当属“二水洗铧”的地穴，穴前二水交相割洗，不能聚财聚气。前316年以后，秦并蜀而将昭化设为县，驻地迁往嘉陵江西岸的平坝上，即现在的昭化古城。

《县志·城池》载：“县城坐翼山，山势向东而城居其麓，转而向南，山迴水绕……然城殊善藏其用。自东北来者一路，山势联络而城不可见。见城则及桔柏渡矣。自西南来者，迤逦下翼山十五里，直抵山麓而城不可见，见城则及西门矣。”昭化古城的最大特点是“藏”。秦置县于翼山之麓，一方面是根据几百年历史经验选择的结果，另一方面也是根据阴阳五行观念的设计。阴阳五行观念发源于远古人们对于自然界的观察与总结。在春秋战国时期，逐步总结为一种哲学思想。这些在先秦典籍中已有记载。阴阳相克、五行生克都是从具体的物象中总结出来的，是古人认识宇宙人生的一种理论。中国古代哲学思想包括天地形态、天地生成、天地时空等观念。《易》提出了一种以“太极”为天地本原的天地生成论。《易辞·上》云：“易有太极，是生两仪，两仪生四象，四象生八卦。”从大的方向上看，昭化古城的位置正选址于翼山和刀环山形成的太极山水图上。从空中俯视，昭化的山水太极呈左旋之势，与天体向左转和《易经》“鉴往知来”的思想一致。古城处于阴阳鱼的眼睛上，可谓真龙穴的。

背靠的翼山来自龙门山，山势绵长。按照阴阳相生的理论，从地形上看，选址一般一个地方的窝、钳、乳、突，翼山之下地势临江渐趋平坦，但县衙之处却是突起之处，是穴位之所在。衙门为一城之主，高高在上。其数百里山脉延展到此地，实为“金藤吊葫”之形。古城处于“葫芦”的位置，果实累累之处也。而又以牛头山为凤躯，则东西为凤之两翼，昭化古城在东翼之末，得以庇护，则为“鲲鹏展翅”之地穴。道光县志《舆地志·山川》：“翼山，城之坐山也。北岸如削，南坡斜展。自天雄关望之，俨然凤翼左舒，势将振起。而城适当其翼之末。殆恐其飞去而修城以镇之者。”

一个地方的风水要靠龙、砂、穴、水、向五个要素的配合，才算是宝地。古城依山临水，其水弯环有情，四围皆山。

昭化古城的位置选在了突出的高地上，坐南朝北。四周的山峦为“砂”，也就是所谓的左青龙、右白虎、前朱雀、后玄武。昭化古城的风水也是有缺陷的，主要表现是周围的山峦（也就砂）不够生动和富有层次。为了弥补和减少风水的不足，便人为地进行了一些改造。前方以笔架山为案，“一”字形横亘于前，平直，没有重峦叠嶂，生动不足。县衙明堂所对仅有案而已，为弥补其不足，遂在山上建笔架牌坊以补风水之呆板。东边的刀环山略有回环拥抱之势，但缺少峰峦起伏的层次之美，遂建石塔于上增其势。北边背靠翼山。有北风来袭，靠山宜雄伟高大，为增其分量，遂植树、建亭塔等高大建筑物。西有牛头山围护。

由于地形地势的原因，昭化古城城墙随形就势筑为葫芦状，而并非严整的方形。街道与里弄或纵或横，根据地形随意变通，不拘泥于轮廓的方整和道路网络的均齐，自然而有序地徐徐展开。“丁”字形的相互连接，高低错落有利于排水。街道有一定的坡度，铺以青古板，置以下水道，遇到暴雨或洪水则自然流出城外。

现古城东门曰“瞻凤”，取其有凤来仪之吉。北门曰“拱极”，取其“譬如北辰而众星拱之”之义。西门曰“临清”，取其“临江清流”之义。南门曰“临江”，曾遇水漫，后闭之不开。道光县志引《旧县志》：“但南门一带低而近江，又值清白嘉陵三水之冲，夏日水涨浩瀚如海，幸而三水先后涨歇，犹未为大害。及夫三水齐涨，则北之安昌坝，西之曲回坝，东之土基坝、板筵坝俱为水区横流之势。”因此，昭化古城只开三座城门，是其独特之处。其实从八卦风水的角度来看，南方之门为“景门”，主虚假之事。一说古城开南门而不利。城中女流多出现“红杏出墙”的烦扰。由于城池地势低落，前方山上涧溪流水来朝。古云，吉方之水宜朝，不吉之水宜去。封闭南门也是为了避免笔架山上朝水的直射洗涮。

史载，城墙原为土筑，于明正德年间包筑以石。覆以串房，四面起楼。

东门曰瞻凤，南门曰临江，西门曰临清，北门曰拱极。城壕四围积水于其中。崇正二年于正北增筑一台，名曰“金线系葫芦”，巍然壁立，登临其上，俯视四面，了若指掌。既弥补了风水，又为军哨所用，可谓一箭双雕，两全其美。由于雨蚀，城墙曾有几次坍塌，几次重修补修。最为彻底是清代乾隆三十六年的拆修。本次拆修加筑城垛，外围石砌，里面石脚砖身。东门曰迎凤，西门曰临川，曾改名为登龙。北门名未变，南城无门。

从东门出通达帝京，西门出到达成都府城。古城的居民形成了特有的风俗。吉庆之事自西门出东门进，沮丧之事和出兵则自北门出。东方属木，主生发，紫气东来，进城必须从东门。西方属金，主刚毅肃杀，出城从西门。北方属水，主收藏。南方属火，主炎上，而古城濒临嘉陵江水，水火相克，自是不利。这些进出城门的规矩都是与五行生克的理论有关的。《老子》：“兵者，不祥之器，非君子之器，不得已而用之，恬淡为上。”战争与凶事等都属阴，为不祥之事，所以北门出之。北方主藏，自然与丧事相附。

075 到了昭化不想爹妈

自古以来，就有一个传说：“到了昭化，不想爹妈。”说明昭化这地方风水优美，气候宜人，居留如家，快乐无忧。

昭化古城街巷纵横，街中凿有一口大井，条石砌成，井壁成八卦状，名八卦井，深十余丈，水味甘洌。上覆八卦亭，亭高二丈四尺。此井两千多年来供城内居民汲引，居民汲水自放铜钱于井边石台。其井造型呈八边形，石块层级相错垒砌，与先天后天八卦相合，甚是巧妙。井为明代古井，井口径一尺七寸，深十丈。水源来自白龙江与嘉陵江的渗水，常年水丰，清澈甘甜。据风水先生说：八卦井位于西街旁，玉龙井位于东街旁，正好在昭化太极风水的两个阴阳极眼上，其水能滋阴壮阳，有助于生男生女。清康熙年间“三藩之乱”中，吴三桂部将吴之茂围困昭化数月，声言“不让城中之人饿死，要让城中之人渴死”，守城军民仅靠此井之水烧饭、饮用，得以渡过难关。之前城内本身没有这口井，城内的居民要去城外的嘉陵江打水，非常困难。城内有位非常有商业头脑的富人出资修建此井，一则方便居民取水，二则通过卖水赚取收入。

西街有龙门书院、药王庙、奎星楼等。城内外分布着众多的祠、庙、坛、寺、塔、坊、冢、院、井、馆、驿、楼、号、亭或其遗址。青瓦民居错落有致，院落深深，市井繁华。历代官吏、文人、名士题诵咏赞甚多，难以尽述，让古城散发出惑人魅力。

古街的店屋，现在多是明清建筑；不以规模宏大取胜而以布局紧凑、用料精良与装饰精致见长。临街一进是门市铺面，也有兼做手工作坊的，二进以后一般布置居室、库房和作坊。大多用若干木板为门，按序编码。白天卸下木板成敞式店堂，夜晚按编号装上。店铺常用雕饰，木质额匾，并悬挂牌匾或者幌子。楼房铺面多临街，置以重檐，明楼加栏杆。民居为高架木结构，外观简朴。大门结实，门槛高，把内外隔成了两个世界。宅内天井较小，有长方形，也有正方形，实是地势使然。花窗绮户，繁缛富丽，梧桐桂花石榴横斜一角，古色古香。

小小的昭化古城有文庙（即孔庙），是祭祀孔子的地方，始建于宋代。棂星门、万仞宫墙、德配天地、状元桥、大成殿应有尽有。古时大成殿内正中供奉孔子塑像，左右“四配”为颜回、孔伋、曾参、孟轲四人。东院和西院分别塑有十二哲人塑像，列于大成殿内“四配”之后。

昭化考棚处有一石碑，上刻“文武官员至此下马”字样。考棚始建于清同治年间，可供考生 322 人同时考试，主要供昭化及邻县考生考试。考棚大门对联别有趣味：

置二举三考精选贤能治国；
读四书五经敢展才华济世。

科举制度是中国古人的一大发明，隋代开始实行，到清代同治年间已经很完善了。在考棚院内有听事房（即值班房）、管房（监考人员休息场所）、考舍（考试用房）、照房（档案室）、大堂（主考官办公场所）、致公堂（阅卷室）等。在此似乎可以窥见经历多年寒窗之苦的莘莘学子，正踌躇满志地“鲤鱼跳龙门”；致公堂内阅卷的老先生们手握朱笔认真的圈点八股文章，为朝廷选拔治国济世人才。

古城最高处是县衙门，县衙门前放一对硕大的石狮，象征衙门的威严。门口东侧立有“喊冤鼓”，西侧竖一石碑，上面刻有“诬告加三等，越诉笞五十”。进入里面抬头看见“亲民堂”匾高高挂起，大堂正面屏风上绘有“海水潮日图”，表明为官者要明如日月，清似海水。亲民堂外是小小的“退思亭”，据说这是专门为县太爷退堂后到这里来静心的地方，静心回想审过的案子的得与失。有门联为证：

时省吾身勤养性；
退思己过助苍生。

这小小的亭子倒为古代为官者争得许多敬意。

昭化古城有城隍庙一座。古时，城隍庙是管领阴间亡魂的庙宇，旧时凡县州府治所在地均有城隍庙。

城隍产生于古代儒教祭祀而经道教演衍的地方守护神。昭化城隍庙供奉的城隍爷，与其他地方一样，是中国宗教文化中普遍祭祀的重要神祇之一，也是中国民间和道教信奉的守护城池之神。传说一个人在生时的所作所为，死后的魂灵将由城隍爷审判，或上天堂，或下地狱。因此，城隍就跟城市相关并随城市的发展而发展。城隍本指护城河，班固《两都赋序》：“京师修宫室，浚城隍。”祭祀城隍神的例规形成于南北朝时。唐宋时城隍神信仰滋盛。宋代列为国家祀典。元代封之为佑圣王。明初，大封天下城隍神爵位，分为王、公、侯、伯四等，岁时祭祀，分别由国王及府州县守令主之。明太祖此举之意，“以鉴察民之善恶而祸福之，俾幽明举不得幸免”。

昭化城隍庙是一个四合庭院，庙内两棵高大的古柏，更显威严，前堂正中为地藏菩萨塑像，地藏菩萨的左右两边分别为左判官和右判官，次为“日巡神”和“夜查神”。墙上彩绘行孝行善故事图，有的还绘有阴曹地府，有些恐怖。庙联是：

天地奇观两江太极彰显葭萌故地；
香高神灵城隍古庙佑福昭化千秋。

昭化古城在历史的风雨中迎来送往，有着重要的保障与服务功能。从成都府到达帝都西安的官吏与游宦、商旅大多要在古城歇宿。古有“七昭化八广元，十二三天到勉县”的民谚，说的就是从成都起程步行，七天就可以到达昭化。昭化古城是一个县城，在漫长的岁月里承载了川北重要的百货集散功能，辐射川陕甘及苍阆诸地。这里水陆要道形成网络触角向四周伸展。史称“桔柏渡二水相合处实梁州运道也”，陕西阳平关、甘肃文县武都一带的客商沿嘉陵江、白龙江及驿道而下频繁来到昭化进行交易，带来他们的山珍、煤炭和木材。真是“日过多少老陕，夜宿无数秦人”。上游客商将木材扎成筏子沿江放下，悠悠浮行。下则有船只自南充、阆中沿嘉陵江而上，带来盐巴、丝绸及都市的舶来货，从东门外的码头上岸。陆路则有利州、苍溪、剑州等地商人分别从不同地方取道而来。据《县志》载：汉代城内已有店铺一百多家，居民数百家。至明清，街道店铺林立，据不完全统计有南北杂货、纸号、茶行、布店、药铺、油行、钱庄、酒家、烟馆、书肆、仓储、铁匠、缝补以及手工作坊等几百家。民国时期，建有各种工厂及资本雄厚的大商号，从业人员数百人。城内有袍哥大爷二十多个，兄弟伙计近七百人，烟馆上百家。

20世纪，水上运输十分发达，商贾云集于市，带动了古城的服务业。南来北往的羁旅行役者在古城暂住，品尝着当地的美酒及鲜味，消解着时光的无聊与疲乏，暧昧着多少个温香嫣红的夜晚。使钱赌茶，听戏抽烟，丢下一段放浪的享受。

当年，客船货船绕岸皆是。见多识广的船商水手经常往来，与古城的店主结成了一种心照不宣的默契。昭化“石头会说话，席子下河坝”，意思是说船商在码头边用石头敲几下船帮，古城的店家听到后就会把需要的服务送到河边；有的船商将自带篾席铺在河坝上过夜，既节约费用又守护了商船。传说有船家多无避忌，他们常常到街上买菜购米。由于长年的水上生涯，艄公水手多不穿小衣，仅着上衣。他们走在清晨的小街上，无意中用衣襟兜起那些个买来的胭脂萝卜与青菜头的时候往往露腚而出丑，成为一时笑谈。昭化古城自古以来就是南北居民混杂的聚居地。《史记》载："秦破赵，迁卓氏……诸迁虏少有余财，争与吏，求近处，处葭萌。"因为昭化离帝都西安最近，北方移民在昭化安居落户者较多。也有那上河下河的行旅者，到了几次古城，便对之牵情迷恋，将自家儿女到古城找个好人家结下一门亲事，缔结一段血浓于水的不解情缘。或者发了财，干脆在古城置一份产业永世定居。而今，昭化古城的居民姓氏纷杂，南腔北调时闻闾巷。

人在昭化，游子归家；食有美味，居有古屋；花天酒地，生活悠闲；昼夜欢快不知天日，流连忘返乐不思蜀，所以民间说"到了昭化，不想爹妈"，其意盖缘于此。

076 苴蜀命归五石牛

广元市旺苍县位于川陕两省交界的米仓山南麓，地势北高南低，嘉陵江一级支流东河南北纵贯境内。新石器时代，已有先民在境内劳动生产。境内山、丘、坝兼有，一条东西走向的槽谷地带横贯全境；北部鼓城山、光头山、云雾山、汉王山、老君山、欧家坪等群峰雄踞，构成米仓山西段主体；南部崇山突兀，壑谷纵横；腹部丘坝相间，溪河交错。

旺苍境内主要河流是东河，源自于米仓山。东河也称为宋江、宋熙水、东游水，古称阆水，分为东西两源。其中，东源，也叫宽滩河，出自米仓山南坡南江县北部戴家河坝，过大坝至焦家河，经白头滩入旺苍境内陈家岩，沿途纳细流到旺苍县英萃镇始称东河，继续东北流至旺苍双汇镇纳接西河后，继续南流进入苍溪县境内。西源也叫盐井河，源于米仓山北坡陕西南郑黎坪以东松坪里七眼泉，经宁强县毛坝河入旺苍境麻线滩，沿途纳细流至旺苍盐河，始称西河，继续南流至旺苍县双汇镇，流入东河。东、西两源汇合后，仍叫东河，直向南下流入苍溪县境，经云峰镇入阆中境内文成镇，于烂泥沟注入嘉陵江。

战国时期周慎靓王姬定六年（前315），蜀国击退巴国来犯军队，得势的蜀王决定伐苴另立新苴侯，苴侯求救于秦，蜀王也派使者与秦结盟，目的是不希望秦干涉苴政。但狡诈的秦惠王嬴驷收了苴、蜀二国的礼物后，派张仪、张若、司马错率队走石牛道（今剑阁金牛道/剑阁道）“灭蜀吞苴”，蜀王身死，苴侯被废，蜀太子逃到彭乡（今彭州）被捉。《水经注》引《本蜀论》记载惠文王用计灭古蜀：“秦惠王欲伐蜀而不知道（路），作五石牛，以金置尾下，言能屎金，蜀王负力，令五丁引之，成（蜀）道。秦使张仪、司马错寻路灭蜀，因曰石牛道。”秦惠王任蜀太子为蜀侯，张若为蜀相，置蜀郡。宣告蜀、苴二国灭亡。

077 望天观藏红丸案

苍溪县位于四川盆地北部，秦巴山脉南麓、嘉陵江中游、广元市南端，古称“秦陇锁钥”“蜀北屏藩”。因嘉陵江一段河道两岸高山壁立，峡谷幽深，江水流经其间呈碧绿色，称为苍溪谷，故取名苍溪。自西晋太康年间置县，已有1700多年县治历史，素有“川北淳邑”之雅称。主要居住着汉、羌、彝、藏、苗、回、侗等民族。据蟠龙山脚及铧厂沟出土文物证实，约1万年前就有先民在这块土地上繁衍生息。

新石器时期，苍溪属长江中游“大溪文化”的一部分（前 4400—前 3300）。从郧阳（今湖北十堰）汉水泗河流域迁徙来的先民在今嘉陵江东河流域一带建立起父系氏族社会部落，分别称为“平周部落”“奉部落”。

苍溪县域属低山区，境内地势东北高，西南低，由低山和深丘及河谷平坝构成，属亚热带湿润季风气候区，热量丰富、雨水充沛、无霜期长、气候温和，有“高山寒未尽，谷底春意浓”的气候特征。

望天观位于苍溪北部，山势巍峨，奇峻秀美，远远望去，像一列向前奔驰的火车头。它常年云雾笼罩，夏季一雨成秋，素有“一山有四季，十里不同天”的说法。望天观正面、左面、右面为笔直的山崖，猿猴难攀，后面与连绵起伏的山王顶相依。山间有八人围抱号称活化石的千年银杏树，还有唐代的千佛石刻遗迹等历史文物，现保存完好。

按《中国历代帝陵》记载，明朝第十五代皇帝朱常洛（光宗）即位后，郑妃献美女四人，光宗肆意淫乐，不理国事，不久患病。内医崔文申进泻药使皇上病情加重，接着鸿胪寺丞李可灼给他服下两粒红丸，光宗次日便“驾崩”，终年 36 岁。宫廷大臣怀疑是郑妃指使崔文申、李可灼二人所为，于是崔文申、李可灼被押往外地准备处死。这件奇案史称“红丸案”。又据《明史宫廷内记》记载，光宗在位时，主部天官王赐与崔文申、李可灼二人交往甚好，感情深厚。王赐老家居巴西郡（今阆中）苍溪北溪沟，这里山陡峰奇，后来人们按“王天官”的谐音称这里为“望天观”（埋葬王赐的“天官坟”现保存完好）。崔文申、李可灼二人被王赐暗中保护送到老家隐居后，二人在山顶修一寺庙，以此永久纪念“王天官”。据碑文记载，为象征王姓家族“天官”万代延续，这里又取名为“万天官”。后来，崔文申、李可灼二人在这里改名换姓，一个姓阳，一个姓岳，后就有了阳岳山之名。

望天观半山腰的观音神水远近闻名。让人称奇的是，无论是大雨滂沱，还是溪河干枯时节，有一石窝的水均是清澈如镜，满而不溢。据传，此水称“观音水”，能治许多疑难杂症。如腰痛、头痛、婚后不育，只需喝上半碗水，便可消除病痛，或怀孕生子。每逢五月，漫山的映山红花红似海，一眼望去一片红云掩映在翠绿的灌木丛中，身置其间，胜游仙境。更有遍布山野的夜来香，八月花开，夜来馨香，弥漫山间，人处其中，神清气爽，飘飘欲仙。

078 李白惊呼蜀道难

剑阁县地处四川盆地北部边缘，四川、陕西、甘肃三省结合部，守剑门天险。唐代诗人李白《蜀道难》认为“剑阁峥嵘而崔嵬，一夫当关，万夫莫开”，有“川北金三角”“蜀道明珠”等美誉。

三国时，汉德县（当德县更名）为蜀汉领地。蜀汉丞相诸葛亮以汉德县有大剑至小剑隘束之路三十里，连山绝险，于此凿石架空为飞梁阁道，以通行旅。又于大剑山峭壁中段两崖相峙处，倚崖砌石为门，置阁尉，设戍守，成为军事要隘。

境内剑门山脉积石阻云，沟壑纵横，下自成溪，剑门山汇集的雨水，都是顺着西北高、东南低的地势，由涓涓细流聚成条条河流，流经溪涧沟壑，注入清江水系，汇入嘉陵江。发源于剑门山的水有西河、闻溪河、大小剑溪，他们陆续注入嘉陵江。

“蜀道”是从陕西汉中、宁强入川，至广元、剑阁、梓潼的古栈道。沿线地势险要，风光绮丽。沿途分布着众多名胜古迹，有朝天关栈道、三国古战场遗迹、武则天庙皇泽寺、唐宋石刻青佛岩、剑门关、古驿道翠云廊、七曲山大庙、李白故居等。

剑门关，72 峰绵延起伏，形如利剑，直插霄汉，古称“梁山”和“剑山”，是蜀北屏障，西川咽喉，素有“天下雄关”之称，古为兵家争夺之地，有极高的军事价值。主峰大剑山，山顶有建于宋代的古庙——梁山寺，沿途可饱览石门关、石笋峰、穿洞梁、仙女桥、舍生崖等景观。

朝天关栈道是古代川陕之间著名蜀道遗迹。朝天关山险，嘉陵江水急，其北为清风峡，下行为明月峡，在两峡的峭壁上可见上、中、下三排石洞，在中排孔洞插以木枋作为梁架，上铺木板为路，下排石孔插以撑木，支撑中层梁架，上排石孔插以木枋，搭遮雨板。两处栈道保存完好。唐朝诗人李白到此后惊呼：危乎高哉！蜀道之难，难于上青天！

079 万夫难开剑门关

剑阁县城南的剑门关，地处四川盆地北部边缘断褶带的，大、小剑山中断处，峰峦似剑，两壁对峙如门，故称“剑门”，是我国最著名的天然关隘之一，享有“剑门天下险”“天下第一关”“蜀之门户”之美誉。三国蜀汉丞相诸葛亮曾在此修筑栈道，设关守卫，称“剑阁”。

巍峨剑门，扼入蜀咽喉，由于它地势险要，历来为兵家必争之地。相传战国时期，秦惠王欲并吞蜀地，苦于无路进蜀，谎称赠五金牛、五美女给蜀王，蜀王信以为真，派身边五丁力士，劈山开通了这条蜀道，称为“金牛道”，又称剑门蜀道。

三国时期，蜀丞相诸葛亮率军伐魏，路经大剑山，见群峰雄伟，山势险峻，便令军士凿山岩，架飞梁，搭栈道。诸葛亮六出祁山，北伐曹魏，曾在此屯粮、驻军、练兵；又在大剑山断崖之间的峡谷隘口砌石为门，修筑关门，派兵把守。当年魏军镇西将军钟会率领精兵进取汉中，直逼剑门关欲夺取蜀汉，蜀军大将军姜维率领兵马抵挡钟会大军于剑门关外。真可谓：“一夫当关，万夫莫开。”

“打下剑门关，就可得四川”，可见剑门关是古蜀道上的一处重要关隘。因其是数百里大剑山中段的一个缺口，七十二峰形若利剑，俨然一道天然屏障。这里曾发生过一百余次战争，十多位帝王莅临此处。现存有诸葛亮建关的遗址、寺庙、碑刻以及著名的剑门四景（剑门细雨、梁山松涛、夕照绝壁、雪染翠云）和剑门四奇（姜维石像、千年紫荆、松柏长青、剑山石笋）。在关楼东侧扼剑门险关的山顶是当年姜维列营镇守的“营盘嘴”，也叫“姜维城”。

剑门关原古关城楼是三层翘角式箭楼，正中悬一横匾，书“天下剑门，绝壁雄关”，顶楼正中的匾额题有“雄关天堑”。现存剑门关楼是1992年在原关楼旧址上重新修建的一座更为壮观的仿古式建筑。在2008年的“5·12”大地震中，剑阁旅游业遭遇严重破坏，剑门关景区也遭到一定程度的破坏。

《蜀道难》诗提到有此处：

蜀道之难，难于上青天！使人听此凋朱颜。
连峰去天不盈尺，枯松倒挂倚绝壁。
飞湍瀑流争喧豗，砯崖转石万壑雷。
其险也如此，嗟尔远道之人，胡为乎来哉！
剑阁峥嵘而崔嵬，一夫当关，万夫莫开。

图07　剑门关示意图

080 雄关漫道三国事

剑门关的三国文化积淀深厚。正史《三国志》《三国演义》多有记载。这里的三国遗迹随处可见，三国故事广为流传。

剑门关的修建和剑阁县的设立就与三国有关。据《寰宇记》记载："诸葛亮相蜀，凿石驾空为飞梁阁道，以通行旅，于此立剑门关。"《舆地广记》也记载："蜀汉丞相亮……以阁道三十里至险，复设尉守之。"刘备在成都定都以后，于建安二十二年（217）设立了剑阁县，隶属剑门关，加强了对剑阁的防守。这就以剑阁为中心，将汉中到成都的一千多里连成了一个整体。保证了剑阁道的安全和畅通，为以后诸葛亮北伐出祁山、姜伯约伐中原创造了条件。

据有关资料记载，刘备在称帝之前，曾四次来剑门关，加上《三国演义》第 27 回说，诸葛亮和刘备于建安二十三年（218）七月引十万大军图汉中时，在葭萌下营，其间多次往返于剑门。第 65 回，说刘备在进军成都击刘璋途中，又返回葭萌关看张飞和马超厮杀，共往返六次之多。诸葛亮在出祁山伐魏时，也多次往来于剑门关，他上《出师表》后，"率诸军北驻汉中"时，就经过剑门关。

姜维与魏国将领邓艾、诸葛绪在剑门关交战，驻扎长达三月。第 101 回"出垄山诸葛装神，奔剑阁张郃中计"叙述得非常详细和精彩："建兴九年春二月……忽报孙礼引二十万军来助战，去袭剑阁……忽一声梆子响，两下万弩齐发，将张郃并百余部将射死于木门道中……至今剑阁行人过，尤说军师旧日名。"

《三国演义》全书从 102 回、116 回到 118 回接连三回均是说的剑阁之战。

第102回“司马懿战北元渭桥，诸葛亮造木牛流马”。第116回“钟会兵分汉中道，武侯显圣定军山”。第117回“邓士载偷度阴平，诸葛瞻战死绵竹”。第118回“哭祖庙一王死孝，入西川二士争功”。《三国演义》详细记叙了三国时期发生在剑门关的诸多战事，因此，剑门关是三国主要战场发生之地。

剑阁民间流传剑门关翠云廊有关三国的故事就更多，几乎每一处遗迹就有一个生动的传说。如张飞一拳捶开一口水井，诸葛亮在剑门关绝壁上藏兵书等。

081 桓侯翠云雄千载

沿由秦入蜀的古金牛道南行，经宁强、利州、剑门关下的古城昭化，经剑阁县城，南至阆中，西至梓潼，有一条以石板铺成的三百里长的古驿道，道路两旁古柏苍苍，铁干虬枝，高拂云天，逶迤莽苍，蜿蜒数百里，云蒸霞蔚，天幕迷濛，人行其中，如入绿色长廊，行者“尽被浓荫裹”，虽是盛夏，也凉爽宜人，暑气全消。《嘉陵江志》载“自剑州以南，尽梓潼县界，古柏千树，皆大数十围，形状诡异”。这条古驿道的绿色长廊，便是被人誉为蜀道奇观的翠云廊。

翠云廊在梓潼境内北起演武铺，南达石牛堡，有古柏覆盖的断断续续的石板路，在七曲山段的悬岩间还可见凌空凿洞的古栈道的一些遗痕。

翠云廊有悠久的历史，传说秦始皇修建阿房宫，就大砍蜀道古柏，致使“阿房出，蜀山兀”。蜀地百姓震怒，朝廷即令沿途百姓大量植树；又传说三国时蜀汉大将张飞，率兵驻守马西（阆中），时值炎热，路上酷热难当，遂令兵士在驿道植树避热；又说张飞率军驻阆中，由于道路崎岖，山势险阻，为不误羽书传递，遂令军士沿途插柏为记，大军过后，柏树成林，故后世有对翠云廊的柏林“皇柏”“张飞柏”“将军柏”等称呼。

翠云廊之名是清康熙三年（1664）时任剑州知州的乔钵取的。他在《翠云廊·序》中将这段古驿道称之为“翠云廊”，并赋诗赞颂：

剑门路，崎岖凹凸石头路。两旁古柏何人植？三百长程十万树。翠云廊，苍烟护，苔花荫雨湿衣裳，回柯垂叶凉风度。无石不可眠，处处堪留句。龙蛇蜿蜒山缠互，传是昔年李白夫，奇人怪事叫人妒。休称蜀道难，莫错剑门路。

翠云廊上的古柏，历代史书皆有记载，《华阳国志》《晋书》《蜀书》《南朝史迹》《陇蜀余闻》等皆有记。对古柏的描述，更是不绝于书，流露于历代文人学士骚人墨客笔下，李白有“但见悲鸟号古木，雄飞雌从绕林间”，杜甫有“霜皮溜雨四十围，黛色参天二千尺”；前蜀王衍有“乔岩簇冷烟，幽径上寒天”、“回看城阙路，云垒树层层”。清人张邦伸写古柏形状称“……或如山鬼摩空拳，或如青牛森玉树，或如龙爪拿云出，或如黄葛耸翠盖，铁干不受枯藤缠，虬枝四出盘云岭。”在翠云廊七曲山上，那“霜皮黛色高参天”的古柏，挺拔伟岸，风姿婆娑，情态万千，气势殊异，有的如千手观音，有的如层层古塔，有的枝垂如拱，有的如巨龙盘桓；有的似恩爱夫妻，人称“夫妻柏”，有的树干弯曲扁平，外侧如刀，人称“关刀柏”，还有的人称“张飞柏”“卧龙柏”“阿斗柏”“晋柏”等，虽沧桑巨变，但古柏未老。

082 一骑红尘妃子笑

翠云廊因“张飞柏”而闻名于世，传说它是三国时张飞传送战争情报的通道。又有人说这是当年唐玄宗用于运送荔枝的通道。

杜牧《过华清宫》诗：“长安回望绣成堆，山顶千门次第开。一骑红尘妃子笑，无人知是荔枝来。”这就是说，从长安回望骊山的景色如锦绣一般，山顶上，华清宫的门一扇接一扇地打开。骊山是秦岭山脉的一个支脉。周、秦、汉、唐以来，骊山一直作为皇家园林地。传说上古时期，女娲在这里“炼石补天”；西周末年，周幽王在此上演了“烽火戏诸侯”；秦始皇将他的陵寝建在骊山脚下，留下了闻名世界的秦兵马俑军阵；盛唐时，唐玄宗与杨贵妃在此演绎了一场凄美的爱情故事。

据《鹤林玉露》上记载：“唐明皇时，一骑红尘妃子笑，谓泸戎产也。”记载说明：唐明皇和杨贵妃吃的就是合江荔枝。故杜子美有“忆向泸戎摘荔枝”之说。

合江荔枝现有“绿荔枝、铊提荔枝、妃子笑荔枝”三个品种。“妃子笑荔枝”就是当年博得杨贵妃“一笑”的荔枝，是合江荔枝上乘品种之一，其果色泽艳丽，果肩耸起，果蒂处天生配有一颗绿色微型荔枝相伴，红绿相映，肉厚汁多，细嫩化渣，酸甜适度，甜脆中带有清香。将士（骑兵）从合江取得刚采摘的荔枝，跑马前行，依秩经隆昌、遂宁、南充到苍溪进入“翠云廊”，再经剑阁到广元，最后到骊山；由于道路崎岖，山势险阻，为了不误荔枝传递，像进行“接力赛”一样，每个骑兵将荔枝送一程后，立即转给下一站骑兵护送。如此争抢时间，以保荔枝鲜香之味，而博杨贵妃一笑。

083 剑门豆腐甲川北

“剑门豆腐”是特指剑门关生产的别具一格的豆腐。俗话说：不吃剑门豆腐，枉游天下雄关。

剑门豆腐制作技术起源于三国时期，至今已有上千年历史。相传三国时期，蜀汉大将军姜维在汉中被魏将钟会、邓艾打败后，退到险隘剑门关。当时姜维营中兵疲不能战，马乏不能骑，眼看蜀北屏障剑门危在旦夕。姜维采纳剑门地方官员建议：闭关三日不战，号令百姓家家磨豆浆，以豆腐犒赏士兵，以豆渣喂战马，待兵马体力恢复再战。三天之后，姜维仅引五千精兵杀下关去，果然大败钟会，魏兵倒退数十里下寨，解剑门危急。

剑门关豆腐以剑门山区砾岩油沙石土出产的黄豆为原料，使用来自剑门七十一峰的“剑泉”水，经浸豆、磨浆、滤渣、煮浆、点浆、脱水等工序制成。剑门豆腐颜色雪白，细嫩鲜美，口感不涩，且有淡淡清香，并韧性极强。采用炒、炸、熘、烧、炖、蒸、汆、凉拌等烹调方法，可制作出 200 多个品种的菜肴。

千百年来，剑门关人民创造了很多制作、烹调豆腐的方法，使之逐步形成了地方名产。与其他地方的豆腐比较，它的突出特色是颜色雪白、质地细嫩、韧性极强和味道鲜美。无论切块、拉条、开片、切丝都得心应手，随意成形，不碎不烂。其缘由除黄豆特色突出外，制作剑门豆腐的水，是来自剑门七十二峰的泉水，有丰富的矿泉质成分，所以豆腐特别好吃。

084 峰如剑插关隘险

剑门山以天险形胜之地构成川北屏障，关隘险绝，兵家必争。从昭化西北的天雄关起，北侧有白卫岭、云台山、毛家寨、摩天岭、土地关；南侧有东山寨、剑门关、苦竹寨、小吊岩、研石寨、青强岭，构成古蜀道著名险隘。

在漫长的地质构造运动中，四川盆地北部边缘龙门山麓的剑门洪积堆，形成巨厚砾岩，出露地表，称为城墙岩群剑门关组，亦称剑门关砾岩。剑门岩由上至下，砾岩层次由多变少，砾径由大变小，砾泥岩逐渐增多。岩层向东南呈不均匀倾斜的单斜构造，北坡陡峭，南坡渐缓，这些地质特点，铸造了剑门山的奇险。

五子山为剑门山脉中的五个最高山峰，山势尖圆，绿荫妆裹，如利剑般高插云天，形成五个惊险关隘。五子山峰之下，各生一洞，第一峰下的洞称“老龙洞”，为剑阁县闻溪河源头。五子山区雨量充沛，峰高云深，变化多端。

剑门山脉积石阻云，沟壑纵横，下自成溪，剑门山汇集的雨水，都是顺着西北高、东南低的地势，由涓涓细流聚成条条河流，流经溪涧沟壑，注入清水江水系，汇入嘉陵江。发源于剑门山的水有西河、闻溪河、大小剑溪。西河源于五子山分水岭西南，其流经剑阁县境内东宝等地，流经南部县、阆中市汇入嘉陵江。闻溪河源于五子山分水岭东南，流经盐店、北庙、普安、闻溪至江口注入嘉陵江。大小剑溪，分别出源于黑山观和蒲家沟，两溪在剑门隘口至大石沟汇合流入清水江，清水江在曲回注入白龙江后汇入嘉陵江。

张问陶《剑阁遇雪》诗云：

踏平泥鸿旧爪痕，寒云迢递接家村；
关山归梦今宵隔，风雪萧萧出剑门。

085 鹤鸣山上重阳亭

鹤鸣山又名塔子山，位于剑阁县城郊。《诗经·鹤鸣》中说：

鹤鸣于九皋，声闻于天。
鱼在于渚，或潜在渊。

鹤鸣山山顶北端有一个文峰白塔，六层八面。第一层外围塔柱上雕有蟠龙图案，塔心中央有一块青石，石上雕有太极八卦图案，是川北唯一与道教有关的砖石混建塔。山顶处有唐、宋、元、明、清历代石刻，较有名的有道教造像石刻、《剑州重阳亭铭并序》碑和《大唐中兴颂》石刻，被公认为鹤鸣山石刻“三绝”，这是唐人留下的古代文化佳品。其中，《剑州重阳亭铭》是李商隐撰写的碑。重阳亭，始建于唐大中八年（854）九月，由剑州刺史蒋郁监造。因为蒋郁意在借重李商隐的名望，使自己的政绩播美于当时，留名于后世，所以，邀请在梓州为官的李商隐为重阳亭作铭文。千余年来，碑为亭护，亭以碑闻。亭虽曾有坏毁，而唐碑却保存至今。据重修重阳亭碑记：九月建于东山之上，坐南朝北，为重九登高观景之所，故以“重阳”为名。北宋治平年亭圮碑倾，历经宋、明清、民国初，或修或塌，时有兴替。现存重阳亭系仿唐建筑风格，灰色卷脊屋顶。宋刻“古重阳亭”四字，刻在亭后正中壁上，字迹精刻镌深，苍劲有力。李商隐所撰的《剑州重阳亭铭》唐碑，现存于重阳亭侧的造像龛内，小篆书阴刻文，是研究唐代文化的珍贵文物。

086 鸡鸣三省话阴平

青川县古称“阴平国“，地处四川盆地北部边缘，川、甘、陕三省结合部，素有“鸡鸣三省”“金三角”之称。G212 国道、G543 国道、兰海高速公路、广平高速公路（规划）、宝成铁路、西成高速铁路等贯穿境内。2008 年“5・12”汶川地震后，青川县城于乔庄镇原地重建，县城部分功能向竹园镇分流。

青川历史悠久，文物古迹甚多，因“其水（清竹江）清美”而得名。地形略呈新月状，以山地为主，兼有低中山、低山、丘陵、台地、谷地、小平坝。境内河流属长江水系，水力资源丰富，有19条溪河，其中主要河流有白龙江、青竹江和乔庄河。

《三国志·法正传》“鱼腹（奉节）、关头（即白水关）实为益州祸福之门。”晋人张荟《南汉记》载：“蜀有三关，阳平、江关、白水。”古白水关在今广元市青川县营盘乡五里垭，距垭下古白水县城仅一江之隔。白水关地处古代交通线上，陆路北通秦陇，南接葭萌；水路溯白龙江而上可到甘南，下可达巴渝乃至荆湘，是一重要军事关隘。

青溪古镇位于青川县城乔庄以西，《华阳国志》载，建兴七年（229）析阴平道刚氐道辖地新置广武县于青溪，委诸葛亮之参军廖化督其地而屯田戍守。它是我国古阴平道上的重要关隘，由于其重要的地理位置，历代王朝都派将把守，修池建廊。清顺治十年（1653）怀远昭义将军特授龙安营参将，白丹衷复建城池，历经三载竣工，城周九百丈，墙表用糯米灰浆镶砌石条和大砖，内夯土石，高二丈一，底宽一丈四，与深一丈的护城河相连，外城门备有吊桥，东西北三门各建有半园形外城墙，称“瓮城”，内外城门洞全以石条镶拱。内城门不与外城门相对，门开侧面，上建箭楼。内城门上建有距地四丈五的重檐城楼，戍守嘹望，显示边陲雄姿。城形如靴，又称“靴城”。西为“阴平古道”，北为“北方锁钥”，东书“紫薇高照”，南挂“南山聚秀”。青溪古镇历史悠久，文化积淀厚重，古迹众多。晚清学子袁汝萃描写青溪：

西望金牛气，东晖白马鞍。
桥高金柳折，泉涌玉华繁。
洞口鱼渊跃，关头虎石盘。
醍湖不觉晓，雪霁万峰寒。

具体描写的是清溪古镇的石牛寺、马鞍山、高桥寺、玉花泉、鱼洞砭、关虎石、醍醐塘、九龙包等八个景观。

《三国志》记载：三国时，司马昭命钟会、邓艾领兵伐蜀。被蜀汉大将姜维堵在剑门关以北，久攻不下，邓艾则回军景谷道，到达阴平郡，走数百里险要小道，到达江油关，蜀汉守将马邈开关投降。邓艾军长驱南下，攻克绵竹，直抵成都。蜀后主刘禅投降，灭了蜀汉。从此留下了阴平古道的历史遗迹。

阴平古道自古以来就是险要崎岖之路。阴平道上最险要的是摩天岭，其岭北西坡度较缓，南面则是峭壁悬崖，无路可行。当年邓艾就是从这里裹毡而下，越过摩天岭直插江油关而灭蜀。

087 二火初兴蜀汉泪

摩天岭曾有孔明庙，由于多年失修，如今庙已倒塌，只存墙垣。也曾有孔明碑立于此地，《龙安府志》记载：“摩天岭今有孔明碑，字迹磨灭不可识。”《三国演义》第117回说：钟会在剑门被姜维所阻，而邓艾却至摩天岭，后或裹身滚下或攀木挂树而下，忽见道旁有一石碣，上刻“丞相诸葛武侯亲题”字样，其文云“二火初兴，有人越此。二士争衡，不久自死”。其中“二火初兴”者，即是蜀汉炎兴元年的“炎”字，内含“二火”。“有人越此”就是邓艾偷度阴平关。“二士争衡”者，即寓意邓爻钟会二人相斗，因邓艾字士载，钟会字士季。后邓艾暗度阴平，引兵行时，又见一个大空寨。乃知武侯在日，曾拨一千兵守此险隘，后主废之。此亦表明蜀灭而非天意，乃人祸也。

当然，这是《三国演义》的作者把诸葛亮神化了。但诸葛亮是历史上卓越的军事家，他或许也预见到魏军从阴平道攻蜀的可能，在摩天岭设防戍守。1935年，有人在这里曾见过此碑，但如今碑已不存。

折转九倒拐，过摩天岭桥，便到了南天门，此处群山环抱，深谷幽壑，流水淙淙，鸟语蝉鸣，大有登临仙境之感。南天门之下有一石壁，像一屏镜，据老年人讲，在这块石壁上，邓艾曾写下“邓艾过此”四个大字，只要用水洗其壁，便显出字迹，水干字隐。

阴平古道沿途还有许多邓艾留下的遗迹，如其磨刀的磨刀石，盖印的印合山，士兵歇息时抖鞋土的鞋土山，邓艾丢失衣服的落衣沟，练兵的射箭坪，几乎每处都有可以探寻的遗迹，也有许多传奇故事。

088 有脚有手有条命

2008 年 5 月 12 日 14 时 28 分，在龙门山断裂带的作用下，四川省汶川县映秀镇发生 8.0 级地震灾害，四川省青川县受到严重影响，烈度 10 度以上，持续 10 分钟，为青川县有史以来第一次大地震灾害。

木鱼中学学生宿舍垮塌，被掩埋。东河口村两面山体崩塌，村庄和村民被掩埋至 100 多米深处，青竹江被阻断，形成堰塞湖，半山腰上的东河口小学已荡然无存，只剩下一株孤零零的梨树。县城多处建筑垮塌，灾害损失极其惨重。基础设施全面瘫痪，供电、供水、供气、供油、道路交通、通讯等基础设施全部中断，群众安置异常艰难。全县群众无房居住，全部露宿在空旷地带，吃饭、饮水、睡觉、就医、照明等都面临严重困难。

“5·12”地震前，有一栋两层楼的房屋建在清竹江边，从楼中穿过，可以走上一座铁索桥到河对岸。当地人将这座桥称为新华桥，这是村民进出村庄的唯一通道。如今，河这边的楼只剩下一层，墙体上有交错纵横的裂缝。楼顶上，原来用木头建成的亭子只剩下空空的木架。河那边的山仿佛被刀砍过，一道道的白痕清晰可见。“5·12”地震发生后，部队官兵、群众和民兵预备役人员迅速投入青川的抗震救灾。

地震，震不垮青川人，毁不掉青川精神，他们深信，“有脚有手有条命，天大的困难能战胜”！他们挺起不屈的脊梁，“出自己的力，流自己的汗，自己的事情自己干”!

……

089 九寨归来不看山

九寨沟，一个五彩斑斓、绚丽奇绝的瑶池玉盆，一个原始古朴、神奇梦幻的人间仙境，一个不见纤尘、自然纯净的童话世界。现代肖草用一首《九寨沟》诗，对九寨沟给予了真实的诠释：

放眼层林碧水涟，鱼游云顶鸟儿欢。
飞流洒落拂衣去，九寨山青誉海天。

九寨沟因九座藏寨而得名。这些藏寨分别是树正寨、则查洼寨、荷叶寨、黑角寨、尖盘寨、郭都寨、盘亚寨、亚拉寨、热西寨。世人又称为“何药九寨”。

可是，除了树正寨，其他村寨都没怎么听说过呢？因为除了树正寨、则查洼寨、荷叶寨外，其余六个村寨都已经搬迁了。

树正寨是九寨沟九个藏族村寨中最大、最繁华的一个，寨口的最大的一个九宝莲花代表的就是树正寨。树正寨里的民俗文化村是大伙体验藏族风情的好去处，可欣赏到九寨特有的藏式建筑风格，观赏到色彩鲜艳的民族图腾，还可以穿上藏族服饰，体验一把异域风情。

则查洼寨因坐落于则查洼沟沟口而得名，村寨里每家每户都挂着经幡，信奉着藏族最古老的苯波教。则查洼寨是到长海和五彩池的必经之地，人们路过此地时，都走进去访幽探秘。

荷叶寨形如其名，从高空俯视整个寨子，如一面伸展开的巨大的荷叶，呈现出一派迷人的田园风光。

九寨沟是第四季冰川、板块运动、钙化滩流等互相作用而成。九寨沟县内河谷纵横，地势西北高东南低，以高山为主，另有部分山原和平坝，地形呈阶次变化。九寨沟主沟呈“Y”字形。原始森林覆盖了九寨沟一半以上的面积。九寨沟有角峰，刃脊，冰斗、U 字谷十分典型，悬谷、槽谷。地下水富含大量的碳酸钙质，湖底、湖堤、湖畔水边均可见乳白色碳酸钙形成的结晶体，属高山深谷碳酸盐堰塞地貌。

九寨沟国家级自然保护区有多种国家保护珍稀植物，有多种国家保护动物，还有丰富的古生物化石、古冰川地貌。

九寨沟是水的世界，也是瀑布王国。所有的瀑布全都从密林里狂奔出来。这里有宽度居全国之冠的诺日朗瀑布，它在高高的翠岩上急泻倾挂，凌空飞落，雄浑壮丽。有的瀑布从山岩上腾越呼啸，几经跌宕，形成叠瀑，似一群银龙竞跃，激溅起无数小水珠，化作迷茫的水雾。朝阳照射，常常出现奇丽的彩虹，使人赏心悦目，流连忘返。

九寨沟山峰挺拔。冬季皑皑雪峰，尽收眼底。艳阳下的冰斗，让人头晕目眩。尕尔纳山上，极目远眺，山峦逶迤，深谷幽壑。满天星斗，一览无余。云海连天，絮浪翻腾，峰峦锋锷，时隐时现。

九寨沟在历史上就是民族融合的大走廊，在地理上处于青藏高原东北边缘向四川盆地过渡地带，在文化上处于藏区向汉区、牧区向农区过渡地带，因此其文化呈现出浓郁的边缘文化色彩和博大自由的包容性。藏族同胞一方面保持着独特的文化传统，如神秘的原始宗教，繁复的建筑和服饰风格，热情奔放的节日盛典等；另一方面，他们和周围羌、回、汉各民族和睦相处，彼此影响和渗透，形成多元的文化格局。

九寨沟国家自然保护区内的蓝色冰瀑，凭借陡峭的岩壁挂起巨大的天然冰雕，蓝如碧晴，由浅而深，奇异多姿。还有巨大的冰柱、冰球、冰挂和冰幔，以璀璨耀眼的冰晶世界构建了一个幽蓝澄澈的水体胜境。

九寨沟彩林，覆盖了景区一半以上的面积，2000 余种植物，争奇斗艳。充满着原始气息的森林风貌，使人产生一种浩渺幽远的世外天地之感。

090 文昌帝君张亚子

梓潼县位于四川省绵阳市东北方，G108 国道、G347 国道贯穿境内，宝成铁路复线、京昆高速公路擦境而过。境内有台地地貌。除东部有一条峡谷小溪流入嘉陵江水系之西河（小潼水）外，其余均属嘉陵江支流涪江水系。主要河流——潼江发源于龙门山北段东坡，其余溪河大多源于境内北部和东北部的丘岭间。同时，除源于境外藏王寨的永平河、倒淌河、养草滩、小溪河等几条小河为由南向北的逆向河外，其余皆为由西北流向东南的顺向河。总的特点是，源近坡陡，径流随降水季节的变化而变化，陡涨陡落，无水运之利。

文昌原是天上六星之总称，即文昌星。一说在北斗星魁之前，一说在北斗星魁之后。六星各有星名，称上将、次将、贵相、司命、司中、司禄。文昌封为帝君，并且又称文昌帝君或梓潼帝君，当是元仁宗时之事。元仁宗延祐三年（1316）封梓潼神为“辅元开化文昌司禄宏仁帝君”。梓潼神与文昌神合为一神。《明史·礼志》称，“梓潼帝君，姓张，名亚子，居蜀七曲山，仕晋战殁，人为立庙祀之”。张亚子即蜀人张育，东晋宁康二年（374）自称蜀王，起义抗击前秦苻坚时战死。后人为纪念张育，即于梓潼郡七曲山建祠，尊奉其为雷泽龙王。后张育祠与同山之梓潼神亚子祠合称，张育即传称张亚子。唐玄宗入蜀时，途经七曲山，有感于张亚子英烈，遂追封其为左丞相，并重加祭祀。唐僖宗避乱入蜀时，经七曲山又亲祀梓潼神，封张亚子为济顺王，并亲解佩剑献神。宋朝帝王多有敕封，如宋真宗封亚子为英显武烈王，宋光宗时封为忠文仁武孝德圣烈王，宋理宗时封为神文圣武孝德忠仁王。元仁宗延祐三年（1316）敕封张亚子为辅元开化文昌司禄宏仁帝君，所以梓潼神张亚子遂被称为文昌帝君。

文昌帝君张亚子诞生于四川越西，据不完全统计，全国各地建造的文昌宫、阁楼、殿，数以千计，遍布大陆和东南亚一带。据《越西厅志》载："张亚子晋太康八年，七十一化降生在中所卢林沟张老夫妇家中，后勤学苦练，羽化成神。"常骑"驴特"往来四方，讲学云游。文昌的坐骑"驴特"，传说生得"四不像"。越西金马山上曾留有胜迹"紫府飞霞洞"和"上马石"。上马石上镌刻有"文昌胜迹"四字。另刻字"泉涌月明"，相传为神亲书。又有镌字"金阙化身"于帝君赏憩处。

古时水观音泉边山崖上，生长有一株婆娑古树，开的花儿如桃花，春天嫣红，秋天翠碧，掩映着水潭。此树人们称血滕树，传说枝条折断后，淌出血浆样的汁，甚是奇异；树的石崖另有一处刻字"胜景清绝"，文昌帝君张亚子踏脚的石上曾留有脚印，据说是踏石"上驴特"留下的印迹。

在文昌的另一修道地梓潼也有许多关于张亚子的记载。如《文昌化书》《清河内传》《文昌本传》记载，张亚子原籍越西，生于晋太康八年（287）二月初三，后徙居梓潼，在七曲山修道劝善数十年，直至终身。因此梓潼成了越西籍善士张亚子的第二故乡。

道家又把天上的星神与张亚子合而为一，封张亚子为文昌帝君，属二十八宿中的文曲星，传说主"文运""司科举"。道家与张亚子合而为一的年代，应是宋朝。那时大举道教，人们尊神而轻佛。后人又将蛇神、龙神与文昌帝君重合，文昌帝君声威大震，成为影响全国的、掌管人间福禄的神祇。

历史上，文人士子十分崇拜张亚子，借文昌帝君之名，撰写了大量著述，据不完全统计达80部、数百种之多。其中许多是劝善勉学的诗章。旧时越西文庙之右有文昌宫，在文昌帝君的故里金马山有梓潼宫，这是专用来祭祀文昌帝君张亚子的庙宇。越西一年有三祭文昌，即春秋祭和迎神会。迎神会的日期为正月十二日到十八日，首尾两日分别为迎神日和送神日。春祭是文昌帝君的重大祭典，在每年的二月三日。这天相传是张亚子的生日，一般由官方举行祀典。秋祭每年八月初一举行，相传为文昌修成正果之日。

据当地老人讲，梓潼宫的建筑十分壮观。建筑群错落有致，风格殊异，突显"林富其幽，山壮其势，水秀其姿，洞观其邃"的特点。不少古今人士均称其是道家“人法地，地法天，天法道，道法自然”的结晶。宫门进魁星楼，过甬道，便是三间大殿突兀梯石。大殿金碧辉煌，殿门雕花窗格，玲珑剔透，富丽华贵，正中为贴金的文昌帝君坐像。在梓潼宫的山顶上有一洞，人们称之为紫府飞霞洞，是文昌帝君修炼处。据《越西厅志》载：“为宋代苟沐父子所开。”此外越西城内的瘟祖庙、观音庙都与文昌帝君张亚子有关。这是因为文昌帝君行善施药，泽及百姓，更是瘟神的天敌。

091 北斗魁前梓潼神

传说，张亚子本是蜀人张育与亚子两位人物合并而成的神灵。东晋宁康二年（374），蜀人张育自称蜀王，起义抗击前秦苻坚而英勇战死。蜀人在梓潼郡七曲山建张育祠，尊奉他为雷泽龙神。当时，梓潼七曲山另有梓潼神亚子祠。后人遂将两祠神名合称张亚子，张亚子便成为梓潼神。

后来，民间又逐渐形成了有关张亚子的传说，这些传说大都是在蜀人张育事迹的基础上演绎而成的。

据司马迁的《史记·天官书》记载：“斗魁戴筐六星曰文昌宫：一曰上将、二曰次将、三曰贵相、四曰司命、五曰司中、六曰司禄。”意思是说北斗星的上方有六颗星组成一个星座，象筐形，它就叫文昌宫，六星的最后一颗星是司禄之星，它的职责是“司禄赏功进士”，也就是主宰人间赏罚功名、提拔士人为官的工作。后来，由于读书人广泛的崇拜，司禄星的职责淹没了五颗星，文昌宫其他的职能淡化，成了一个主宰读书人追求禄位命运的专职星座。自唐朝开科取士以来，热衷功名的文人学子认为文昌星高悬头顶、神秘莫测，期盼文昌星能够从天庭走向大地，以便随时供奉，求得保佑。

道教抓住学子的这种期盼心理，选定张亚子为文昌帝君，说他奉玉帝旨意，管人间府事掌人间禄籍，司天下文运。据说，文昌帝君真正与文昌星神重合在元朝。蒙古族入主中原，觉得长期的武力征服达不到长治久安的目的，必须偃武修文。据说在1285年，元太史官曾上奏朝廷，说天下文运将兴，第二天，元仁宗就出生了。元仁宗继位后，延祐二年（1315）就下诏开科取士，这是元朝开国后首次考试。第二年，元仁宗加封张亚子为文昌帝君，从此文昌帝君成为读书人的偶像和保护神，文昌宫便成了学子们终年祭祀的神圣殿堂。

道教和文人儒士的大力推崇，唐宋元明九个帝王的不断加封，使得梓潼神与主管文运的星宿文昌星重合，梓潼帝君便变成了文昌帝君。张亚子由地方小神一跃成为天下共祀的文昌星，专司功名、文运、利禄。文昌帝君名称还有很多，又称为梓潼、文昌帝、济顺王、英显王、梓潼夫子、梓潼帝君、雷应帝君、瘟祖等。

文昌帝君身边有二位童子，一个叫天聋，一个叫地哑，以示不泄漏考试秘密。探溯本源，天聋、地哑实即原始社会农耕民族信仰中的最大神天父、地母。地母比天父早出。大地负载万物，生育万物，是人类赖以生存、生活、繁衍的根本。因此远古先民特别崇拜大地，称为“地母”。天父是父系社会出现后产生的男性苍天大神。古人以天为阳，以地为阴，认为阴阳相配才能化生万物。所以古代神话称，天父与地母结为配偶，天覆於地，向地下雨，致使地母受孕而滋生万物。

《礼记》中云：“地载万物，天垂象，取财于地，取法于天，是以尊天而亲地也。”天地运分昼夜，剖断四季，覆载万物，抚养万物，功劳勋卓，无与伦比。人们信仰天父、地母就是尊其伟大、酬其功劳。但对于人们的尊奉，天地却既聋又哑，默然无声，从不居功自傲，夸其伟大。地母也自称“他（天父）聋我哑”，所以，人们又称天父、地母为天聋、地哑。地母圣诞是十月十八日，过去道士多于此日念诵《地母经》，祈祷年丰岁稔，人民康宁。天父、地母被当作文昌帝君的随童后，其职能形象均已改变。如今偶或有道士在地母圣诞念诵《地母经》，但谁也不记得在这一天去文昌阁为地哑庆祝圣诞。因为现在看来地母与地哑已经是两位迥然不同的神圣。《地母经》云：

地母本是无忌土。包养先天与后天。
夫君本是玄童子，他聋我哑配成双。
神与气合化天地，气与神合产贤人。
真气为母母是气，真神为子子是神。
阴阳会合真造化，造化天地产贤君。
虽然不会人言语，三九二八时时行。
子母不离怀胎孕，身怀有孕十年整。
十年胎足卦爻定，胎满产出六贤君。
天皇地皇人皇氏，伏羲轩辕与神农。

092 大梦至今仍未醒

据传说，张亚子，又名张垩子，或张恶子。《太平寰宇记》记有张亚子显灵的神异故事。张亚子曾经在长安见到姚苌，说："动后九年，君当入蜀，若至梓潼七曲山，幸当见寻。"《十六国春秋辑补・后秦录》则补充说，姚苌在前秦建元二年果然来到梓潼七曲山，见到一神人。神人说："君早还秦，秦无主，其在君乎？"姚苌请问那神人的姓名，神人说他叫张恶子，说罢就不见了。姚苌回到秦地后果然称帝，于是就在秦地立张相公庙来祭祀张亚子。

唐朝安史之乱时，张亚子名声大噪。唐玄宗逃到蜀地，途经七曲山，举行隆重祭祀，追封张亚子为左丞相。据说，唐玄宗宿七曲山，曾梦见张亚子显灵，说玄宗不久将做太上皇；现七曲山尚有唐玄宗"应梦仙台"遗迹。唐广明二年（881），唐僖宗避黄巢起义到蜀地，经过七曲山，也亲自祭祀梓潼神，追封张亚子为济顺王，并将自己的佩剑解下来赠给神。

清代之前，悬有楹联一副，联文曰：

仙去多时，大梦至今犹未醒；
我来未午，小坐此地宜深思。

093 七曲金身张献忠

风洞楼又名大悲楼，因楼下为白特殿，殿后壁有山洞，俗称风洞，又称大悲楼。国民政府主席林森亲手书写“大悲楼”横匾一道馈赠大庙。风洞楼为纵距形，屋面卷棚式顶，复盖灰色筒瓦，垂脊饰以走兽，翼角置螭首，面阔一间，进深两间，前檐角柱则是后金柱向上延伸，从而形成六楹二间之矩形。前壁置窗棂可眺望七曲柏林。该楼具有南方园林式建造风格。楼阁正中悬有明洪武八年（1375）字样的匾额一道，可证此楼建于明代初期。楼内原供奉有农民起义领袖“绿袍金身”的张献忠塑像一尊。

在四川的民间传说中，张献忠是一个“杀人不眨眼的刽子手”！史载，张献忠，号敬轩，陕西延安柳涧人，随高闯王高迎祥在陕西举义。张献忠系高闯王义军之第八营，故尔人们又称张献忠为八大王。曾五次率军入川，三次路经梓潼。崇祯十七年（1644）六月，从武昌率大军 30 万，集木船万只，高树“只杀贪官，不犯顺民”的旗帜，挥师入川，八月取成都，建国大西，改元大顺。李自成既克北京，又遣军入川占据川北。张献忠即遣虎威将军艾能奇平定川北，艾能奇率军与李自成部将马科大战于绵州桃子园（今绵阳市游仙区游仙场石板垭至小龙山一带），艾能奇战败。张献忠亲提大军与马科战，大败马科，并将马科逐出川境。张献忠率得胜之师回成都时，入梓潼七曲山文昌庙，与张亚子联宗，封张亚子为始祖高皇帝，建太庙于山。据《罪惟录》记载，张献忠提兵逼剑州，偶憩梓潼庙，问左右此庙为何神，左右回答神姓张名仲。献忠暗喜，祷告神佑。后果然大胜，献忠乃自称皇帝，国号大西，改元大顺，于是发银五万两，夫数千，重建梓潼庙。立大石，献忠亲作诗书其上，以答神贶。诗曰：

一线羊肠游天堂，此处万事永无忧。
神是仙来仙是神，世世流传与天休。

清顺治三年（1647）冬月二十七日，张献忠与清军大战，被清军肃亲王豪格的部将雅布兰射杀身亡。《东华录》记载："献忠既死，川民德之，立像于梓潼县北七曲山风洞楼上，绿袍金脸，香火不绝者近百年。"清乾隆七年（1742）绵州知州安洪德奉四川督院札饬，清查川北道"啯噜匪类"务期"协平、根绝"，在梓潼清查期间，入大庙，见风洞楼张献忠像，惊呼"大不类神，乃献贼之像也"。即行捣毁，并立有《除毁贼像碑记》一通，立于风洞楼。1987 年 9 月 6 日，全国明末农民战争学术研讨会在绵阳和梓潼两地召开之际，又重新泥塑张献忠坐像一尊。四川省社会科学院研究员王纲，为其撰有楹联一副曰：

七曲旧家庙，金脸绿袍雄姿重显千秋毅力；
蜀道翠云廊，古柏青山绵梓永留万世英风。

094 美女不知五石牛

五妇祠、蜀王思妻台是梓潼五妇山的两处历史遗迹。《元丰九域志》及《华阳国志》记载，五妇山在梓潼县北十二里（五妇山今又名水观音），高四百二十丈。《蜀记》云，梓潼县有五妇山。《元丰九域》称："梓潼五妇山，碑志存，有五妇庙。"

周显王三十二年（前337），蜀王开明十二世到汉中、南郑打猎。正值秦惠文王也在那里打猎，两王在褒谷（秦岭谷口，在今陕西首褒城县北）相遇。秦王送给蜀王黄金一笥（笥，方形竹篮，专为陈礼品之器物）。蜀王颇有点藐视秦王，他送了一包泥土给秦王，表示秦王贱如粪土。秦王很愤怒，群臣反向秦王表示祝贺说："王将得蜀土也。"秦王转怒为喜。又知蜀王贪财好色，便做了五头石牛送给蜀王，以金置尾下，说此牛能屙金。蜀王大喜，嘲笑秦王说："真是个东方牧犊儿。"即令五丁开通这秦蜀通道，引领石牛入蜀。秦王为了麻痹蜀王之志，又许嫁美女五人给蜀王。《华阳国志》云："秦惠王知蜀王好色，许嫁五女于蜀，蜀王遣五丁迎之，还到梓潼，见一大蛇入穴中。一人揽其尾掣之，不禁，至五人相助，大呼拽蛇，山崩，压杀五人及秦女并将从。"古人有诗咏此：

不见娇娇秦五女，只见南来北往云。
花容化作春山影，青峨红粉何处寻。

蜀王遂将此山命名为"五妇冢山"，秦汉间在此建"五妇庙"。古人有《五妇岭怀古》一诗，凭吊秦国五女，诗云：

娥眉欣然离秦廷，为求至尊西蜀行。
不识秦王美人计，未入蜀宫先丧魂。

095 秉烛夜心唯有汉

七曲山的关帝殿，主神供奉关羽。据说，关羽与先主刘备和车骑将军西乡侯张飞结义为异姓兄弟，他们“寝则同床，恩如兄弟”。之后，即跟随刘备东征西讨不避艰险。建安五年（200），曹操大败刘备之军于小沛（今徐州），刘备逃往河北，关羽保护刘备妻小，被曹操俘获。曹操知关羽是将才，便用重金和美女相诱，欲使关羽归顺。并遣关羽的同乡荡寇将军张辽劝关羽弃刘归曹，关羽曰：“吾深受刘（备）将军厚恩，誓以共死，不可背之。”后，袁绍遣军攻曹操，关羽为曹操充当先锋，斩袁绍之大将颜良，解曹军危难。关羽为曹操立此战功后，即告别曹操，保护刘备妻小前往翼州（今河北）刘备的寄身之处，使得刘备能与妻子、兄弟重新团聚，并收拾小沛之役失散的部众而重振大业。关羽对结拜誓言表现出一诺千金、诚守信义，为后人所敬仰。关羽由人成神，自晋至唐，在民间影响不大。唐时记载称为关三郎，尚视为人鬼之流。北宋末年始从民间信仰进入朝廷，哲宗元祐四年（1089）始敕封为崇宁真君，大观二年（1108）追封为武安王，配祀于武成王姜太公之侧。元文宗乃封为英济王，明初始封为侯，万历四十二年（1615）方敕封为三界伏魔大帝神威远镇天尊关圣帝君。清顺治九年（1652）敕封为忠义神武关圣大帝。从此成为武圣，与文圣孔子齐肩而为人神之首。关帝殿前曾悬有“义薄云天”“万古人极”“忠义参天”以及（清）湖南提督书写的“天大将军”等横匾四通。其楹联之一曰：

赤面秉赤心赤兔追风，驰骋时不忘赤帝；

清灯观青史青龙偃月，隐微处无愧青天。

096 始信人生如梦间

梓潼县城之北的七曲山中段有唐明皇幸蜀闻铃处。史载天宝十五载(756)，唐玄宗李隆基为躲避安禄山叛军，仓惶率姬妃臣僚跑向西蜀。六月十四日到达兴平县马嵬驿，随侍之龙武大将军陈玄礼等人，以为此次祸乱，全为宰相杨国忠欺上瞒下误用奸佞酿成，即鼓动军士逼唐明皇将国舅杨国忠斩首。杨国忠是唐明皇爱妃杨玉环的兄长，因怕报复，又逼唐明皇将杨玉环赐死。七月十七日，玄宗一行到梓潼七曲山上驿，夜宿馆驿，当晚阴雨蒙蒙，淡雾袅袅，夜半风起，驿亭檐角铜铃“啷当”之声忽急忽缓。唐玄宗屏息静听这“啷当”之声，好似那娇滴滴的玉环在呼唤“三郎、三郎”。“三郎”乃爱妃在内宫对他的昵称。他怅然而起，喃喃自语道：

翠翠红红，处处莺莺燕燕，穷尽一时风流梦；
风风雨雨，年年暮暮朝朝，惹就几多相思情。

后人有作《雨霖铃曲》，寄寓“行宫见月伤心色，夜雨闻铃肠断声”的心绪。“自从天子游幸后，此山此名天下知”。从此，“梓潼山”就被改称“七曲山”，上亭驿更名郎当驿。今存“唐明皇幸蜀闻铃处”石质古碑等文物，并有白居易、王渔洋、张船山等名人雅士所题诗词，感慨明皇当年“金鸡赐帐事披猖，河朔从此不属唐。即使青骡行万里，三郎当日太郎当”。于此苍茫空渺的古道驿亭中，读诗观景忆昔，怎不令人叹惋嗟乎！另据《晶莹吟》记载，后蜀广政二十五年（962）三月，花蕊夫人游东川至梓潼郎当驿，闻明皇与杨贵妃之事，顿悟人生如梦，当即写下七言绝句一首：

云从东山冉冉起，忽悠又入深谷间。
豁然忆思前朝事，始信人生如梦间。

097 白马老爷跳朝盖

平武县位于四川盆地西北部，涪江上游，是著名风景区九寨、黄龙之门户。属北亚热带山地湿润季风气候，气候温和，降水丰沛，日照充足，四季分明，具有云多、雾少、阴天多的特点。境内山地主要由近南北走向的岷山山脉、近东西走向的摩天岭山脉和近北东至南西走向的龙门山脉组成。中生代侏罗纪及其以前各个地质时期的地层出露齐全。

境内自古以来都是氐羌系少数民族聚居区。由于自然环境相对闭塞，远古的氐羌遗裔至今仍生活在县内的高山密林之中，他们保留着古老而独特的民族风情。居住在县境西北部夺补河流域和黄羊河流域的白马人，就是其中最为典型的代表。白马人是一支十分独特的民族，他们是古代氐族人的直系后裔。在四川，集中分布在摩天岭两侧的平武县、九寨沟县和文县三县境内。白马人自称“贝”，有独立的语言，没有文字。民族文化与风俗习惯与相邻而居的藏族、羌族迥然不同。其经济活动以农牧业为主，副业为狩猎、采药等。日常食物以燕麦、苦荞、洋芋等杂粮为主，喜饮咂酒，吸兰花烟，忌食狗肉。传统住房为土墙板屋，日常生活以火塘为中心。实行一夫一妻制，一般不与外族通婚，有入赘习俗，婚俗与汉人相近而略有区别。对死者一般实行屈肢土葬，亦有火葬与水葬。

宗教信仰尚处于万物有灵的原始状态，崇拜自然，敬奉神山“白马老爷”，最重要的宗教活动是跳“朝盖”。白马人的服饰极具特色，男装为白色或青色右开襟长衫，系自制宽腰带；女装为白色或彩色长衫，下摆为百褶裙，上装胸、肩、袖等处和下摆边缘有彩色装饰，胸佩鱼骨牌，腰系自织彩色腰带，并配以铜钱串；男女均戴自制盘形荷叶边白色羊绒帽，顶插一支或数支白色公鸡尾羽，作为本民族的标志。白马人热情好客，能歌善舞。

098 深山王宫报恩寺

敕修报恩寺位于平武县城内，是我国保存最完整的明代古建筑群之一，全称为“敕修报恩寺”，始建于明正统五年（1440），竣工于天顺四年。敕修报恩寺布局结构酷似南京大报恩寺，所以又称“深山王宫”。敕修报恩寺坐西向东，由东而西次第升高。山门、金水桥、天王殿、大雄宝殿、万佛阁修建在一条中轴线上。经幢、狻猊、大悲殿、华严殿、碑亭长廊、斜廊、僧房左右对称，布局严谨、雄伟壮观。敕修报恩寺设计，具有不结蛛网和高度的抗震技术，被中外专家称为“明初罕见之遗构”“独具匠心的抗震建筑群”。敕修报恩寺的雕刻绘塑，精工巧制，殿内佛像造型优美，形象生动；绘画壁塑，构图巧妙，内容丰富。大悲殿高达八米许的千手观音，正身是用一根巨大的楠木雕成，千姿百态，美丽壮观。华严殿内的转轮经藏更是精美绝伦，犹如一座凌空托起的七级浮屠。

099 天子呼来不上船

江油市，位于四川盆地西北部，龙门山脉东南。属亚热带季风性湿润气候。

李白故里位于江油南边的青莲场（旧彰明县治），世人也称李白故居为“青莲故居”，地处绵阳城区与江油两城市之间。青莲左有濂水环绕，右有涪江环抱，山水灵秀，仙气缥缈，在唐代就是古绵州的重要城镇。直至清代，这里仍是水运发达的商贸重镇。

李白故居内的太白祠、陇西院、粉竹楼、明贤祠、月圆墓、洗墨池、磨针溪等景点可以让人追寻诗人的遗迹，了解李白出生、成长的故事。新近开发的太白碑林，以海内外历代书画名家创作的李白诗歌作品为内容，采用现代与传统设计相结合的风格，倚山而建，构思新颖，气势恢宏。

陇西院现存殿宇为清乾隆五十三年（1788）重建，光绪二十二年（1896）又增修仓颉、太白、文昌、地母等殿，并祀李白塑像。至民国年间，诸殿堂多残破，仅山门照壁尚完整。院东数百步有李白妹月圆墓。陇西院的山门经多次维修，保留了清代风格。山门微呈八字，中部檐顶上塑有宝珠中花，鳌鱼，四角有卷草翼角。中门上端捶灰竖匾上用瓷片嵌塑“陇西院”三个大字，匾周塑五条蟠龙，栩栩如生。三道门由石条砌造，两侧均刻对联。中门：弟妹墓犹存莫谓仙人空浪迹；艺文志可考由来此地是故居。右门：旧是谪仙栖隐处；恍闻昔日读书声。左门：太华直接青莲宅；天宝遥看粉竹楼。

李白（701~762）字太白，号青莲居士、谪仙人，别名李十二，唐代诗人，与杜甫并称为“李杜”。李白五岁随父李客迁蜀，来到青莲居住。直到唐玄宗开元十三年（725），李白二十五岁时才经重庆出三峡而“仗剑去国”，

“辞亲远游”。李白在蜀中20年，度过了“观奇书”“诵六甲”的青少年时代。李白有《李太白集》传世，代表作有《静夜思》《将进酒》《梦游天姥吟留别》等；创造了古代浪漫主义文学高峰，歌行体和七绝达到后人难及的高度。李白的乐府、歌行及绝句成就为最高；风格豪迈奔放，语言潇洒飘逸；想象丰富浪漫，立意清新绝妙。

正如杜甫在《饮中八仙歌》中说李白其人：

……

李白斗酒诗百篇，长安市上酒家眠，

天子呼来不上船，自称臣是酒中仙。

……

李白宛如一颗闪耀的文学巨星，光辉照耀了整个盛唐，照耀了中国1000多年的历史。故乡的山水孕育了他的盖世才情，他自然天成、飘逸豪迈、雄浑壮丽的诗篇，登上了浪漫主义诗坛顶峰。

李白在《宣城见杜鹃花》中说：

蜀国曾闻子规鸟，宣城还见杜鹃花。

一叫一回肠一断，三春三月忆三巴。

在李白漂泊的一生中，故乡的一草一木都成为他魂牵梦绕的记忆。

100 原始宗教羊图腾

北川羌族自治县是中国唯一一个羌族自治县，位于四川盆地西北部。

境内大地构造为扬子准地台与松潘——甘孜地槽褶皱结合部。以桂溪—曲山—苏保一线（即北川大断裂通过地段）为界；东南面属扬子准地台西北边缘龙门山—大巴山台缘凹陷西部的龙门山褶断带；西北面属松潘—甘孜地槽褶皱系巴颜喀喇冒地槽褶皱带东缘的茂汶——丹巴地北斜（即后龙门山褶皱带）。

全境皆山，峰峦起伏，沟壑纵横，山脉大致以白什、外白为界，其西属岷山山脉，其东属龙门山脉。地势西北高，东南低。植被呈带状分布，自下而上依次为黄壤和常绿阔叶林，黄棕壤和常绿落叶混交林、暗棕壤和针阔叶混交林、亚高山草甸土和亚高山灌丛草甸、高山草甸土和高山草甸。

北川有一江（湔江）五河（白草河、青片河、都坝河、苏宝河、平通河）四大沟（小寨子沟、太白沟、后园沟、白坭沟），均属于嘉陵江水系。河流落差大，但丰、枯季节明显，调节性能差。

北川古羌族是一个以养羊为主的畜牧民族，由于羊在社会经济生活中的重要作用，北川羌族逐渐形成了对羊的崇拜。羊逐渐成为羌人民族的标志和符号。

据说，北川是大禹故里。唐代以前，县境就建有众多的大禹庙，农历六月初六大禹诞辰举行祭祀活动的民间习俗延续至今。县境内至今仍保存着大量有关大禹的历史遗迹。集人文景观和自然景观于一体的大禹故里，已成为华夏子孙访古探幽的圣地。

101 北川县城变废墟

在“5·12”汶川地震中，北川县城变成了废墟。

“5·12”汶川地震，发生于2008年5月12日14时28分04秒。根据中华人民共和国地震局的数据，地震的里氏震级达8.0级，地震烈度达到11度。地震波及大半个中国及亚洲多个国家和地区，北至辽宁，东至上海，南至香港、澳门、泰国、越南，西至巴基斯坦均有震感。

地震严重破坏地区超过10万平方千米，其中，极重灾区共10个县（市），较重灾区共41个县（市），一般灾区共186个县（市）。截至2008年9月18日12时，地震共造成69227人死亡，374643人受伤，17923人失踪。

据有关专家测定，汶川地震的成因主要是由于印度洋板块向亚欧板块俯冲，造成青藏高原快速隆升导致地震。高原物质向东缓慢流动，在高原东缘沿龙门山构造带向东挤压，遇到四川盆地之下刚性地块的顽强阻挡，造成构造应力能量的长期积累，最终在龙门山北川—映秀地区突然释放。为逆冲、右旋、挤压型断层地震。地震发生在地壳脆—韧性转换带，持续时间较长，因此破坏性巨大。

地震时，北川县城的人们突然感到大地在上下颠簸折腾之后，又左右剧烈摇晃。地震波在北川的垂直方向与建筑发生共振，上下振幅达8－10米，共振之后的加速度是原来的4倍，县城后面的山体倒塌，建筑物和地面上的物体都陷入了地下。地震在整个断裂带释放的能量，至少相当于1070颗广岛原子弹爆炸，而在北川县城释放的能量，就相当于四五颗当年的广岛原子弹。因此，毁灭了整个北川县城。逃生的人们在刹那惊恐之后，茫然四顾，县城瞬间已被夷为平地，城市成为一片废墟。这个昔日秀丽的小城，瞬间变成了恐怖的人间地狱。

地震后的北川人，没有被困难所吓倒，他们意志依然坚强、信心依然坚定。地震后，北川新县城选址距离老县城23公里的永昌镇；永昌镇名字取自相邻的永安、安昌两镇首尾一字，寓意永远繁荣昌盛。他们只用了两年多时间，在书写“由悲壮走向豪迈的精彩篇章”的过程中，新县城异地崛起。放眼如今的北川，那不堪回首的特大地震突然来袭之时，山川在颤抖，江河在哭泣，满目疮痍……至今仍历历在目。

102 俯视满江碧水情

绵阳市涪城区因治地近邻嘉陵江水系的涪水（今涪江）得名，境内丘陵起伏，沟谷纵横，地势西北高，东南低。丘陵地带较为平缓，呈条状分布，且以浅丘面积较大。

碧水寺位于绵阳城区涪江东岸。主体建筑飞檐翘角，上指蓝天，下连碧波。古树佳木，遮天蔽日。山光水色、园林古迹构成了一幅优美的天然艺术画廊。

碧水寺始建于唐代，唐宋时期曾称水阁院。宋代，僧众信士依碧水崖扩建寺庙，易名碧水寺。因崖壁泉水终年流淌，叮咚悦耳，民国时期又称作滴水寺。沿石阶而下，从曲折的林荫道来到江边开阔处，矗立着一幢歇山式大殿。大殿底层有唐代石刻观音立像、摩崖佛教造十八龛、石刻金刚经三十二品。观音立像为圆雕，头著化佛金冠，耳佩金环，颈系璎珞，两眼轻合，面带微笑；袒胸，披贴身袈裟，束腰，下著玉裙，腰间缀精美饰佩；左手持净瓶，右手施无量印。体态丰满，雍容慈祥，具有典雅的盛唐遗风。

摩崖造像为深浮雕，大的造像每龛两米见方，小的造像高不盈尺。刻像多的几十尊，少的仅一尊。最有代表性的为五十一菩萨图。人物为深浮雕，紫竹等饰物镂空雕。主佛座于莲台上，侍者、菩萨，或座或立，形神兼备，雕刻精细，有施金彩绘痕迹。碧水寺的石刻，题记绝无人为毁损，确属不易。

103 剑门高歌扬子云

绵阳市涪城区的西山，又名凤凰山，景区内茂林修竹，丹桂飘香，清泉淙淙，景色优美。景区以子云亭为中心，其他景点或历史遗迹有古仙云观、蒋琬墓、蒋恭侯祠、扬雄读书台、玉女泉及隋唐时期的道教摩岩石刻等。子云亭是为纪念西汉文学家、语言学家、哲学家扬雄而建造。扬雄（前 53—18），字子云，蜀郡成都人。汉成帝时期曾出任黄门侍郎，在皇宫内侍从皇帝、传达皇帝诏令。扬雄博学多才，“博览无所不见”，曾经“专精大《易》、耽于《老》《庄》”。精通训诂和文字学，喜好辞赋，仰慕司马相如，有相如遗风。早年曾有《反离骚》《广骚》《蜀都赋》《成都城四隅铭》等作品，中年时期被诏入宫，有《甘泉赋》《河东赋》《校猎赋》和《长杨赋》等作品，把司马相如开创的劝百讽一的大赋传统推向极致。

扬雄对探讨宇宙人生真谛的哲学研究贡献十分突出：“先是作《太玄》，融儒道为一体。”又作《法言》融儒、道、法三家学说于一体，对《易经》《论语》等经典著作也做出他自己的理解和诠释。

扬雄早期以辞赋闻名，晚年对辞赋的看法却有所转变。他评论辞赋创作是欲讽反劝，认为作赋乃是“童子雕虫篆刻”，“壮夫不为”。另外还提出“诗人之赋丽以则，辞人之赋丽以淫”的看法，把楚辞和汉赋的优劣得失区别开来（《法言·吾子》）。扬雄关于赋的评论，对赋的发展和后世对赋的评价有一定影响。对后来刘勰、韩愈的文论，也颇有影响。

《文心雕龙》有“扬马”并列的提法。他是继司马相如之后，西汉最大的辞赋家。扬雄的赋是学者之赋，知识渊博，技巧娴熟，但有“做作”之感。扬雄对辞赋的贡献，主要在于他拓展了这种宫廷艺术的题材和表现手法，使其超出宫廷，咏物叙事，立志抒情，更加散文化。

扬雄四十多岁离家往京时，曾经滞留涪县。在绵阳市西山和涪城区永兴境内的古钟阳镇两处有“扬子云读书台”和“洗墨池”遗迹。

子云旧亭在扬子云读书台上，读书台位于凤凰山左翅膀端之山畔，为一平坦的坚硬盘石。岩石前端有摩岩浮雕“扬子云真像”和扬雄传略，据民国版《绵阳县志》记载为宋代镌刻。岩石右侧摩岩浮雕大龛 90 多尊，均为唐懿宗咸通十二年镌刻的道教石刻。子云旧亭就修建于盘石之上，不知最早建于何年。《绵阳县志》记载民国六年（1917）重修的子云亭是木结构的长方形亭台，也被损毁。到 20 世纪 70 年代，人们又重建了一座砖混结构的六角亭，至今犹存。

在子云亭景区庭院入口处由著名书法家方滨生书写的刘禹锡《陋室铭》镌刻于此。庭园中是扬雄巨型花岗石雕像。子云亭下的陈列室中，陈列着扬雄的《太玄》《法言》等作品。子云亭的楹柱上楹联中，有一副由高显齐先生撰联白允叔先生书写的长联：

八百里飞天大道，袖拂云霞，高歌过剑门，翠廊连新市。看旗山雄，鼓岭峻，宝塔秀，神龟灵，西蜀名亭，蓬荜辉新，须知铭陋刘郎早向先生深致敬；

两千年吐凤奇才，胸罗宇宙，余韵腾涪水，书台仰古风，想长卿赋，子安文，少陵诗，永叔史，中华贤哲，词章卓古，尚有赏心介甫犹令后进倍倾城。

104 霸气千秋越王楼

始建于唐高宗显庆年间的古越王楼，与黄鹤楼、岳阳楼、滕王阁并称为唐代四大名楼。规模宏大、富丽堂皇，堪称唐代四大名楼之首。越王楼收录天下诗文丰富，共收录包括李白、杜甫、王勃、陆游等历代大诗人题咏越王楼诗篇，可谓“一座越王楼，半部中国文学史”。

越王楼是唐太宗李世民第八子越王李贞任绵州刺史时所建，楼高十丈（即百尺），时居四大名楼之首（滕王阁高九丈，黄鹤楼高六丈，岳阳楼高三丈），故有“越王楼霸气、黄鹤楼大气、滕王阁才气、岳阳楼秀气”之说。

在历代名人歌咏越王楼的诗词中，最有名气的当属杜甫、陆游、李调元等的诗作。诗圣杜甫于宝应元年（762）到绵州，作有《越王楼歌》：

绵州州府何磊落，显庆年间越王作。
孤城西北起高楼，碧瓦朱甍照城郭。
楼下长江百丈清，山头落日半轮明。
君王旧迹今人赏，转见千秋万古情。

对这座宏大富丽的越王楼及它的遗址的描述，仅收入全唐诗的就有 20 多篇，绵阳市专门记载了 15 位诗人名宦讴歌越王楼的诗词。同时，因其卓越风姿及规模，历代画界精英竞相描绘，宋代赵伯驹、元代李荣瑾、清代张延彦都作有越王楼图轴。

105 古蜀狂叟李意期

绵阳市游仙区位于四川盆地西北部，东与梓潼县、西与涪城区、南与三台县、北与江油市相邻。

游仙区河流为涪江水系，自西北向东南流。除与涪城区邻界的涪江外，境内尚有芙蓉溪、魏刘河、徐东河等大小河流。

游仙，三国故地，古绵州治所，位于巴蜀腹地、涪江以东，因东汉高士李意期仙游此地而得名。李意，字意期（《历代神仙通鉴》），一作李意其，《三国演义》中写作李意，传说中的仙人。

葛洪《神仙传》仙人李意其，蜀人也，汉文帝时人。《三国演义》第八十一回亦有相关描述：

> 蜀国多官商议曰："今天子如此烦恼，将何解劝？"马良曰："主上亲统大兵伐吴，终日号泣，于军不利。"陈震曰："吾闻成都青城山之西，有一隐者，姓李，名意。世人传说此老已三百余岁，能知人之生死吉凶，乃当世之神仙也。何不奏知天子，召此老来，问他吉凶，胜如吾等之言。"遂入奏先主刘备。先主刘备从之，即遣陈震赍诏，往青城山宣召。震星夜到了青城，令乡人引入山谷深处，遥望仙庄，清云隐隐，瑞气非凡。忽见一小童来迎曰："来者莫非陈孝起（陈震，字孝起）乎？"震大惊曰："仙童如何知我姓字！"童子曰："吾师昨者有言：今日必有皇帝诏命至，使者必是陈孝起。"震曰："真神仙也！人言信不诬矣！"遂与小童同入仙庄，拜见李意，宣天子刘备诏命。李意推老不行。震曰："天子急欲见仙翁一面，幸

勿吝鹤驾。”再三敦请，李意方行。即至御营，入见先主刘备。先主刘备见李意鹤发童颜，碧眼方瞳，灼灼有光，身如古柏之状，知是异人，优礼相待。李意曰：“老夫乃荒山村叟，无学无识。辱陛下宣召，不知有何见谕？”先主刘备曰：“朕与关、张二弟结生死之交，三十余年矣。今二弟被害，亲统大军报仇，未知休咎如何。久闻仙翁通晓玄机，望乞赐教。”李意曰：“此乃天数，非老夫所知也。”先主刘备再三求问，李意乃索纸笔画兵马器械四十余张，画毕便一一扯碎。又画一大人仰卧于地上，傍边一人掘土埋之，上写一大“白”字，遂稽首而去。先主刘备不悦，谓群臣曰：“此狂叟也！不足为信。”即以火焚之，便催军前进。先主刘备自己带兵征吴，大败还，忿耻发病死，众人乃知其意。其画作大人而埋之者，即是言先主刘备死意。

106 云台观四大谜团

三台县云台观为四川省第二大道观，仅次于青城山。云台观位于三台县南百里的安居境内，据《云台观碑记》：云台观为赵肖庵开创。原名佑圣观。南宋嘉定七年（1214）九月九日，赵肖庵于此升隐（去世），后钦封“妙济真人”。明朝正德八年（1513），钦差太监锦兴、锦衣卫千户龚清到云台修醮。十年，遣内宦造金玉帝像、帐幕纹炉、府花爵盏恭诣云台朝谒。先建拱宸楼，阶下一台名曰“玉玺”，命工于玺上建八角楼，题额“天乙阁”。十一年（1516）又遣官修治。十五年（1520），钦赐绿幡二首，“大明皇帝喜舍玉幡”张挂观中。肃王命铸渗金帝像一尊，执旗旅行袋、捧剑、灵童、玉女、温、关、马、赵、灵官10像，于嘉靖四十三年（1564），遣官送观安放。明清两朝曾培修十余次。清光绪十二年（1886）失火将前殿及拱宸楼烧毁，是年附近绅耆捐金培修，历五年竣工。数百年来，云台观为一方之胜景，也是道教活动中心，许多文物尚保存完好，有明颁诣书、太监的象笏、诸子送的铜钟、铜炉、墨稿以及颁赐的各类经书。据说，云台观具有四大谜团：

谜团一：诸葛亮巧设“七星灯”。在圣母山后侧，传闻中在这块不大的土坪上有 7 个不太显眼的洞眼。当地流传，三国时蜀汉刘备军队进入潼川府（今三台县）驻扎郪王城（今郪江镇），诸葛亮在附近选址准备建都。一日登圣母山（云台山）观其周围山势，发现其乃“九龙捧圣”之宝地。遂中意此地，乃布玄阵于山顶并设“七星灯”，为建都提供条件。诸葛亮在设“七星灯”期间，听见有人在印台之顶“点破天机”，故大功未成。

谜团二：玄天宫凤鸣鸡叫。玄天宫乃云台观的正殿，建筑恢宏华丽，殿门前滚龙缠柱，金童系红绫骑于其上。其大门相传为战国时鲁班所造，开关门时有奇特音鸣。自古以来流传这样一句谚语：“左手开门金鸡叫，右手关门凤凰鸣。”据殿内道士讲，此门曾声传数里，音若洪钟。轻推大门，慢慢传来吱吱的响声，之后隐约听出鸟鸣一样的叫声，左边的门音较强，能听出很明显的鸟鸣声。细观其大门下方，发现大门底端与门槛间留有一定缝隙，并不是门板磨擦所致，再观大门上端，亦没摩擦。把耳朵贴于大门中缝处，发现有震动的声音自门中端慢慢延伸，听起来似鸟鸣声。左右大门中缝处皆有个洞。重新安装后声音有所降低。

谜团三：大殿百年纤尘不染。在圣母殿，殿内极为洁净，不见一点尘埃，此殿长期以来甚少打扫，但灰尘却很少，檐下多年来没有一丝蛛网，其殿色彩仍华丽醒目，传说此殿乃“避尘珠”所致。大殿天花板上游龙出海图案耀眼夺目，另有立体雕刻的蟠龙，口含“避尘珠”，在新中国成立后被盗。此珠虽然被盗，效力却仍显于世，明亮洁净的大殿，角落真正无丝毫尘埃积存。

谜团四：三颗神秘的菱形图印。在玄天宫殿顶中央有 3 颗神秘的菱形图印，在阳光照耀下，会反射到空中达 3 丈之高。图印中央一颗略大，两边的稍小，突然望去，宛如天放豪光。这 3 颗图印之谜，困扰了不少建筑专家与考古专家。据说，当年因怀疑此乃玻璃瓦所致，故专门请工匠搬开 3 颗菱形图印的青砖。与别的青砖比较，却发现与其他青砖并无异样。

107 四龙护宝金镶玉

《周易·乾卦》说“九五，飞龙在天，利见大人。”古人认为，九在阳数(奇数)中最大，有最尊贵之意；而五在阳数中处于居中的位置，有调和之意。九五组合在一起，既尊贵又调和，无比吉祥。三台县有座五层山，山上的三国遗址五层寺有一副古石刻对联：

一印高悬，一切峰峦皆处下；
五泉上涌，五层楼阁独居尊。

此联语写尽了五层寺壮美、神奇的自然、人文景色。其对仗工整，气势恢宏，意境深邃。

登上五层山主峰，放眼四望，但见群山茫茫，万山奔涌而来。五层山南，是印合山，印合山下凤托印。五层山、印合山构成五层山系。围绕五层山系有四山如龙，一龙前瞻，一龙后视，左右两龙回首仰望，故堪舆家有“一凤托印”“四龙护宝”之说。该山山势奇特，挺拔秀丽。“重岗叠垒，形势五层”，故人们叫它五层山。其山有五泉，冬暖夏凉，其味甘醇，又叫五泉山。每泉各掘一井，井水冬不枯、夏不盈，可供上千人饮用。其中八角井、六角井，传说为三国时刘备、张飞所掘。山上松柏葱笼蓊郁，古木参天，风光秀美，气候宜人。

五层寺便在此山中，又称作五泉寺。

关于五层寺自然之印，有人说是印合山。这是很多年以来的说法。远看印合山，山巅一枚巨印向南横置，巨印下，一山似凤钻大印，将大印高高托起，西可见头，东能见尾。凤凰自岐山飞来，来了个“丹凤朝阳”，极具动感与美感。自然界中不乏象形山，像这样一个象形物在山的两边，上下左右恰到好处，甚是罕见。巨印栩栩如生，巍然耸立于苍穹，气贯天宇。

五层寺人文之印指“金镶玉印”。三台县流传着这样一首民谣：“大佛头上一张琴，十八罗汉镇涪城。倒挂金钩菩提寺，金镶玉印在五层。”“金镶玉印在五层”，是说刘备与张飞驻兵五层寺，将佩带在身边的“金镶玉印”寄在寺中的八角井内作为替身，以求皇运昌隆。民间传说，同印一起的还有一把宝剑，井中有白龙，宝剑、白龙的灵光灵气护印。印是宝贝，有很多人想打它的主意。有一次，有人想盗宝，挖了数十丈深，见到了井口的大石盖板，刚要去搬，突然，天空乌云密布，电闪雷鸣，一阵风后，泥沙将挖的坑填满了，盗宝人被雷电击死。从此后，再也没有人敢打印的主意了。

据《三国志》载，东汉建安十六年冬，刘备从荆州入川，与刘璋会于绵阳富乐山。从刘备入川至蜀汉景耀四年蜀汉灭亡的半个世纪中，蜀汉在绵阳留下了大量遗迹，现知的有四十多处。五层寺在两汉及蜀汉时期均为涪县地，据《潼川府志》记载：“五层寺在县北九十里五层山，亦呼五泉山。上旧有碑，长丈余，刻‘汉昭烈观兵处。’未记年代。其碑已埋荒埂之中，今不可觅。好事者复竖小碑于寺右，书如其字。又路侧有石礅，方广三尺余，高二尺余，中作圆孔，大如升，相传为昭烈旗礅。”民国《三台县志》记载：“五层山寨，距县北八十里，有重岗叠垒，形势五层，上有旗礅，相传为蜀汉昭烈帝观兵处。今筑为寨，势甚雄峻。”

刘备到过五层山，此当为刘备在绵阳留下的又一处三国遗址。那么，刘备留下的“金镶玉印”是什么呢？“金镶玉印”即“传国玺”。它是皇帝的代名词，是至高无上的皇权的象征，是君权神授的凭证。在古代没有它，当皇帝就不合天心人意，就会天下共讨之，人人得而诛之。有了它，即使是抱在怀中的婴儿，也是合法的真龙天子，受到亿万臣民的拥护。关于其来历，据《前汉书》载，秦始皇得卞和所献一块玉璞，令丞相李斯篆书“受命于天，既寿永昌”八字，令良工雕琢成玉玺。此印成为我国历史上第一个皇帝的玉玺。秦始皇驾崩，秦王子将它献与汉高祖刘邦。到王莽篡汉，孝元皇太后以此击打重臣，其一角崩，后以黄金镶好，故名“金镶玉印”。查阅《史记》等史料有关“传国玺”的文字记载，始皇二十六年，得玉璧，刻玺到归元成宗，一千五百余年，历经二十几次换手。但刘备从未染指过“传国玺”，当然就不可能“带玺入川”置于五层寺的八角井中了。但这并不排除刘备在八角井中置印的可能性。因为佩带印章是古代的风气，作为皇叔、左将军、豫州刺史、荆州牧的刘备，按汉制是应当佩带金印的，而且至少不是一枚。

108 佛国威严千佛山

千佛山，位于安州区、北川县、茂县、汶川县交界处，横亘于岷山山脉南段。她古老而又神秘，形成于远古侏罗纪第四纪冰川活动期间。山岳在冰川侵袭下构成古老生物群落的避难所，成为多种植物的保存和繁衍地。珍贵植物珙桐、银杏、楠木、樟木、红豆竞生于此，珍稀动物大熊猫、金丝猴、云豹、牛羚、猕猴穿行其间，名贵中药材天麻、杜仲、黄柏、厚朴、贝母寻常可见，传奇神树“杜鹃王”“丁木大仙”历史久远。千佛老祖庙唐代始建，有楹联写道：

圣明显应唐宋创修昭千古，
佛国威严清造石室垂万年。

千年香火不断，善男信女焚香颂经，顶礼膜拜，香烟缭绕，千佛老祖庙。

109 此地空余嫘祖陵

盐亭县位于绵阳市东南部，是黄帝元妃（正妻）嫘祖故里，是古郪国的一部分，也是古郪国的盐场所在地。古称“潺亭”“秦亭”，因境内多盐井，盐卤出产丰富而得名盐亭。盐亭是中华民族的人文始祖轩辕黄帝元妃——嫘祖的出生和归葬之地。

盐亭位于古蜀国东部边境，春秋战国时期，巴国、蜀国经常为争夺地盘而开战。蜀国在今县境内弥江（古称潺水）建烽火亭，用于观察敌情和守备，称为潺亭。至秦朝改称为秦亭。《太平寰宇记》载：“梓州，禹贡梁州之域，秦为蜀国盐亭之地。”汉代复称潺亭，《汉潺亭考》载：“自西水县以东，南迄东关，凡水之入涪者，悉为蜀地，亦即潺亭之域。”

古之盐亭县境，南至今蓬溪县郪水，北至今南部县西河，西邻今三台县涪江，东近今西充县城，殆方百余千米。两晋、南北朝至隋，盐亭县境域虽常有变，但均纳有今三台、蓬溪、西充、南部及射洪等县部分地区。盐亭地处四川盆地中部偏北，历史上为巴国、蜀国交界地，也是金牛道、米仓道北上中原南下川西平原的重要咽喉。

盐亭属涪江流域，境内河流纵横交错，主要有梓江、弥江、湍江、榉溪、雍江五大水系。

舞蚕龙是盐亭独特的民间祭祀嫘祖的民俗活动。蚕龙长约二丈，由白色绸缎精缝而成。蚕头硕大如锅盖，蚕身修长如蚕纹。蚕龙由八位青年妇女舞动。舞龙妇女一律足穿厚底短扣靴子，身穿绿色衣服。舞龙时，妇女一字长蛇阵排开，伴随着锣鼓，踏着节奏，时而跳跃腾挪，时而盘旋缠绕。嫘祖陵（墓）位于盐亭县的青龙山，是人们追祭祀嫘祖的地方。恢复重建的嫘祖陵为八卦形，以山为陵，外露三方，内藏五方。祖陵为半圆形，设下平台、中平台和上平台。平台与平台之间分12组阶梯相通。各组阶梯依据农历每月天数设计梯步数，按“地支”顺序排列，并在每组梯步中雕刻十二生肖图案。神道两侧是56根图腾柱，象征中华56个民族。中平台设计为正方形九宫大祭坛，高低错落，寓意九宫八卦。大平台正面设嫘祖像浮雕墙，东南西北分别设石刻门。大平台主要用于大型祭祀活动，可容数千人。

嫘祖，轩辕黄帝之元妃，中国养蚕治丝的始祖，5000多年前诞生于盐亭县嫘祖村。传说嫘祖她自幼聪颖，采果奉亲，发现天虫吐丝结茧，细心观察蚕的生长规律，首创野蚕家养。由于嫘祖心灵手巧，被人们推为西陵氏部落的首领，大家都尊称她为“王凤”。后来，黄帝慕名专程来到了西陵。当他看到桑树下的嫘祖身披彩衣，貌若天仙，便把嫘祖迎娶到了轩辕丘，并封为正妃。

嫘祖从蜘蛛织网的过程中得到启发，开始用蚕丝织出了人类第一件衣裳。《史记·五帝本纪》载：“黄帝居轩辕之丘，而娶于西陵之女，是为嫘祖。嫘祖为黄帝正妃，生两子，其后皆有天下。其一曰玄嚣，是为青阳，青阳降居江水。其二曰昌意，降居若水。”神话传说中把她说成养蚕缫丝的创造者。北周以后被祀为“先蚕”（蚕神）。唐代著名韬略家赵蕤所题唐《嫘祖圣地》碑文称：“嫘祖首创种桑养蚕之法，抽丝编绢之术，谏诤黄帝，旨定农桑，法制衣裳，兴嫁娶，尚礼仪，架宫室，奠国基，统一中原，弼政之功，殁世不忘。是以尊为先蚕。”

嫘祖是我们先祖女性中的杰出代表，被后人奉为“先蚕”圣母，与炎帝、黄帝生活在同一时代，同为人文始祖。

嫘祖一生辅弼黄帝，选贤用能，协和百族。她教民育蚕，历尽千辛万苦，病逝于南巡道上，归葬于金鸡镇青龙山之首，其墓犹存。由于嫘祖开辟丝绸文明，功高日月，自周代起就被天子庶民尊奉为“先蚕”，民间尊称为“蚕神”，又被尊为“行神”，爱称为“嫘姑”“丝姑”“蚕姑娘”。嫘祖“养天虫以吐经纶，始衣裳而福万民”，开启了享誉中外的丝绸之路，泽被天下。韩国、朝鲜及东南亚之国也祭祀她。

嫘祖故里的主体景观嫘祖宫位于盐亭高灯镇街后灯杆山。据传嫘祖发明栽桑养蚕时，因在野外而常遭鼠害。便用松脂照明以避之。后在此山立杆数丈悬明灯于杆顶以驱鼠，并祈求平安。为把嫘祖恩德在山上建庙塑像，命名嫘祖宫。

嫘祖宫所在地高灯镇有丰富多彩的嫘祖传说、各具特色的嫘祖景观，还有大量的出土文物，如：石斧、古桑化石、古桑蚕、铜镜、金蚕、古丝绢、古梭子、陶鸡、陶虎、陶杯、陶房、开元通宝铜钱和祭文原件。

110 黄帝内经岐伯著

岐伯故里位于川北盐亭茶亭古镇西街口回龙山。

岐伯是中医始祖、中华第一部中医药巨著《黄帝内经》的作者，出生于古岐舌国，即今之盐亭境内。岐伯首创以中草药为人治病，助嫘祖养蚕，辅弼黄帝。受封在岐舌国。他精通医学、政治、军事、经济、哲学、易学，为人类健康做出了伟大贡献。

《黄帝内经》分《灵枢》《素问》两部分，是中国最早的医学典籍，传统医学四大经典著作之一（其余三者为《难经》《伤寒杂病论》《神农本草经》）。它是一本综合性的医书，在黄老道家理论上建立了中医学上的“阴阳五行学说”“脉象学说”“藏象学说”“经络学说”“病因学说”“病机学说”“病症”“诊法”“论治”及“养生学”“运气学”等学说，从整体观上论述医学，呈现了自然、生物、心理、社会“整体医学模式”。其基本素材来源于中国古人对生命现象的长期观察、大量的临床实践以及简单的解剖学知识。

《帝王世纪》记载：“（黄帝）又使岐伯尝味百草。典医疗疾，今经方、本草、之书咸出焉。”宋代医学校勘学家林亿等在《重广补注黄帝内经素问·表》中强调：“求民之瘼。恤民之隐者，上主之深仁，在昔黄帝之御极也。

……乃与岐伯上穷大纪，下极地理、远取诸物，近取诸身，更相问难，垂法以福万世，于是雷公之伦，授业传之，而《内经》作矣。”视今传《素问》基本上乃黄帝问，岐伯答，以阐述医学理论，显示了岐伯氏高深的医学修养。中国医学素称“岐黄”，或谓“岐黄之术”，岐伯当属首要地位。如《黄帝内经·上古天真论篇第一》说：

> 黄帝生来十分聪明，很小的时候就善于言谈，幼年时对周围事物领会得很快，长大之后，既敦厚又勤勉，及至成年之时，登上了天子之位。黄帝向岐伯问道：我听说上古时候的人，年龄都能超过百岁，动作不显衰老；现在的人，年龄刚至半百，而动作就都衰弱无力了，这是由于时代不同所造成的呢，还是因为今天的人们不会养生所造成的呢？
>
> 岐伯回答说：上古时代的人，那些懂得养生之道的，能够取法于天地阴阳自然变化之理而加以适应，调和养生的办法，使之达到正确的标准。饮食有所节制，作息有一定规律，既不妄事操劳，又避免过度的房事，所以能够形神俱旺，协调统一，活到天赋的自然年龄，超过百岁才离开人世；现在的人就不是这样了，把酒当水浆，滥饮无度，使反常的生活成为习惯，醉酒行房，因恣情纵欲，而使阴精竭绝，因满足嗜好而使真气耗散，不知谨慎地保持精气，不善于统驭精神，而专求心志的一时之快，违逆人生乐趣，起居作息，毫无规律，所以到半百之年就衰老了……

关于岐伯的籍贯说法不一，其主要的观点有三，一是岐山（今陕西省岐山）一带，二是甘肃省庆阳县，三是四川省三台县。

在三台县的崇山峻岭中，生长有上千种名贵的野生中草药。史称其他“药谷”。岐伯宫、岐伯殿、嫘祖殿、岐伯史绩馆，保存有丰富多彩的岐伯史迹。岐伯坝、岐伯树、岐伯桥、岐伯亭、岐伯墓、岐伯洞、岐伯坡、石药槽、木雕岐伯神像、出土岐伯树头等遗迹和许多民俗都记了天师岐伯的丰功伟绩。

111 层峦叠嶂贵民峰

南江县，曾叫“难江”，位于四川盆地北缘米仓山南麓。地势北高南低，最低海拔在凤仪乡桑树坝村，最高海拔在光雾山。境内地形复杂，溪沟纵横，山水相依，有“八山一水一分田”之称。光雾山位于南江县北部边缘，气势雄伟辽阔，地形复杂，峰林俊美，洞穴幽深，山泉密布，云蒸雾绕，林海浩荡，胜景众多。南江属于亚热带季风性湿润气候。

贵民峰为石灰岩分布区，岩溶地层形成的石芽漏斗很多，造成难以数计的大小溶洞。地面突起千姿百态的石峰、石笋群。其神女峰、石人峰较之“巫山神女”并不逊色。若遇朝雾萦回，夕阳喷彩，顿觉飘飘欲仙。有“贵民风光，胜似桂林”之说。

112 南江断渠三春寨

南江断渠，根据出土的生物化石考证，系一亿五千万年前中生代侏罗纪晚期四川造山运动时形成的旷世奇观。断渠三面环水，背靠龙山。长达十余里的前、中、后三条渠谷，全部掩映在茫茫林海之中。其间，渠谷纵横交错，渠洞相连，怪石倚迭，藤萝薮址。这里有原始人穴居野外的洞穴和磨石制工具的作坊遗址。

20 世纪 70 年代末 80 年代初，断渠陆续发现了原始人生物化石和以及砺石场，还有一大批石锄、石斧等新石器时代的石器和陶片。有人认为，大巴山是长江、黄河两大流域的结合部，断渠化石对中国人类的发展，有重要的科研价值。出土的众多石器和陶器证明了早在新石器时代，原始人群就聚居于此，为适应地理气候的变化由第一台阶断渠，退居到后山第二台阶阳八台高地。在保存较完好的中渠内，可以看到人们曾经聚居生活过的痕迹。岩石间、洞穴里、低洼处、石壁下……凡是可以遮风避雨，搭棚栖身的地方，到处可以看见有人生活居住留下的寨墙和石刻字迹。诸如“廖广顺寓此”“长岭四大房占”“地主刘大寿”“福兴硐”等。

断渠人为防御外敌侵扰，修建寨堡防御兵灾匪患。如“三春寨”，传说北宋初，郑子明被赵匡胤杀害后，其妻陶三春为避难而投靠义弟集州刺史高怀德，陶三春在此练兵自卫，并在断渠筑墙垒寨、操兵马，辅助高怀德治理集州。这些山寨选址巧妙，寨门设计得当，充分利用了渠内的险要地形和地下洞穴。寨上宽阔险要，寨下暗洞毗连，白天在寨外活动生活，夜晚或有特殊情况时则入寨下洞隐藏。有些寨子四周皆是悬崖峭壁，只有一条险道能入寨中。中渠渠首有两道前寨门，形成了寨中有寨、层层设防、步步为营、易守难攻之势。中渠的腹心地带，即“三春寨”旁，有一块宽数百平方米的大草坪，它东连“三春寨”寨门，其余三方用石条垒成寨墙，并建造三座石门，通向其他山寨。据考当时此地是断渠人聚众议事和操练兵马的政治、军事与文化活动中心。渠内有大石蓬盖如拱厅。清嘉庆年间，白莲教攻进南江城烧毁了县衙，当时曾利用这一天然石洞作为审理案件的地方，故该处有大衙门之称。

113 巴子国中傀儡戏

巴中市巴州区位于四川省东北部，米仓山南麓。

巴州区地形复杂，大概可分为中山区、低山区和丘陵区。中山区在米仓山南坡，包括南江大部，通江北部。米仓山由西向东南绵亘于北部边缘，山脊起伏蜿蜒，光雾山为本区最高峰。低山区在巴州北部，包括巴州区和平昌全部，通江大部，南江南部，这些地方经流水切割后形成台状或桌状方山和低山。丘陵区分布于巴州、平昌的河岸地带，深丘居多，间杂有成片的冲积平坝。

巴州区水资源较丰富。松林河、正直河等深切山谷，河谷幽深，滩多流急，极富水利开发价值。巴州区河流主要属嘉陵江水系的渠江水系，呈树枝状分布。南江发源于铁船山，纵贯南江县中部接纳神潭河，南至巴州区接纳恩阳河后改称巴河，折向东南再接驷马河流入平昌县。通江由大通江与小通江汇合后得名，上源有于家河、肖口河等，接上源为喜神河的澌滩河，至平昌注入巴河。

据历史记载，此地古隶禹贡梁州之域。巴系古族名，相传夏商时期曾活动于丹淅流域与汉水交汇一带，周初随武王克殷后封为子国，称“巴子国”。秦和西汉时为巴郡地，东汉时始置汉昌县，北朝北魏置巴州。

据《巴中县文化志》记载：“川北地区早在宋代就有皮影戏。”20 世纪四五十年代，巴中县（今巴州区）共有 68 个皮影剧团，有 13 个皮影雕刻作坊。巴中皮影，具有较高的文化价值。《斩巴蛇》《牡丹灯》和《四下河南》等巴中皮影皮雕工艺是研究巴山地区民间工艺美术的重要史料。

114 阴灵显圣治百病

阴灵山原名灵应山，相传明嘉靖年间，四川总督甘肃人李肃，为治母眼疾，苦苦祈祷，观音显圣医好了老夫人的眼疾，李总督为铭感观音化身救母之恩，亲赴巴州灵应山，新修庙宇13座，重塑菩萨金身，并遵观音菩萨梦中之言将灵应山改名为阴灵山。

阴灵山主峰险峰，顶为一平台，建有观音正殿，可容数百人。此殿除一条小径可达外，其余三面若刀劈斧削，悬岩百丈，令人望而生畏。主峰四周，罗列着许多怪石，形状各异，因形得名，莲花观后路旁有一巨石，形若人头，头戴军帽，面向巴河，凝神专注，故名“人头石”。送子宫后崩裂的巨石上悬挂一石长五米，好像从山外飞来，故名“飞来石”。主峰后巨石下有一个石通道，能容一人低头蹲膝而过，故名“低头石”。还有“晒经石”“老君石”这些石头留下了奇妙的传说。

阴灵山林木茂密，古树尤多，有树龄600年、人称“树王”的黄角树，有阴灵山独有、树龄逾千年的“九地斧”，还有逍遥树、弥勒樟、牛王柏、洞宾杉、处女松等。有的生长在石缝里，有的生长在悬岩上，有的高大挺拔，有的虬曲蜿蜒。

阴灵山，终年流水潺潺。传说昔日山上缺水，万人聚集山峰朝圣，无数人昏倒在路旁山腰，观音菩萨见此情景，大发慈悲，随手将净瓶洒下几滴，顿时泉水涌出。从此阴灵山泉水潺潺，其中一处泉水流量大，水质清澈，甘甜芳香。当地人说，此水可治百病，人称“神水”，此泉名为“观音泉”。

北魏正光元年（520），峰顶建有小庙，几经兴废，明嘉靖年间，始修观音殿，从山脚到山顶，共建寺庙十二座，造神像千余尊，有牛王庙、马王庙、川主庙、关帝庙、老君庙、送子宫、玉皇庙、大佛宫、武圣殿。这些庙群，有的建在山顶，有的依山就势，有的平地建基，风貌古朴典雅。迄今古庙遗址、石像、碑刻尚存。

115 通江达海诺水河

通江县位于米仓山东段南麓大巴山缺口处。属亚热带季风气候。春暖秋爽，夏热冬冷，降水集中，雨热同季，四季分明。属中、低山区，包括中切割低山、中切割中山和深切割中山。呈“三山夹两谷”地形。地貌基本特征是低、中山界限明显，均受三个二级构造单元的构造线控制。

诺水河发源于陕西省南郑县，两岸群峰耸峙，壁陡如削，沟壑纵横，林海茫茫，山、水、洞、林各呈姿态，尤以宏大的地下溶洞令人叹为观止。数以百计的地下溶洞，或临清溪，或处绝壁，宏大深邃。诺水河在通江县段，主要景点集中在诺水河畔、临江峡谷、空山天盆、麻坝石林等四大片区。它紧邻陕西汉中，东有“秦川锁钥”护持，西与“剑门蜀道”相连，境内关隘、峡谷、飞瀑、暗河比比皆是，大致可分“诺水洞天”“临江丽峡”“空山天盆”“麻坝石林”四大独立景区，呈弧形分布。

通江诺水河流域分布着众多历史古迹，如擂鼓寨新石器文化遗址、栾巴寺巴人文化遗址、千佛岩、白乳溪唐代摩岩造像、军事要塞得汉城、川陕楚白莲教大起义蓝号义军大本营麻坝寨和汉代乌龙玉墓碑群。

116 龙泉井边何首乌

平昌县位于四川东北部、米仓山南麓，县境内地质构造介于大巴山弧形构造、川东新华夏系构造和仪陇、巴中、平昌莲花状构造复合交接部位。山脉呈西北至东南走向，略呈向西南方向凸出的弧形，山顶有平坦顶面，地表形态为高丘地貌长条形。

县境内水资源丰富，通河、巴河天然落差较大。平昌县白衣古镇被称作风水宝地，有不同凡响的地形地貌，环境清幽，其龙脉来自秦岭大白山。

传说白衣古镇人稠地密，早年镇上饮水困难，加上“香酒坊”耗水量颇大，到河边取水十分劳苦。一天晚上疲惫不堪的张太夫人梦见一位白发飘飘的老人，老人将龙头拐杖在镇后的洼地上轻轻一点，说：“这里有水。”张太夫人正想问个究竟，恍惚间，老人竟化作一条金龙消失在万道霞光之中。张太夫人十分诧异，于是择日开井，离地三丈时，果然有两股清泉从龙嘴石上汩汩涌出。大家喜出望外，加紧施工，不过半月，镶就一口水井，取名龙泉井。其水清冽甘甜，冬暖夏凉，饮之沁人心脾，令口角生津，回味悠长。汲此泉酿酒，自带清香，风味独特，不同寻常，饮者莫不交口称赞。从此，古镇的人饮龙泉水，喝龙泉酒，寿星辈出，被誉为“高寿乡”“才子镇”。

镇上还有一些奇妙的传说。有位钦差为了解民风来到平昌县白衣镇，见两个老叟在沙滩上捉蜻蜓，不知为什么争吵起来，一老叟嘟哝着：“你欺负我，我要告诉爷爷，叫你挨打。”钦差觉得奇怪。暗想，这两个都这把年纪了，爷爷该是多大岁数了，想上前问个究竟。钦差随两老叟来到府上，见堂上一老者须眉皆白，鹤发童颜，天庭如壶，极似南极仙翁，热情留住庄上。钦差想解开高寿之谜，明察暗访，处处留心。

次日清晨，钦差来到龙泉井畔漫步，偶见两胖乎乎的儿童在井畔嬉戏，怡然自乐，忽见有人“扑通”一声掉到井里，钦差吃了一惊，欲上前搭救，却无声无息。正诧异间，忽然发现井壁石缝间挤出两个硕大的何首乌来，其藤蔓缠络在井畔老黄桷树上，参差披拂，蒙络摇缀。青藤碧叶间，缀满了小黄花，其上蜂蝶嗡嗡翻飞，偶尔晨风一缕，花蕊纷纷掉入井中，泛出阵阵幽香。顿时醒悟，方知这里人食用何首乌，方得如此长寿。于是告谕地方，在此建香酒坊。一时商旅如云，闻香下马，舍舟登岸，求一沽为快事。

117 万宝之源巴山雨

万源市是四川省下辖县级市，由达州市代管，位于大巴山腹心地带，是中国南北气候的分界线和嘉陵江、汉江的分水岭。地处川、陕、渝三省（市）结合部，7 个县市的交汇处，襄渝铁路、国道 210 线（包南路），达陕高速（包茂高速）及川东电网纵贯全市，是进出四川的主要通道和重要门户，是连接川陕渝经济、文化、交通的重镇，素有“秦川锁钥”之称。因地处万顷池和诸水源头，故名万源。这里既为历代兵家必争之地，又是各路商贾云集之域，是川东北边境重要的商品集散地。

万源市属典型的山区农业市，境内山峦重叠，沟壑纵横，海拔高差大，地形由东北向西南倾斜，地貌类型主要为山地。大巴山主脉自西北向东南绵亘于境内北部，最高峰花萼山。花萼山又叫花岳山，是大巴山脉最高峰之一，“万源有个花岳山，离天只有三尺半”，便是其真实写照。花萼山的“花萼烟雨、变幻无穷”，“巴山夜雨，全川之冠”。花萼山萼贝见痰即化，素有“川贝甲天下，萼贝甲全川”之美誉。

118 通川蛟龙火中游

达州市通川区位于川东北平行岭谷北部、大巴山南麓与盆周山区交替带，地貌属侵蚀剥蚀低山、丘陵，兼有河谷、平坝。西部铁山为长条带状，东部雷音铺山呈长垣状；凤凰山南系台坪状，均为低山。

通川区境内河流属嘉陵江流域。最大河流为州河，由东北向西南流经罗江镇、北外镇、东城、西城、朝阳街道办事处，至西外镇龙家庙村出镜。主要支流有明月江、双龙河，另有38条溪流分布于沿河流域。

《文选·司马相如〈上林赋〉》："醴泉涌于清室，通川过于中庭。"李善注："通流为川而过中庭。"谢灵运《西陵遇风献康乐》诗："曲汜薄停旅，通川绝行舟。"苏辙《和李公择赴历下道中杂咏·泛清河》："何时好霖雨？是处有通川。"

通川龙灯始于明，盛于清。其发展经过了火龙、正龙、肉龙三个阶段。早期的火龙用绳索、竹篓连接头尾，舞龙时龙身施放烟火，场面活跃。但火龙有躯无肉，龙形象欠佳。中期的正龙头大颈长，以篓作节，节内点灯以代烟火，舞玩时龙首高昂，灯火蜿蜒，景象十分壮观。但龙体态不全，身躯仍少真实感。最后形成的肉龙，以彩绘纸粘糊龙身，龙体完整，看起来有骨有肉。舞玩时头尾摆动灵活，躯体伸缩自如，内部盏盏灯火映照出金甲赤脊的龙身，熠熠生辉。通川火龙独具魅力，打铁水，喷火花，人在火中舞，龙在火中飞。通川龙灯舞蹈充满着愉悦向上的激情，反映着火热的民间生活和淳朴的民俗风貌。其套路多，或腾越、或翻滚、或造型，交替变换。慢舞时雍容大度，优美抒情；快舞时激越奔放，动人心魄。由于肉龙体态长大，舞玩时形如蠕动，故又称"蠕龙"。

新中国成立以来，通川龙又在传统肉龙基础上进行了创新设计，集狮头、鹿角、虾腿、鳄鱼嘴、乌龟颈、蛇身、鱼鳞、蜃腹、鱼脊、虎掌、鹰爪、金鱼尾于龙一身，且将传统闭口龙改制为张口龙，龙口内加做龙舌与口宝。新创的通川龙英姿勃发，神威贲张。通川龙的特征可归纳为“大、长、活”三个字。“大”不仅指体形，且指造型夸张，美工上集国画、素描、剪纸、刺绣等技巧为一体，并参考戏剧脸谱的描绘手法，彩笔走脊、描箸，着重突出龙的气质，使其神采丰腴、气势磅礴。龙身长一般在 12－24 节之间，比例适中，舞动灵活。“活”是说舞龙操作中引入机械原理，研制出手摇、发条、电动等各种方式，使龙腾跃翻卷更加灵动潇洒，灵活多变。

119 仙女洞里好风光

仙女洞巴渠文化自然村又名达州市仙女洞度假村，位于通川区。

仙女洞有着美丽动人的传说。相传洞内有一石台，仙女立于高台之上，栩栩如生，紫气霞光，一派仙境气象。月夜中，仙女在洞前河中沐浴，浴后河水清澈见底，润五谷，壮禾木，可治人间百病，因而受世人朝拜，香火不绝。传说中鲁班曾带领五个徒弟使法术驱赶石头，欲建罗江口的罐子滩大桥，行至洞前，见仙女正在水中嬉游。鲁班为仙女的艳容惊呆，停步不前。仙女发现后，羞涩至极，忙隐身洞中，化作一尊石像。这时，鸡鸣报晓，鲁班法力消失，乃弃石而去，形成 1000 多米的峡谷，固为两岸峭壁紧锁，酷似人耳，故名“长耳峡”。山洞因有仙女居之，故名“仙女洞”。

古朴、野趣的巴渠文化，和仙女洞集山、水、林、峡、洞于一体的自然旖旎风光，使人流连忘返。这块灵山宝地内空气清新，道路逶迤无尘，峡藏幽静，奇树参天，怪石嶙峋，春可观桃，秋可赏桂，冬有梅花，夏听蛙鸣。

其得天独厚的自然景观，四季如春的气候，吸引着大批游人。

120 巴人聚居罗家坝

宣汉县位于四川盆地东北大巴山南麓，川、渝、鄂、陕结合部，东北与城口接壤。宣汉县属嘉陵江水系。前、中、后河纵横县境，中河于普光镇汇入后河，前、后河与城东汇为州河。

罗家坝巴人文化遗址包括罗家坝内坝、外坝和张家坝，属丘陵山区，三面环水，一面靠山，林木茂盛。受周围河道天然屏障影响，保存完好。1999—2003 年先后两次较大规模发掘，勘探明确了 2 万多平方米的遗址区和墓葬区。首次在川东春秋战国时期的巴人墓地发现了巴人贵族墓葬，包括兵器，与祭祀有关的等骨骸。

普光老街最具罗家坝巴人文化。罗家坝、张家坝同在普光镇进化村台坝上，从内坝木鱼山步行大约两千米田间小道，过古渡木舟，上岸就到普光老街。洁净、古朴的石板路，青石板街、牌坊和深院不时映入眼帘。街中心，一座历经世事沧桑、风雨剥蚀的巍巍石牌坊见证了这条古街曾经的辉煌。

宣汉县罗家坝巴人文化遗址具有显著的巴文化特征和土著文化特征。现在川东北的一些传统文化艺术，仍包含有鲜明的历史传承性。例如从远古先民图腾崇拜演变而来的一系列始祖神圣、巴人演变、生命繁衍意蕴的符象以及许多历史典故，还有从原始宗教、巫术演化而来的民间音乐、舞蹈。溯本求源，从中可以找到川东北美术、音乐、舞蹈甚至戏曲、诗歌发展的源头。在这里，除了有汉文化之外，还有巴、賨、僚等多种少数民族文化。

121 背井离乡婆妇泪

达州市开江县，地处四川省东部大巴山南麓。西接达川区，北依宣汉县，东、南与重庆市开州区、梁平县相连。全境属大巴山脉向南延伸的丘陵与盆地小平原。县内河流共有 105 条，主要河流 4 条，即新宁河、白岩河、任市河和拔妙河，属嘉陵江主要支流渠江流域。

胡氏节孝坊位于四川省开江县县城南面，建于清道光甲辰年（1844）。为砖石坊木结构，四柱三门三重檐牌楼式建筑，东西朝向，该节孝俗称“雷家院牌楼”。据传说，清雍正年间，河南灵宝县雷家媳妇胡氏有孝行，逃荒途中，遇祥瑞生一子。其子大有出息，后建节孝坊纪念胡氏。

122 坤维正气节孝妇

却说这胡氏寓居郭氏客栈，缝缝补补，洗洗涮涮，烧茶递水，擦桌除尘，任劳任怨。虽儿子远走天涯，然得郭员外一家百般照顾，并不觉得孤寂。不久，县上邮差送来儿子雷振宗和员外儿子郭通信函，告以“为父报仇、象山投军”，一切安好事宜，两家自是格外高兴。然天有不测风云。这年冬天，地冻天寒，新宁县甘棠地界竟纷纷扬扬下起鹅毛大雪来。雷老夫人稍未小心，便外感风寒，一病不起。胡氏遍请名医，汤药调治，但收效甚微。时间一长，老夫人竟半身麻木，动弹不得。胡氏悲苦焦愁，细心照料，天天为其进汤喂药、擦身洗脸。老夫人见儿媳这般孝顺，那眼里常噙着万般感激的泪水。开年后不久，任胡氏百般服侍调治，老夫人还是撒手人寰。刚给老夫人下葬毕，有那过往客商，传言振宗、郭通巡海翻船，踪迹全无，多半葬身鱼腹矣！这一晴天霹雳，差点没把胡氏脑袋炸裂。

一年、两年、三年、五年……胡氏日日想，夜夜盼，总也不见儿子来信，不得儿子音讯。岁月沧桑，风雨熬煎，不知不觉这胡氏已年逾古稀。渐渐地思维迟钝了，手脚僵硬了，但她还是那么地坚忍、自信，相信儿子一定健在。因此她并不悲悲切切，讨人垂怜，而是照常勤勉地在客栈中干自己几十年来所钟情的活计。两年后的一天，胡氏早起，正欲起火烧水，顿感气血不济，头晕胸闷，眼前一黑，昏厥于地。残喘两日后，阖然去世，年七十有四。大善人郭员外悲痛之余，请来金山寺和尚诵念七日大经，超度亡灵，然后吹手锣鼓，敲敲打打，白幡招魂，纸钱买路，一副檀香棺木把胡氏安葬在五通山上。

123 神龟力助岛国王

原来，雷振宗与郭通服役后，沿途征战到了一个边远的海岛——沙佗西罗国；因雷振宗屡立战功，被拥为沙佗西罗国国王。这振宗虽在岛国为王，但远离故土，思念母亲、祖母。一天，邀郭通海边闲游解闷，蓦见老海龟在戏海弄浪，大呼道："神龟前辈，帮我兄弟渡海，回家看望娘亲去也！"海龟嘻嘻一笑，思忖片时，道："可！我且渡你哥俩！"须臾靠岸，哥俩跳上龟背向东而去。神龟凭风驭浪，浩渺烟波一瞬即逝。约莫两个时辰，临近象山海域，哇呀！只见前方炮声轰鸣，硝烟弥天，隐隐听得喊杀之声。神龟道：“前有倭寇犯边，我且助你二人击杀之！”二人喏喏连声。渐近贼船，神龟口喷水箭万支，倭贼应声倒毙。振宗脚著神鞋，波上行走如飞，三支金箭如点豆般射向倭贼，所向披靡，贼胆尽丧。这倭寇何曾见过这等神技，正慌乱之际，郭通一声怒喝，跳上敌船，奋力砍杀，毙敌无数。清军见前有神人助阵，军威大震，战鼓齐鸣，杀声震天，万船拥杀过来。倭寇船翻旗折，溃不成军，丢下数千贼尸，狼狈向东逃窜而去。

哥俩快马挥鞭，旬余，抵临川东新宁县甘棠铺。下马徐行，见街衢依旧，却较往日更觉繁盛。不一时，便到郭氏客栈，牵马入院。老员外正在大堂理事，见有客来，忙出门迎接，蓦见这哥俩，差点惊出汗来。因此前早有人传，振宗、郭通巡海遭遇暴风狂浪，生死未卜，数年无有音讯，只道再无生还之望矣。今哥俩陡然出现，怎个不惊诧也！三人相拥，半晌，入大堂坐定看茶，振宗欲入内探母，员外悲戚：“哀哉！你哥俩走后，祖母年高，你母万般侍奉，然油尽灯枯，不久便去了！此后，你母闻得你哥俩凶讯，忧思成疾。十年来孀居孤凄，青灯冷屋，夜思儿切，茶饭不思，也不幸于昨年亡故，安葬于五通山上矣。”振宗大悲，披麻戴孝，奔五通山墓前痛哭数日，呕心沥血方息。

转瞬在家盘桓月余，母已不在，便再三谢过恩公郭员外，将欲辞行，这郭通死活不舍，振宗得员外应允，携郭通行走天涯去也。

且说这新宁县衙闻得振宗、郭通杀倭立功，受赏而归，甚是欢喜。联想振宗其母怀胎两年、云霞送子、竹爆喜庆及振宗华山梦仙、沙佗西罗国为王、神龟助其杀倭诸般异事，皆与本邑郭氏客栈行善施仁、慷慨救助息息相关。为倡励仁善忠勇、扶危济困精神，遂报朝廷，请予旌表。乾隆十八年，准奏改甘棠铺为“天子店”，并翻新扩建郭氏客栈。不久，为避大清皇帝天子讳，再以谐音改为“添子店”。清道光十七年，新宁县衙为彰显勤劳善良、敬老爱幼、守节行孝之懿德良风，再次请对胡氏予以旌表。敕新宁县衙聚资立“胡氏节孝坊”，并赐“坤维正气”“柏节松龄”旌词，表镌于正背两面，以进一步教化乡风民俗。光绪三十二年，行政区划调整，又改“添子店”为甘棠乡，但民间至今仍沿呼甘棠为天子店，以缅怀“郭氏客栈”及振宗母子。

124 双飞温泉千年苦

飞云温泉，位于大巴山南麓达州市开江县城附近的飞云山，有公路从这里蜿蜒而过。

相传很久以前，在四面青山十里平川的宝塔坝，居住着一户人家，男耕女织，过着丰衣足食的日子。他们有一对活泼可爱的女儿。姐姐叫飞鹤，妹妹叫飞云。飞鹤、飞云从小聪明过人，勤快温顺。就在俩姐妹少女初长成时，不幸夫妻二人相继去世，留下孤苦伶仃的姐妹俩。姐妹俩含泪埋葬了双亲，靠着自己勤劳的双手，顽强地生活着，很快就长成含苞欲放的两朵花。

一位公子看上了妹妹飞云。姐姐飞鹤却以长幼有序为由，嫁给了这个公子。姐姐飞鹤担心丈夫移情妹妹，到手的幸福得而复失，就借口妹妹一个人生活不方便，把妹妹也带到自己家里一起生活，帮助姐姐分担一些家务。从此，妹妹飞云成了姐姐的侍女佣人。家里的全部脏活重活都由飞云一个人做，而且稍有差错，就看姐姐飞鹤的脸色。没过多久，妹妹飞云的身体就被拖累垮掉了。妹妹想离开姐姐，可是无处可去，只有跑到山上去哭。她的眼睛哭红了，眼泪湿了一地。突然，她发现眼泪打湿的地方，放射出万道金光。飞云惊愕地睁大眼睛，一堆金元宝就在自己的眼前！等到她把元宝放进衣兜里之后，放元宝的地方又冒出一股清冷的泉水。她乐不可支地捧水往脸上泼，泉水暖暖的，流进嘴里甜甜的，脸上的伤不痛了，泉水映照下，脸上的伤疤也不见了。她迫不及待地脱了衣服，让温泉水把周身的伤口都清洗一遍，遍体的鳞伤都不见了，而且重现婀娜多姿的胴体！天啦，神水！飞云得到神灵的救助了！她马上决定，就用这些金元宝，在这儿打一眼泉井，供人们来这儿养生疗伤，旁边建一座庙来供奉泉神。

妹妹飞云的行为感动了姐姐飞鹤，她后悔当年自己的所作所为，十分对不起妹妹飞云。在泉神庙竣工那天，四乡八里的人都来进香求神水。姐姐飞鹤怀着内疚的心情，也赶来向妹妹飞云贺喜。当姐姐飞鹤与妹妹飞云来到泉井旁边时，妹妹飞云不慎失脚落水，姐姐飞鹤情急之下，立即拉住妹妹飞云，但终因妹妹飞云倾倒幅度太大，将姐姐飞鹤一起带进了泉水之中……就在姐姐飞鹤与妹妹飞云掉进井里那一瞬，突然天昏地暗，雷电交加，一阵疾风暴雨之后，泉井被填平了，姐姐飞鹤和妹妹飞云与山融为了一体。后来，人们为了记住妹妹飞云的善良和义举，把这座山叫做飞云山。

因为姐姐飞鹤与妹妹飞云热气腾腾的精血的滋润，山越长越高，泉神庙一直耸立在山的顶峰。20 世纪 70 年代从飞云山的山崖中喷涌出热泉成了两眼井，被叫作“双飞温泉”，当然，也有人叫“飞云温泉”。

125 三山两槽赍人国

达州市大竹县，因“竹多竹大、竹茂竹悠”而得名。属四川省盆地东部平行岭谷区，地跨“三山两槽”，呈“川”字形，三条山脉平行并列为东北—西南走向，西为华蓥山脉（西山），中为铜锣山脉（中山），东为明月峡山脉（东山）。西山万里坪为县境内最高峰。三山之间为宽阔的浅丘地带，称为东西两槽，俗称西槽为山前，以低丘和中丘居多。

大竹县的河流属嘉陵江水系。主要有东柳河、铜钵河、黄滩河等。东柳河发源于铜锣山之黄泥扁，主要支流河有竹溪河、柳城溪。东柳河北流出境入州河。铜钵河进入达县境汇入州河。黄滩河发源于铜锣山老凉风垭附近八角庙，主要支流为清水河，离县经半公里汇入御临河。

远古时期，大竹属赍人国领地。赍人为大竹和渠县一带最早的居民，又称賨人，虽然没有列入当今的56个民族之中，但他们在中国历史上曾经有过辉煌的年代。早在春秋战国之前，賨人便建立了自己的国家，国都设在今达州市渠县的土溪城坝。这里有一个賨人谷，地处华蓥山脉中北段，以奇山、秀水、幽洞、湖泊、涌泉、丽峡、飞瀑、怪石、古栈、茂林著称。

賨人谷汇洞景、石景、崖景、瀑景、气景、生景和人文景观为一体。洞景呈现于地表的多为落水洞形式，一门一洞，洞洞有别，洞间又有小洞相通。溶洞群中，老龙洞的规模较大。老龙洞洞中有暗河及地下湖，可以划船荡舟。河水奔腾激荡，拍击洞壁，声若惊雷。洞顶悬吊形状各异的钟乳石，欲坠未坠；顶壁滴水如细雨霏霏，水雾迷蒙。洞中有“通天洞”，逐级盘旋而上可达山顶。

賨人谷奇石、怪石遍布，姿态万千。其中最令人叹为观止的是位于观音崖下平台上的青蛙石。青蛙石宛如一只巨大的青蛙，欲跳未跳，形态逼真。从右侧看，又似一只天狗，端坐在崖前，向西注视着山下。这一大自然的杰作，巧夺天工。

126 嘉陵第一江山阆中

许慎《说文解字》：“阆，门高也。”意思说“阆”是高门的意思。北宋乐史《太平寰宇记》解释“阆中”说：“其山四合于郡，故曰阆中。”意思说阆中周围山形似高门，城在其中，所以称阆中。这是说，阆中因山得名。

《旧唐书·地理志》解释阆中得名时说：“阆水迂曲，经郡三面，故曰阆中。”嘉陵江流经阆中一段，古称“阆水”。嘉陵江绕城三面，城在其中，所以称“阆中”。“三面江光抱城廓，四围山势锁烟霞。”这就是说，阆中因水得名。其实，阆中境内有“一江四河”。一江指嘉陵江，它纵贯全市境内南北；四河指东河、构溪河、西河、白溪河，分别从东西两侧注入嘉陵江。

阆中是根据县城的天然地形命名的。阆中别名阆苑。《辞海》解释“阆苑”一词说：阆苑，唐代苑名，故址在今四川阆中县西。据《舆地纪胜·利东路阆州》记载：“唐初鲁王灵夔、滕王元婴，以衙宇卑陋，乃修饰宏大之，拟于宫苑，由是谓之隆苑；后避明皇讳，改为阆苑”。阆苑，本是传说中的神仙（西王母）居住处。因滕王建此宫苑，千百年来，阆苑便成为阆中古城的别名。

两种说法看似不一，实际并不矛盾。阆中四面山形如高门，因名阆山；嘉陵江流经阆山下，因名阆水；城在阆山阆水之中，故名阆中。

古城阆中的建筑风格体现了我国古代的居住风水观。棋盘式的古城格局，形成“半珠式”、“品”字型、“多”字型等融南北风格于一体的建筑群体，是中国古代建城选址的典型范例。阆中古城建址是完全按照唐代天文风水理论，故而古城被誉为风水古城。

阆中境内有两大山，分属巴山山脉和剑门山脉，两大山脉分支余脉，分别呈西北至中南和东北至西南走向，形成东西北部高、中部低的堰尾槽状地势和多层次梯级地形。最高点为龙泉镇的马鞍山，最低点为最南端的朱镇乡猫儿井嘉陵江段。境内平坝、低丘陵、高丘陵、低山、台地、山原兼而有之，属低山地貌为主和少数丘陵带坝地形。

境内主要河流有嘉陵江，以及白溪、东河、构溪、西河等4条嘉陵江支流贯穿境内，分别于江南镇、文成镇、河溪镇、南部县定水镇流入嘉陵江。

图08　阆中嘉陵第一江山示意图

唐代大画家吴道子三百里嘉陵江山图，称阆中为“嘉陵第一江山”。城中保存着唐宋格局、明清风貌的古街古巷。市内有220多处人文景观，如风景秀美的锦屏山和历史悠久的滕王阁等。

127 临时省会状元乡

阆中，是四川历史上出状元最多的地方，在唐代出了尹枢、尹极二状元，宋代出了陈尧叟、陈尧咨二状元。建于清代的贡院，仍完好地坐落于阆中古城的学道街。清顺治九年（1652），四川临时省会设于阆中达17年之久，在此举行四川省乡试四科。

阆中城区文物名胜众多，杜甫、元稹、李淳风、袁天罡、吕洞宾、司马光、苏轼、陆游、张善孖、丰子恺等先后来阆，留下不少著名诗篇和珍贵墨宝。

阆中文化的主体是以汉桓侯祠（张飞庙）为代表的三国文化，以云台观、大佛寺、永安寺、巴巴寺、福音堂、天主教堂为代表的宗教文化，以贡院为代表的科举文化，以巴渝舞、皮影、川北灯戏、亮花鞋、剪纸等艺术为代表的民俗文化，是多元文化和谐发展的典范。

阆中在古代是巴人活动的中心地区之一，也是巴国紧邻苴国的一个地方。巴国最后一个国都就定于阆中。巴人善战，早已闻名，远在殷商时，商王就曾多次与巴人交战，牧野之战中，周武王姬发就用巴人组成3000人的前锋。《华阳国志·巴志》说：“阆中有渝水（嘉陵江古称），民多居水左右，天性劲勇。初为汉前锋，数陷阵，锐气喜舞。（汉高）帝善之曰：‘此武王伐纣之歌也。’乃令乐人学之，今所谓‘巴渝舞’也。”《晋书·乐志》也说：“高祖乐其（指巴人）猛锐，数观其舞，使乐人习之。”曹操令王粲改创其辞，名昭舞，晋、宋又改为文舞、武舞。杜佑说，巴人从周以来的武舞，即干戚舞、巴渝舞、牟弩舞，后演变成文武舞。

三国时蜀汉大将张飞，任巴西太守，驻阆中达7年之久（214—221），在这里他率精卒万人，打败了曹操的上将张郃带领的三万人的进攻，取得了“保境安民”的胜利。张飞伐吴前夕，他被部下范强、张达所杀，身葬阆中，后人为其建有“桓侯祠”。

128 五龙吐珠降旱魔

阆中五龙庙在五龙山主峰下，庙左右两侧又各出两脉，为河溪所阻，势如五龙抢宝，故名五龙山、五龙庙。

据说，很久以前，阆中出了一个旱魔，他给人间带来干旱，所到之处，总是烈日炎炎，赤地千里。玉皇大帝知道此事后，就命东海龙王敖广前去降魔。东海龙王敖广速令四个龙子前去收服旱魔。四个龙子布云下雨，想以此熄灭烈焰，旱魔见状，飞到上空，施展法术，顿时云收雨停，连一丝风也不起，火一样的光焰更加猛烈。百姓叫苦连天。

四个龙子降魔失败，只得撤回。东海龙王敖广与四个龙子商议，用“五龙珠”共同对付旱魔的火珠。他们再次前往阆中。与旱魔混战。敖广因体力不支，被旱魔的大火烧身，四个龙子焦急万分，敖广大呼：“用水龙珠降魔。”父子五龙一同吐出腹内龙珠，旱魔情急之下吐出火珠抵抗，水火珠相撞，顿时灰飞烟灭。火终于被浇灭了，旱魔葬身于浩淼的波涛之中。敖广父子五龙终因水龙珠被毁，元气尽散，变成了五座大山。当地人为纪念龙王父子，特修庙建寺，以示怀念。

后来，庙建成了，晋代画家顾恺之路过这里，细观山形，原来这里是一个五龙抢宝的地形。顿时兴致大增，拿出画笔，在五龙庙正殿的 5 根柱子上各画一条龙。几个月后，他画好了龙，给龙点好眼睛时，忽然天降滂沱大雨，有淹庙之势。突然惊雷炸响，5 条龙从柱子上腾飞而起，直扑洪水之中。

顾恺之慌了，拿起画笔将最后一条龙的尾巴按住，这龙挣断尾巴也跃入洪水中，顺水而下。顾恺之长叹一声，收拾行头，待雨过天晴，顺水而下寻找龙的踪迹。

原来，有两条龙从白溪壕口“龙王滩”过江，分别钻入大盘龙山和小盘龙山；有两条龙顺江而下，到金龟坝下游各钻一山，后人在山中间的垭口建房兴场，取名双龙场；最后一条秃尾巴龙在双龙的对岸钻进石缝里，将嘉陵江水堵住，人称“石龙”。这里建起的场镇便是石龙场。

129 贵妃丽质永安宁

据《阆中县志》记载，永安寺始建于唐，宋治平、元至顺、明嘉靖年间，屡次重修。明神宗、万历年间，又装饰佛像，有《重装佛像碑记》云：“自唐敕建永安寺以来，宋英宗治平四年奉敕褒修。至元明宗至顺三年，而规模始大。越明朝，于洪武初增其旧制，大换金容。又嘉靖己丑岁，僧宝峰者，继起而补葺之。”

永安寺位于阆中市东的黄泥岗上。黄泥岗群山环抱，处大巴山余脉大仪山系中诸葛山尾部，形如黄龙之头，永安寺恰好建在其龙头上，有龙滩河绕寺而流。寺后岩石隆起若龙额，一石若舌，长丈许，直伸龙滩河。河对岸是一座高山，名叫冠子山。寺周围群山环抱，绿树掩映，异常幽静。

永安寺是一座狭长的三进四合院庙宇，由山门、观音殿、东西厢房和大殿组成。经文物部门专家鉴定，永安寺所有建筑、藻饰、石雕、木雕、泥塑、绘画等均属上乘，可与陕西的永乐宫媲美。

唐玄宗天宝年间，安禄山起兵造反，潼关失守，叛军直逼长安，唐玄宗李隆基连夜逃往四川避难。途经马嵬驿，禁军哗变，38 岁的杨贵妃被缢死香消玉殒。

杨贵妃死后，唐玄宗李隆基一下衰老了许多。在一个风雨交加之夜，唐玄宗李隆基梦见杨贵妃向他哭诉，说“皇上好狠心，臣妾忍辱负重白白伺候你这么多年”。皇上问她有啥要求。杨贵妃哭诉说，她到阴间本想与父母相会，哪知父母坟墓被掘毁，阴魂逃往阆州印盒山一带（今水观镇永安寺村一带），那里山势奇特，状若蟠龙，望陛下能在印盒山修一大殿，供臣妾诵经养身，再在龙尾为其父母修一道观，使他们能在那里颐养天年，永得安宁。

后来，平定了“安史之乱”，唐玄宗便派人到阆州的印盒山修了一寺一观，亲自题写了金字匾额敕建“永安寺”“永安观”，意为祝愿贵妃和她的父母灵魂在这里永远得到安宁。

130 花木似烟如锦屏

阆中市城南之山，因“花木错杂似锦，两峰连列如屏”，故人们通常都叫锦屏山。吴道子三百里《嘉陵江山图》，即以锦屏山为轴心，杜甫诗句“阆中盛事可肠断，阆州城南天下稀”即指此。锦屏山东侧黄花山上有配衬古城风水的奎星楼，始建于明末清初，名魁星阁。

如从海棠溪拾级而上，先见“嘉陵第一江山”巨碑屹立于“阆风之苑”门左，右折为黄瓦朱槛长廊，缀以观澜亭。左下是张宪祠，为一黄色琉璃瓦的四合院，坐西向东，一楼一底。院内塑张宪武像，正堂挂有著名画家赵蕴玉绘制的张宪画像，两侧竖立原“昭忠祠”石碑，两壁挂张宪生平功迹画图和诗文对联。堂下两厢为武将馆，陈列阆中历代武将画像，并有文字介绍其生平业绩。右上为瞰碧亭，再上为碑林，重要碑刻有张飞《立马铭》、吴道子《行道观音》、张善孖《上山虎》《下山虎》、马德昭《魁星点斗》《重修临江楼碑记》《黎学锦重修锦屏山记及锦屏全图》等，皆具有艺术价值和还有地方文史研究价值。经碑林右去，则为杜少陵祠堂、放翁祠、纯阳洞、飞仙阁，最高处为八仙洞。杜少陵祠为两重楼院，上重正堂有汉白玉“诗圣”像，面北而立，握笔凝神，似正构思新章，为全国一级珍品。纯阳洞又称吕祖殿，殿内塑吕洞宾像，洞门西侧挂有长联，相传为吕洞宾与张三丰联句。殿前为飞仙楼，双层吊脚于峭岩之上。爬壁而上，上临云天。八仙洞因吕洞宾游此而得名，洞内塑道家八仙，即钟离权、曹国舅、韩湘子、铁拐李、张果老、吕洞宾、何仙姑、蓝彩和。站在八仙洞前俯瞰，嘉陵江绕流如带，古城楼台掩映，阆中全景尽收眼底。在八仙洞下，有一行草书诗碑，名“纯阳瓜皮诗”，传说吕洞宾到锦屏山访道友严君平不遇，便用瓜汁作墨，瓜皮当笔，题诗于壁。不料字迹不灭，成为奇迹，故特刻碑作纪念。

从八仙洞沿石阶而下，向左绕翠竹古径，沿山出圆门，有彩虹亭。折而循环山树荫花径，过荷花池，便至耸立于前的观星楼。楼前有西汉阆中人天文学家落下闳青铜像和他所创制的浑仪。观星楼为三层六角楼，顶楼另塑落下闳、任文公父子像，中层塑三国蜀汉周群等祖孙三代像，底层塑晚年定居阆中的袁天罡、李淳风像。他们均为汉、唐时的著名天文学家，有文字介绍其生平事迹。由此下橄榄林，过怀飞亭，有巴蜀第一廊，至景杜亭，下有翠云亭掩映在松林间。遥望则远山似烟，近看则花木拥径，恍若人间仙境。

131 落下闳星耀太空

在中国古代天文研究的历史长河中，古城阆中曾经孕育出众多的天文学家，成为我国汉唐时期著名的天文研究中心。

落下闳（前156—前87），复姓落下，名闳，字长公，中国西汉民间天文学家，巴郡阆中（今四川阆中）人。落下闳与邓平、唐都等合作创制的历法，优于同时提出的其他17种历法。

落下闳在实测的基础上，考订历代重大的天文数据。首先是改革不合理的岁首制度，使农事与四季的顺序相吻合，有利于农业生产。其次是改革置闰方法，使节令、物候与月份安排得更为准确。他通过天文数据测定，在天文学史上首次准确推算出135月的日、月食周期，即“朔望之会”，认为135个朔望月中，至少有23次日食。根据这个周期，人类可以对日、月食进行预报，并可校正阴历朔望。

因此，确立孟春正月为岁首的历日制度是落下闳一伟大功绩。落下闳确立正月为岁首后，人们将正月初一称为“元旦”“新年”，民间习称“过年”。民间也就有了“春节”的说法，且一直沿用至今。

2004年9月16日，经国家天文学联合会小天体提名委员会批准，中国科学院国家天文台已将其发现的国际永久编号为16757的小行星命名为“落下闳星”。从此，落下闳真正成为一颗璀璨之星，永恒地在天空中闪耀。

英国李约瑟博士在《中国科学技术史》一书中盛赞落下闳是世界天文学领域一颗“灿烂的星座”。并且列出落下闳所处时代天文学研究十大成就，其中落下闳的成就有编制《太初历》、提出“浑天学说”和发明“通其率”三个。

132 落下闳编制太初历

西汉建立初始，仍沿用秦代历法，即颛顼历。至汉武帝元封年间（前110—前105），历经100余年，误差积累已很明显，出现朔晦等实际月象超前的现象。另外，按当时的推算，元封七年（前104）十一月甲子日的夜半，恰逢合朔和冬至，合乎历元要求。于是，太史令司马迁等人上书建议改历。汉武帝同意，并下诏广泛征聘民间天文学家。落下闳在同乡谯隆的推荐下，从四川到京城长安（今陕西西安）参加改历工作。

在改历过程中，曾发生激烈的争论。民间天文学家落下闳与邓平、唐都等20多人以及官方的公孙卿、壶遂、司马迁都各有方案，最后形成18家不同的历法。经过仔细对照比较，汉武帝认为落下闳与邓平、唐都的历法优于其他17家，遂予采用，于元封七年颁行，并改元封七年为太初元年，因而新历又称为太初历。太初历在行用后，受到包括司马迁、张寿王等人的反对，张寿王甚至提议改回到殷历。然而孰优孰劣，还要以实测为准。为此朝廷组织了一次为期3年的天文观测，同时校验太初历和古六历的数据，结果表明，太初历更符合天象。从此太初历一直使用了将近200年（前104—84）。

为了表彰落下闳，汉武帝特授他以侍中之职，落下闳却坚辞不受，而邓平则被任命为太史丞。

133 落下闳提出“浑天学说”

落下闳是浑天说的创始人之一，经他改进的赤道式浑天仪，在中国用了两千年。他测定的二十八宿赤道距度（赤经差），一直用到唐开元十三年（725），才由一行重新测过。

落下闳第一次提出交食周期，以 135 个月为“朔望之会”，即认为 11 年应发生 23 次日食。他清楚《太初历》所用回归年数值（356.2502 日）太大，有预见地指出“后八百年，此历差一日，当有圣人定之”。事实上，每隔 125 年即差一日，到公元 85 年就实行了改历。

落下闳创制的浑仪（包括浑天仪和浑天象），形象地展示了宇宙模型。他通过长期观测和科学运算，用事实论证了浑天说理论和天体运行规律，最终制定出优于其他 17 种历法的“太初历”，是浑天说对盖天说的有力的否定。汉代大文学家、天文学家扬雄的论述，《史记》、《旧唐书》等记载，均证明是落下闳创造了浑仪。

134 落下闳发明“通其率”

在数学方面，落下闳发明“连分数（辗转相除）求渐进分数”的方法，定名“通其率”，现代学者称之为“落下闳算法”。它的出现早于印度数学家爱雅哈塔采用类似方法600年，早于提出连分数理论的意大利数学家朋柏里1600年，它影响了中国天文数学2000年。

他发明的“通其率”算法，用辗转相除法求渐近分数，为历法计算提供了有效的方式。应用辗转相除法求渐近分数，与应用连分数法求渐近分数其计算程序是一致的。在《汉书·律历志》中称“闳运算转历”，可见《太初历》的数学运算是由落下闳承担的，包括日法81的计算、“上元积年”的计算、“太极上元”的计算。数学家何鲁为吕子方《〈三统历〉历意及其数源》一文作序时写道：“‘通其率’三字即有求连分数意。率者，比率。通，谓可通用者，其数甚多，取其适者或密近者，可也。”我们可以公正地称“通其率”算法为“落下闳算法”。“落下闳算法”的主要程序，即通过辗转相除求出一系列渐近分数，用以解决多种数学问题。中国古代历法计算中的“强弱术”“调日法”“求一术”等，都源于“落下闳算法”。从现代数学观点看，“落下闳算法”可以实现用“有理数逼近实数”，以及“最佳逼近”等，是具有普遍意义的数学方法。

135 阆中醋神姜子牙

“酸甜苦辣咸”五味中，“酸”排在第一位，可见醋在人们口感中的地位非同一般。四川人吃醋由来已久，享有“中国醋城”美誉的阆中，塑有“醋神”雕像。虽然并不能确定“醋神”是古代的何方神圣，但足以说明阆中人对“醋神”的尊敬。据民间传说，古阆中曾建有“醋神庙”，专供醋神姜子牙。资中县罗泉井曾建有“盐神庙”，专供盐神管仲。阆中“醋神庙”与资中县罗泉井的“盐神庙”，都是全球唯一祭祀醋、盐庙宇，不同之处在于：阆中醋神庙已无从稽考，而罗泉井盐神庙却至今尚存。

醋古称醯，又称酢。《周礼》有“醯人掌共醯物”的记载。相传在殷商时代，王室饮食每餐必有醋。相传，在唐代，阆中“丁缸醋”作坊已星罗棋布。《水经注·江水》称，“江之左岸有巴人（今四川阆中）村，村人善酿喜醋。”宋人吴自牧在《梦粱录》中记载：盖人家每日不可或缺者，柴米油盐酱醋茶。进入元代，醋更是被称为开门七件事之一。明清至民国时期，阆中醋业一直兴旺发达。

在阆中民间，酿醋要供奉神明。相传，当年分封神位时，姜子牙主动向周武王讨了一个“醋炭神”。据《保宁府志》记载，阆中在清代曾有祭拜“醋炭神”姜子牙的习俗，与甘肃靖远一带祭拜方式相差无几。

《本草诗笺》记载：“醋名苦酒原无取，引导恒为药制肝，淬炭能薮血晕醒，敷疮善使肿痛安。病邪欲泄终非易，木火能兴偏不难，有疾在躬总忌食，因其收敛具寒酸。”《随息居饮食谱》提道：“醋，开胃、养肝、强筋、暖骨、醒酒、消食……性主收敛。”《本草纲目》记载：“醋酸温，开胃养肝，强筋暖骨，醒酒消食，下气辟邪，解鱼蟹鳞介诸毒，陈久而味厚气香者良。”因为醋有解毒、下气辟邪的功效，所以醋在医学上的运用慢慢发展成为民间辟邪驱魔的一种力量。《唐国史补》中记载，唐圣善寺阁中经常贮藏醋数十坛以避免阁楼为“蛟龙所伏，以致雷霆，毁坏寺阁”。《本草纲目》则引用李廷飞的话说：“醋能少饮，辟邪胜酒。”可见，醋已被视为辟邪的代表、驱魔的符号了。而这种辟邪除魔最典型的代表就是民间每年祭拜醋炭神的风俗。

传说，这个所谓的醋炭神就是《封神演义》中的姜子牙。这个祭拜醋炭神的风俗是从祖辈中一辈一辈传下来的，年年如此家家如此。民间传说姜子牙帮助武王灭纣之后，大封诸侯，把所有的神位都封光了，轮到自已时，却没有神位可以封了。怎么办呢？他便自封为“醋炭神”。所谓“醋炭神”就是老百姓的保护神，是替老百姓攘灾镇邪之神。

136 姜太公镇邪攘灾

阆中以及川北地区民间有“打醋炭”之俗。所谓“打醋炭”一般在吃过年饭之后，主妇在铁勺内盛些红火炭，然后倒进点鲜醋，顿时可以闻到一股奇异的呛鼻味道。主妇持着盛“醋炭”的铁勺到屋里屋外的角落走动一下。据说这是为迎请“醋炭神”提供镇邪消灾。现在看来，其实这是民间的一种消毒方法。春节把“姜太公在此百无禁忌大吉大利”的帖子贴在窗户、上梁和龙口，都是为了镇邪禳灾……

陕北与阆中一样，也有“打醋炭”的年俗。一般在腊月二十九或三十，家家门前贴对联、门神，陈设酒肴，祀祖先及室中常祀之神。华灯初上，老幼都穿新衣，放鞭炮开门。在堂屋、厨房、院子，设供桌，献糕点，摆佳肴，置香炉、蜡烛。堂屋供三代宗祖，厨房供灶神，院子正中供天地之神，诸事准备就绪，接着就是打醋炭。据说诸神在未打醋炭前皆站立而侍，打了醋炭后姜子牙光临，诸神才敢落座受供奉。

做这种仪式，事先得选择一个小碗大的圆石头，拿回家来，名曰“请醋炭神”。然后将石头洗净，放在灶火里烧红，取出后放置于一把马杓中，上面浇上半碗上好的黑醋，杓里立即嗞嗞作响，散发出大量醋酸的气体。主人掌杓，开房门，进各房，在每个房中搜罗转一圈，使满室散满醋酸烟气，出门时在门坎上倒一点醋，出一个门，就关住一个门。快步而行，犹如搜捕。最后送出大门，将石头泼倒在大路上……

醋因其在人们的生活中不可缺少。各种有关醋的神话、谚语，渲染了醋的特殊性，使醋成为一种象征物。祭拜醋炭神则是人们希望以此来获得辟邪驱魔的力量。醋在祭拜仪式中具有象征意义：一是象征驱除疡魔疫病、镇邪禳灾。二是联通世俗世界与神圣世界，实现人与神灵的沟通，借打醋炭传达对姜太公的怀念和祭奠。三是象征幸福与吉祥，传说中姜子牙自封为醋炭神，即老百姓的保护神，替老百姓禳灾镇邪，给人们带来了平安和幸福。作为一种象征符号，醋唤起了人们的情感冲动，驱使人们借醋来表达个人愿望。

每年除夕，醋坊的工人从嘉陵江边捡回鹅卵石，用炭火烧得透红，放入盛有保宁醋的大铜勺或其他器皿中，一边摇动，一边在院中跑圈，边跑边念《醋炭神》民谣：

> 醋炭神，醋炭神，封神榜上你为尊，今夜除夕来家内，驱逐邪魔离家门。一不打天；二不打地；三不打门臣户尉；四不打家神灶君；五不打吉庆财神；六不打福禄寿星；七不打三代祖考；八不打过路贵人；九不打平民百姓；十专打瘟魔疫君、泼神乱鬼。醋炭有灵，扫除疾病，保佑全家，如意吉庆。

137 保宁府醋香扑鼻

古人把醋称“酢”“醯”“苦酒”等。“酉”是“酒”字最早的甲骨文。把“醋”称之为“苦酒”，说明醋的发明要晚于酒。也有传说称，发明醋的是杜康的儿子黑塔。杜康是酒的发明者，其子继承了酿酒之法。他把酿酒产生的酒糟放在一个罐子里保存。过了 20 多天，放置酒糟的罐子里发出异香。黑塔把罐子打开，发现里面多了一种与酒不同的液体，他尝了一口，酸、甜、醇，饮后不醉。这就是最早的醋。

还有另一说法是，酒仙杜康在一次酿酒时，将酒糟放在缸里发酵，因急事外出，回来后已是第 21 天的酉时。他揭开缸盖，突觉异香扑鼻，一尝酒糟水，只觉香喷喷、酸溜溜、甜滋滋，煮菜放一点，煮出来的菜香酸可口，令人食欲大增。杜康就把它叫做调味酱。后来，杜康觉得应该像酒一样取一个好听的名字，联想到“21 天的酉时”，把它合起来不就是“醋”吗？于是，醋的酿造技术就这样偶然地诞生了。

真正将阆中食醋工艺推向全国的，当属宫廷醋师索义挺。明末清初，战乱不断，身怀绝技的索义挺逃难途经阆中，与妻儿栖身在阆中城北过街楼旁的一间茅屋里。他见阆中山清水秀，气候宜人，盛产小麦、大米和中药材，是酿醋的好地方。于是，便倾其所有，购置茅屋，开设醋坊。他采用白蔻、砂仁、杜仲、当归等 62 味中药材制成醋曲。经过精心发酵，酿出来的醋颜色红棕，酸味柔和，回甜可口，一时间轰动阆中城，产品远销各地。为纪念当初到阆中时“右脚赤脚，左脚趿鞋”的惨境和创业艰辛，索义挺给所酿之醋取名“一只鞋”。后觉得其名太土，又联想到自己来到阆中（古称保宁府）安居乐业，便改名为“保宁醋”，寓“永保安宁”之意。清乾隆年间，索氏醋业非常兴旺，子孙们为了谋求更大发展，在阆中城南门外下栅口街购置房产，取嘉陵江与白溪壕汇流的漩涡之水酿制保宁醋，招徒授艺，名声大振。一时间，下栅口街附近的下新街、上新街、下东街、上华街等街上醋坊林立。下栅口街也更名为“醋房街”。

清末民初，阆中醋业发展成“田福顺”“崇新长”“郑长盛”三大商号鼎立局面。尤其是田福顺醋房，其精酿的保宁干醋在 1915 年“巴拿马太平洋万国博览会”上获得金奖。20 世纪 70 年代后，阆中醋业走上集约化发展道路，经过多次改组改制，饱经沧桑的阆中醋业重获新生。阆中目前已成为西南地区最大的食醋科研生产基地、阆中醋业开发出调味型、保健型、饮料型三大系列近 200 多个品种，产品远销美国、日本、加拿大、新加坡等国。

138 知天晓地袁天罡

天宫院位于阆中城南的天宫乡。因阆中天文文化深厚，唐代天文学家袁天罡、李淳风晚年先后到阆中定居，在阆中择地观天，著书立说，死后也都埋葬在阆中。天宫院就是专为纪念袁天罡、李淳风而建造。天宫院原有万年台、牛王亭、正殿、观音殿等建筑，始建于唐，明天顺三年（1459）重建，清雍正四年书“光澄慧镜”匾额。正殿为双重檐歇山式屋顶，台梁式屋架，用料粗大。观音殿面阔三间，进深三间，为叠梁式和穿逗式结构相结合的建筑。

袁天罡、李淳风二人是天文学术上的好朋友，死后两人的墓葬也相居为邻。李淳风墓在五台山上，墓前有“唐太史令李淳风之墓”碑及淳风观。袁天罡墓在观稼山半腰，坐北朝南，前临天宫院，与李淳风墓遥遥相对。

袁天罡官至火山令，李淳风为太史令，“火山令”和“太史令”都是具有掌管天文历法、占卜师之类职权的官职。袁天罡和李淳风既是天文学家，又是风水堪舆学家。袁天罡和李淳风之所以选择在天宫院定居，据说这里地形象一顶王冠，四周有九条山脉朝向这里，叫做“九龙捧圣”。袁天罡墓所葬的观稼山，据说像一只麒麟，前面的圆形山岗即是太阳，地形叫做“麒麟奔太阳”。李淳风墓所在的地方是一个圆形山包，像一颗珍珠，两边山脉似两条飞龙，这个地形叫做“二龙戏珠”。

139 袁天罡看相识人

袁天罡，唐初天文学家、星象学家、预测家，益州成都（今四川成都）人。隋时为盐官令，入唐为火山令。著有《六壬课》《五行相书》《推背图》（和李淳风共著）《袁天罡称骨歌》等。《通志》著录，其有《易镜玄要》一卷。

《新唐书·方技》载，袁天罡初仕隋末，为盐官令，以相术为雅谈。袁天罡曾与王硅、杜淹、韦挺交游，并给他们看相，指点迷津。

袁天罡相王硅说，“法令成，天地相临，不十年官五品”。法令，鼻翼两旁至口边的纵纹。袁天罡相杜淹说，“兰台、学堂全且博，将以文章显”。兰台，又名“金匮”，一名“仙库”，指左鼻胞，即鼻翼；学堂，指耳门前的部位，主聪明才智。袁天罡相韦挺说，“面如虎。当以武外官”。

袁天罡相王硅、杜淹、韦挺这三人，都可位居高官，但袁天罡警告说：“然三君久皆得谴，吾且见之。”果然，后来王硅为太子中允，杜淹为学士，韦挺为左卫率。唐高祖武德年间，这三人都因犯罪，被流放到嵩山，又见到袁天罡。袁天罡安慰他们说：“你们最终还会有富贵的日子。杜淹官至三品，但长寿就不敢说了，王、韦二位也是官至三品，只是居官比杜淹迟些，寿命却比杜淹要长，但晚景凄凉。”袁天罡的预言，后来都一一应验了。

袁天罡给窦轨看相说，“君伏犀贯玉枕，辅角完起，十年且显，主功其在梁、益间邪”。伏犀贯玉枕，又谓伏犀插脑，指鼻上伏犀骨隆起直贯发际。窦轨后果然为益州行台仆射。但袁天罡又说窦轨“赤胍干睦，方语而浮赤入大宅，公为将必多杀，愿自戒”。没多久，窦轨就以杀人获罪免官。袁天罡又对窦轨说：“公毋忧。右辅泽而动，不久必还。”右辅，指右额。果然，窦轨不久又官复原职，当上了都督。

贞观初，受唐太宗召见。太宗对其技艺大加赞赏，谓胜于汉代严君平。袁天罡巧于应对："彼不逢时，臣固胜之。"太宗喜其逢迎，厚赏有加。

武则天还在襁褓之中时，袁天罡见到其母杨氏，说她"法生贵子"。杨氏召二子元庆、元爽，请袁天罡看相，袁天罡说："官三品，保家主也。"又见武则天之姊韩国夫人，袁天罡说："此女贵而不利夫。"此女后嫁给贺兰越石，果然早寡。武则天乃杨氏所生第二女，尚在襁褓中，由保姆抱出，其服饰似男儿，袁天罡仔细观察她的耳目，惊呼道："龙瞳凤颈，极贵验也！若为女，当作天子。"

袁天罡还受太宗之命，分别给岑文本、张行成、成周看相，这三人的官职、成就、寿夭均如袁天罡所言。

袁天罡相岑文本说，"学堂莹夷，眉过目，故文章振天下。首生骨未成，自前而视，法三品。肉不称骨，非寿兆也"。据《新唐书·列传》说岑文本，"贞观元年，除秘书郎，兼直中书省。太宗既藉田，又元日朝群臣，文本奏《藉田》《三元颂》二篇，文致华赡。李靖复荐于帝，擢中书舍人。时颜师古为侍郎，自武德以来，诏诰或大事皆所草定。及得文本，号善职，而敏速过之。或策令丛遽，敕吏六七人舭笔待，分口占授，成无遗意。师古以谴罢，温彦博为请帝曰：'师古练时事，长于文诰，人少逮者，幸得复用。'帝曰：'朕自举一人，公毋忧。'乃授文本侍郎，专典机要。"后来随太宗伐辽东，由于办事敏捷有成，"至粮漕最日、甲兵凡要、料配差序，筹不废手"，以至劳累过度，"神用顿耗，容止不常"，到了幽州，竟暴病而死，年五十一岁。

传说袁天罡曾与人渡江，船刚离岸，他就大喊，要船工把船摆回岸边，同行的人好生奇怪，纷纷询问缘故。袁天罡说："船上的人鼻孔之气都是墨色，千万不可渡江，否则有覆舟之险。"正说着，有一个跛脚背负的男人径直上了船，袁天罡马上说："贵人来了，我们可以渡江了。"果然，船到江中，狂风骤起，渡船颠簸摇摆，险情迭起，但最终还是抵达彼岸。

140 大路朝天不走两边

一天，袁天罡与李淳风二人出去游玩，见一棵树生在道路中间，树上长了两根枝杈。见远远的走来一个人。袁天罡说："咱俩算一算，看这人是从树哪一面走，看谁推算得准。"李淳风说："行。"

两人掐指一算，袁天罡说是走左面，李淳风说是走右面，二人各持己见。其实，袁天罡与李淳风也并非神仙，也有失误之例。只见那人走近路中间的大树后，既不走左，也不走右，直接就爬上大树，从两根树杈中间钻了过来。

袁天罡和李淳风十分惊异，急忙问那人："你怎么不走路却从树上走呢?"那人嘿嘿一笑说："这叫'大路朝天，不走两边!'"

袁天罡和李淳风住到了一个老婆婆开的客店。刚吃罢饭，听见老婆婆吩咐说："天要下雨呀，客人有什么放在院里头，赶紧拾掇拾掇。"两人算了算，没雨呀，就说："这是晴天，我们算了，不会下雨。"老婆婆说："我说有就是有哈，你俩不拾掇，下湿了可不要埋怨。"正说哩，哗喇喇一个响雷，大雨从天而降。两人大吃一惊，急忙问老婆婆，"大娘，你怎么知道要下雨呢!"老婆婆说："我就是凭我的两脚后跟。左脚后跟发痒，就要刮风；右脚后跟发痒，就要下雨。"两人说："脚后跟这么准吗?"老婆婆说："准得很。袁天罡、李淳风也不抵老娘的脚后跟!"一下把两人说了个透心凉，再不敢自高自大了，回家死心塌地学了三年，才又出来做事情。

《新唐书》还记载：当时高士廉看袁天罡为他人看相预测很准，就问袁天罡看你自己最后能当什么官？袁天罡说："我自知相命，到今年夏天四月，我的阳数即尽。"果然如期逝世于"火山令"职位上。

袁天罡在唐代以相术风水称一代术数大师，生前各种神奇的预测无不准确。在正史新旧唐书中都有列传，各种野史笔记小说中记载他的传奇故事更多，民间把他视作半人半仙。袁天罡还有关于术数类著作传世，到宋朝时已很流行的卦书《九天玄女六壬课》，据清朝纪晓岚考证就是袁天罡所撰。

141 睡不闭目猛张飞

关羽被东吴潘璋部将马忠所擒后杀害后，张飞为了替二哥关羽报仇，同刘备起兵伐吴。下令军中，限三日内制办白旗白甲，三军挂孝。帐下两员末将范疆、张达，入帐告诉张飞："白旗白甲，一时无可措置，须宽限才可以。"张飞大怒，喝道："我急着想报仇，恨不得明日便到逆贼之境，你们怎么敢抗令！"就把范、张二人每人鞭打五十下。打完之后说："明天一定要全部完备，如果违了期限，就杀你们二人示众！"二人回到营中商议。范疆说："今日受了刑责，让我们怎么能够筹办？这个人性暴如火，如果明天置办不齐，你我都会被杀啊！"张达说："如让他杀我，不如我杀他！"范疆说："只是没有办法走近他。"张达说："我们两人如果还不该死，那么他今晚就醉在床上……如果我们应当死，那么他就不醉好了。"如此这般，二人商议停当。

这天夜里，张飞又喝得大醉，卧在帐中。范疆、张达二人探知消息，初更时分，各怀利刃密入帐中。只听张飞酣声如雷，料想张飞已经入睡。范疆、张达二人各持利刃于张飞颈前，但见张飞圆瞪双眼，二人吓得胆颤心惊，但张飞并无动静，二人这才醒悟——原来张飞"睡不闭目"。但是，二人仍然不敢下刃，因双手颤抖不止，触动了张飞胡须；二人正欲抽回利刃，也是张飞命中该绝，此时张飞以为蚊虫来袭，伸手一拍，自将利刃拍入颈中……当夜，范疆、张达二人抱着张飞的首级，顺流而奔孙权。二人在投奔东吴时，将张飞首级抛入江中以图平安。但是，张飞首级在长江中并不下沉，顺江飘浮至云阳境内，被一渔翁捞起，葬于云阳长江南岸飞凤山麓。因此，世有张飞“头在云阳，身在阆中”之说。

张飞一生辗转沙场，出生入死，没有死在敌人的手中，而是死在自己士兵的刀下，真是可歌又可悲。

后世有《汉车骑将军》诗叹之：

力斩邓茂黄巾散，鞭挞督邮虎威显。
虎牢关前三百合，无敌温侯心胆寒。
大破徐州占古城，招兵集粮佐炎汉。
当阳巧用疑兵计，曹骑五千皆丧胆。
征虏将军兵入川，江州义释老严颜。
智至成都见兄长，大军安定诸郡县。
计败张郃定汉中，阆中开辟兵屯田。
大汉未兴身先死，车骑千古留遗憾。

张飞死后，其尸体躯干埋葬在阆中，头颅埋葬在云阳，并分别建有张桓侯祠和张桓侯庙。张飞曾经镇守阆中达 7 年，他保境安民，大败张郃，当地人为其筑冢建祠，祭祀纪念。

142　绿荫高峡升钟湖

南充市南部县，位于四川盆地北部、嘉陵江中游。

境内丘陵起伏，西北高、东南低。嘉陵江由正北向东南贯穿境内，东岸属大巴山余脉，西岸属剑门山余脉。县内最西北端西河乡的龙尾山，最低点是东南端王家镇境内西河与嘉陵江的汇合口。县境西南部流域属涪江水系，东面流域属屈渠汇水系，其余大面积均属嘉陵江水系。嘉陵江在县境内流长78 公里，西河是嘉陵江右岸主要支流，于王家镇汇入嘉陵江。

升钟湖位于南部县西北部，是将西河拦腰截断而形成的高峡平湖，是西南地区最大的水利工程，以灌溉为主，兼有防洪、发电、养殖等功能。升钟湖工程涉及并控灌南部、西充、阆中、蓬安、高坪、顺庆、嘉陵、武胜、剑阁等十个县（市、区）。大坝建筑宏伟，湖内水面宽阔，岛屿美丽。

西河发源于江油境内五子山南麓，向南流经剑阁、阆中，在南部县王家场以东汇入嘉陵江。

143 嘉陵江三望离堆

嘉陵江三望离堆，位于仪陇县城西南角。三望离堆面对火焚山，后有灵宝寨，上邻邱子溪，下接白路坝，是一个椭圆形半岛。嘉陵江水，汹涌澎拜，紧锁堆麓，环绕于百尺削壁之下。所谓“三望”，即三面临水的离堆其水势回漩，伸曲有致，船行到此，必须回头“三望”，才能绕过离堆，驶向下游……离堆峰峦挺秀，峭壁嶙峋。

新政知县李澍国著有《离堆连云》七律一首，赞道：

离堆突兀映斜曛，遥指山头不断云。
诸嶂易学七里雾，数峰拟住三茅君。
林峦斗绝形无偶，迁谪客来思不群。
苦雨凄风荆棘里，摩崖碑面滋苔纹。

据说，鲜于士简任隆州（今四川南部县）刺史时，举家定居新政。士简，倜傥豪杰，多奇卓异，以万缶之产，周济天下士大夫，并与妻兄著作郎广汉严从皋、殿中侍御史何千里，俱以气概相宜，不肯仕官，竟以寿终。新政鲜氏一脉，自士简公落籍兹土，不十年而子孙相代，一门载荣，堪称巴蜀旺族。

鲜于士简之长子，鲜于仲通，少好侠，以鹰犬自娱，轻才高气，年二十余，尚未知书，父常责之。于是乃新政离堆凿石构室，屏弃人事，慷慨发愤，励精为学。终于唐开元二十年（732），举进士高第，后因功拜司农卿、赠太子少保、拜中散大夫京兆尹。唐宝应元年（762），因忤杨国忠，贬邵阳郡司马，后移汉阳郡太守一年，又改任天水郡太守。60岁时，因病卒于任所。

唐玄宗天宝十五载（756），鲜于仲通之弟鲜于叔明，出任商州刺史时，于新政嘉陵江西岸离堆山，奉置“景福宫”，后为“忠贤祠”，乡人称“离堆观”。

离堆山东崖靠嘉陵江边的盘石之上，有九曲流杯池，池水源于桂花井，水由石罅中溢出，澄清明净，冬温夏凉，沏茶煮饭其味甘醇。杯池之左，有一石室可容一人，即鲜于仲通当年读书之处。

唐肃宗上元元年（760），时任邢部侍郎的大书法家颜真卿，因上疏忤旨，被谪贬为蓬州（今仪陇大寅镇）长史。他入蜀取道嘉陵江去蓬州赴任，途经新政时写有一篇七百九十言的《鲜于氏离堆记》。

为了纪念颜鲁公在新政离堆留下的足迹和墨宝，后在离堆山上修建了“颜鲁公祠”，并立碑记述。明正德十三年（1518），监察御史卢雍题跋并书写的宋马存所撰之《颜鲁公祠记》，碑首呈弧形，竖立在颜鲁公祠堂内，故名“颜鲁公祠之碑”。碑阳刻《颜鲁公祠记》，碑阴刻唐吴道子所绘观音立身像。

144 断壁残垣唐李贤

天平山，后人又称为章怀山，山上的古庙叫做“章怀寺”。据《唐史》和《廿二史札记》记载，唐高宗李治的宠妃武则天生育了四个儿子：长子李宏、次子李贤、三子李显、四子李旦。长子李宏为皇太子，性情仁厚，高宗欲禅位给他，宏却不幸夭亡。675 年，高宗又立次子李贤为皇太子，交令太子兼理国事。李贤容止端重，勤奋好学，颇富文才。他处理政务，亦深有才干。但是，由于李贤触忌被贬为庶人，被流放到不毛之地天平山，筑茅庵草舍以栖身，餐野果山泉以度日，后卒于天平山，时年 31 岁。

后来，李贤被追封为章怀太子。宋代开始在李贤流落巴仪地界的寓所修建庙宇，以表追念之情，庙宇即称为“章怀寺”。如今看到断壁残垣的章怀寺古庙，系明代成化年间的建筑。在章怀寺的主配殿中，除供奉释迦牟尼、韦驮、四大天王、文昌、瘟祖诸神像外，还专门塑有则天皇太后和李贤太子泥身鎏金像。

章怀寺外的山岩边，有一尊光滑突起的大岩石，如同一朵神奇的巨型蘑菇，寄生在险峻陡峭的山岩上。相传，昔日李贤太子只身居此山上，每当晨曦初露的时刻，他就起床在此石上读书。大岩石东侧天生一道向内凹陷的悬崖地，悬崖正中有一石洞，四周无路可入，仅飞鸟方能栖身其间，远远望去，犹如一方银白色的大镜屏，悬挂在章怀寺的山岩边，人称此岩为“太子岩”。

145 五百年前未了期

仙女山属大巴山余脉，九座巍峨的山峰，蜿蜒起伏在群山簇拥、云雾环绕之中，若一条吞云吐雾的九节巨龙，作势欲飞。仙女山名，由来已久。《古今情史》和《仪陇县志》记载了一个生动的故事：在一千六百多年前，书生张峰赴金陵应试，一日黄昏，在长江边的采石矶，邂逅一美丽的浣纱少女，二人一见钟情，畅游江边，至夜幕降临，仍难舍难分。张峰情不自禁地吟道："五百年前未了期，采石矶下遇仙姬。"少女从容接吟："匆匆若问蓝桥事，二十年后会大仪。"张峰喜之不尽，欲觅一佳句答少女，瞬间少女已失踪影。20年后，张峰奉旨到羔羊县（治所在今仪陇大仪山）任县令。莅任半载，日夕闻机声，莫知所出，深以为怪。一天夜里，张峰于睡梦中，见一少女飘然而至，正欲相问，少女含羞低吟："五百年前未了期……"张峰恍然大悟，急上前携手言欢，良宵苦短，忽闻金鸡报晓，少女告辞欲行。张峰不舍，急问后会之期，少女答道："机声响处洞门开，即会面之期也。"是日，张峰率侍从寻机声而去。行数里，至一山崖，见一石洞，门钥宛然，前女出迎，二人相携入洞，门即闭，从人呼叩不应，只从门隙滚出二圆石。再呼，则无声息。

后来，邑之好事者，凿开洞门以寻究竟，洞内仅沉香木二段。于是乡民筹资，将此二木分雕两人肖像，并将二圆石置于腹中，设庙祀之，尊张峰为"土老爷"，少女为"仙女娘娘"。以农历三月三日为仙女生日，是期举办庙会，进香还愿，唱戏娱神，十分热闹。山遂于此得名为"仙女山"，其洞曰"仙女洞"。

146 三个人欠四串钱

嘉陵江支流众多，渠江是嘉陵江最大的支流之一。它发源于大巴山，又称潜水，流经巴中、达州，至渠县三汇镇始称渠江，在重庆合川与嘉陵江汇合。

据说，古时候有四个好朋友，像亲兄弟一样。他们的职业分别是旅店老板、教师、医生和阴阳（即风水先生）。一天，教师、医生和阴阳三人住进旅店老板的店子，四人约好一起玩乐四天，四天期满就走，账务均摊，用现代时麾的话讲就是“AA 制”。

四天过去了，当结账时，教师、医生和阴阳三人，差欠四串钱。

旅店老板说：“这样吧，你们都是读书人，我出一个哑谜，谁答错了谁结账。”

“都答对了呢？”教师问。

“都答对了，当然由我结账。”旅店老板答。

教师、医生和阴阳三人都同意这个办法，但为了公平公正，一致要求旅店老板出哑谜后，先把答案写好，置于柜台上待查。

只见旅店老板用手向上一指，向下一指，向左一指，向右一指，向前一指，向后一指，再将三指一伸，四指一展，又在胸前一拍。

教师先答题，道：“上不怨天，下不尤人，如在其左，如在其右，瞻之在前，颈之在后，三十而立，四十而不惑，从心所欲。”

医生接着答：“上焦火下无冷，左瘫右痪，前痛后疽，三片生姜，四个枣儿，空心服下。”

阴阳最后答道：“上有来龙，下有去脉，左青龙，右白虎，前朱雀，后玄武，三十年发，四十年塌，万般皆归于心田。”

大家一齐观看柜台上旅店老板写的哑谜答案。

旅店老板哈哈大笑，我的答案则是：“上有天，下有地，左敬酒，右献茶，前思后想，三个人欠我四串钱不给，良心何在?”

教师、医生和阴阳三人，知道忽悠不过旅店老板，便争抢着结清了四串钱的欠款。

147 九龙捧圣山叠嶂

营山县介于嘉陵江主干流与支流渠江之间，地处四川盆地东北部，是南充市的东大门，东出达州通湖北，南向广安达重庆，西至南充进成都，北上巴中望秦川。从北到南依次为低山丘陵、浅丘带坝地。

在营山县城东边有个龙王寨山。

山上，可见营山凉风的煤炭垭好像龙头；柏坪的金珠山、柏阳坪，星火的猫儿寺，西桥的野猴寨，七涧的灯草池等十余座山脉宛若龙身；龙尾直抵渠县白兔河边，纵深十余公里，横跨营山、渠县两个县域。早在清同治九年(1871)的《营山县志》就有“东恃龙宝之雄，俨成天堑”的记载。

沿山寨沿龙头攀登，首先登上的是山寨顶端南天门。再向右越过一道山梁，便登上山寨主峰寨子山。古老的寨门两侧，“一扫狼烟铁锁断；双凤凰翼舞蹁跹”的对联仍依稀可见。沿山脊向左便登上尖子山。山上有两尊高约数丈的奇怪山石，人称“石和尚”。它独立于悬崖绝壁之上，形状如大佛屹立。离石和尚不远，就是龙王寨的最高点——千佛寨。登上山巅，俯视群峰，风摇山林，犹如青龙翻身，极为壮观。凭峰远眺，百里山川秀色尽收眼底。

跨过龙头，翻越龙身，抵达龙尾，先后要穿越 20 多座山峰。相传，离金珠山不远的九条支脉，犹如九条青龙，与龙王寨巨龙血脉相连，人称“九龙捧圣”。清嘉庆二年（1797）十月，农民起义将领王三槐，率众万余人，与官兵在龙王寨展开激战，血洒山寨，可歌可泣。

148 淤泥不染蓬州莲

蓬安县，位于四川省东北部。嘉陵江清溪河贯穿县城，是一座典型的山水城市。

蓬安县境内，在新石器时代就有人类活动。崖墓中出土的陶器，已有造型生动的母子鸡、鸽、狗、猪、双人合身佣等。殷商属巴人之国，周为巴子国地。

蓬安司马相如的故里这里有两个古老的小镇——周子古镇（周口镇）与锦屏镇。坐落在嘉陵江边的周口镇，因宋代学者周敦颐曾在此讲学、著书，后人因此又称“周子镇”。北宋仁宗嘉祐八年（1063），周敦颐与沈希颜、钱拓共游雩都（今江西省于都县）罗岩。后来沈希颜在雩都善山建濂溪阁，请周敦颐题词，周敦颐作《爱莲说》相赠。周敦颐《爱莲说》原文为：

> 水陆草木之花，可爱者甚蕃。晋陶渊明独爱菊。自李唐来，世人盛爱牡丹。予独爱莲之出淤泥而不染，濯清涟而不妖，中通外直，不蔓不枝，香远益清，亭亭净植，可远观而不可亵玩焉。
>
> 予谓菊，花之隐逸者也；牡丹，花之富贵者也；莲，花之君子者也。噫！菊之爱，陶后鲜有闻。莲之爱，同予者何人？牡丹之爱，宜乎众矣！

149 江西老表闯嘉陵

周子古镇以上河街、下河街、盐店街、顺河街四条古街为主，这里的古民居院落群保持着明、清以来原生状态。街头街尾各长有一棵黄桷树。街头的黄桷树，在陈家小院内，六七人才能合抱，树龄至少在八九百年间。其辐射的枝椏，掩遮了一大片院坝，又伸向了古院落群的青瓦屋顶。街尾古驿道旁的那棵黄桷树，约要四五人才能合抱，其树龄不下四五百年。

江西商在历史上被称为“江右商帮”，明末清初，江东称江左，江西称江右。盖自江北视之，江东在左，江西在右。因此，江西商也叫“江右商帮”，讲究贾德。江右商帮称雄于明清两朝，主营工业、金融、盐业、农业产品。

万寿宫也称为“江西会馆”，也叫“江西庙”，“江西同乡馆”，“豫章会馆”。遍布四方的江右商，只要具备了一定的财力，不约而同地要做的第一件事，就是建造万寿宫。万寿宫既为江西人开展亲善友好、祭祀活动的场所，又是商人、待仕或者下台文人们议事与暂住的地方。壮观、雄伟的万寿宫建筑显示了江右商帮的辉煌。

明清以来，伴随着江西农民与商人出省的脚步，万寿宫也遍布各地。有人说，“天上九头鸟，地上湖北佬，三个九头鸟顶不上一个江西老表”，这是赞扬“江西老表”聪明。历史上，蓬安县周口镇是嘉陵江流域物资集散中心之一，这里商船云集，行商巨贾、能工巧匠纷纷聚集于此，其中，江西人是必不可少的人，万寿宫则是流布四方的江西人的栖身之地。生活在他乡的乡党们，逢年过节，到万寿宫祭拜祖先，寄托一份乡愁。或者初来乍到者，栖身万寿宫，由此开始一段新的人生旅程。蓬安县周子古镇的万寿宫始建于明嘉靖年间。万寿宫依势建造于龙角山前，面朝南方，俯瞰嘉陵江。

150 嘉陵第一桑梓地

逢安县被誉为嘉陵第一桑梓地。

嘉陵江边有一颗婀娜多姿的黄桷树，把粗壮挺拔的皂荚树紧紧搂抱，长成了连体，其亲密程度世所罕见，人们给它取名为“夫妻树”。相传司马相如和卓文君回到故乡后，常在嘉陵江两岸牵手漫步。他们的浪漫情怀感动了上苍，在他们离开后，这里就长出了两棵相拥相抱的树。

龙角山位于蓬安县城周口镇西北，嘉陵江东岸，是川北一座名山。危峰挺峙，直插云际，如卧龙饮水。龙角山及四周地形颇具特色，嘉陵江水从西北方向缓缓而来，穿过山麓，环绕蓬州古城，又向西南方向缓缓流去，将沙滩分为东西两半，江南岸形成“鱼”状（阴鱼），江西岸数里平沙滩形成另一条“鱼”状（阳鱼），阴阳鱼相互环抱形成巨大、典型的太极图地形。清代诗人周铭诗：

拏云气概势纵横，夜月如珠领下明。
词客不须攀绝顶，狂吟唯恐卧龙惊。

财神楼是周子古镇标志性建筑，始建于唐朝初年，清咸丰年间进行过培修，2006 年再做了“修新如旧”的培修。古人认为，周子古镇的风水，在位于嘉陵江与漫滩湿地形成的太极图上，背靠如卧龙饮水的龙角山，前枕宛如玉带的嘉陵江。嘉陵江像一条回海蛟龙，龙尾在南部、仪陇之外摆动；龙身在蓬安境内左旋右拐；龙头则冲出蓬安县境，直奔长江而去……

财神楼一楼供奉“纳财蟾”。在开放式通道，出入口分别塑了两个仿铜金蟾。据说，金蟾是一只三脚蟾蜍，古人认为它是一种可以致富的灵物。塑这四个金蟾，就是希望“金蟾四方纳财”。二楼供奉“送财龙”。在外围四周的栏杆上，雕刻着双龙送宝的图案，寓意四方来财。在每层的飞檐翘角上，挂有鱼形风铃，寓意五谷丰登，年年有余。楼顶供奉“聚宝盆”。在装饰了的聚宝瓶，里面插着如意枝，寓意财源广进，吉祥如意。顶楼还供奉掌管世间一切金银财宝的武财神赵公明，掌管世间一切功名利禄的文财神文昌帝君和专司人间风雨的东海龙王敖广三尊神像。这三尊神像，每尊都是 1.6879 米高，取谐音“一路发起走”之意。有楹联：

问三百里嘉陵何处堪留画圣；
查五千年浩史几人不爱财神。

楼增一湖丽气，
水润三圣情思。

这两副楹联，进一步丰富了财神楼的文化内涵。阐述了画圣吴道子、赋圣兼情圣司马相如与嘉陵江深厚的历史渊源，又道出了中国民间信仰中，财神在人们心目中的重要地位。

151 百牛渡江太阳岛

每年春天，百牛渡江成为嘉陵江一景。嘉陵江在流过四川省蓬安县城后，由于江水的冲刷，泥沙的沉积，形成两个巨大的江中岛屿，即太阳岛和月亮岛。暮春到初秋时节，每天清晨，数百头耕牛从嘉陵江岸边结队游上太阳岛和月亮岛去啃食青草，黄昏时又回游上岸，这种生态奇观被称为“百牛渡江”。

以前，嘉陵江水位不高，牛儿不用游泳，可直接从岸边走到太阳岛和月亮岛上去吃草。1994 年马回水电站建成蓄水后，水位升高。牛只有游到太阳岛和月亮岛上去啃食青草。因此，“百牛渡江”的盛景逐渐形成。自 2010 年开始，每年 4 月最后一个周末，蓬安县在相如镇油房沟嘉陵江段举行嘉陵江放牛节。放牛节这一天，一般有几百头牛从此地下水，横渡嘉陵江，游向太阳岛和月亮岛。

图 09 蓬安百牛过江示意图

152 纪信舍身护汉王

纪信，字成，西充县城东北十六公里处的紫岩人。秦末随沛公刘邦起兵，作战骁勇，初升为部曲长，后被加封为将军。史上有“西汉一人”“功盖三杰”之誉。汉王元年（前 206），在鸿门宴上，沛公于危急之时起身入厕，纪信同樊哙、靳强、滕公等遂乘机护送其安全返回灞上。前 204 年夏四月，刘邦被项羽围困于河南荥阳城中，汉王请和，项羽不允，范增又力劝项羽不要再失良机杀掉刘邦。五月，荥阳城内粮草殆尽。将军纪信献计说：“事已至此，臣请戴王冠，穿王服，乘王车，从东门出，假王而诈降楚军，大王则微服走西门，率夏侯婴、樊哙诸将，驰走成皋；令御史大夫周苛、魏纣、枞公守荥阳，是臣一人死，三军可全，汉室可兴矣！”刘邦从其计。

纪信乘坐王车驶出东门，直赴楚营。而刘邦却率数十骑从西门逃走。纪信车到，当项羽见到车里坐的不是刘邦时，恼羞成怒，命军士将纪信投入油鼎活活烧死。汉高祖念纪信有开汉之功，将其出身地赐“安汉县”名，并在其治所立“忠佑庙”，在荥阳广武山筑纪陵。另在西充化凤山建“将军庙”，后人尊此为“将军神宇”，名列“西充八景”之首。

自汉以后，历代对纪信均加追赠。宋封“忠佑安汉公”，元封“辅德显忠康济王”，明封“忠烈侯”。

153 张献忠魂归凤凰山

凤凰山，蜿蜒数十里，东临多宝寺（即多扶镇），西连金山铺，因其山形酷似一只凤凰，大有振翅欲飞、直冲蓝天之势，故称为“凤凰山”。山上东、南、西三面筑有石寨门，周围悬崖峭壁，易守难攻。山顶为平地，为“营房地”，曾是张献忠驻军处。顶峰名“插旗山”，是大西军挂军旗处。东面山岭，被人们称为“带箭岭”，传说张献忠在太阳溪中箭后，在此地身亡。

据说，古时有神鸟从远处飞来，到西充后化为凤凰，因此，人们称这里为化凤山。化凤山是晋城镇东北部九条渠山脉尽头的一部分。凤是传说中的远古神鸟。神鸟栖落之处，必是福泽吉祥之地。

每当晨曦初露、朝阳升起，化凤山就沐浴在万道金光之中，似梦似幻，如入仙境，西充人称之为“西奈日出”，这与化凤山之景齐称为“化凤朝阳”。

四川人熟知的张献忠，死于凤凰山。张献忠（1606—1647），字秉吾，幼年家境贫寒，明崇祯三年，参与米脂18寨农民起义，号称“八大王”。崇祯六年至十七年曾五次入川作战。清顺治元年，张献忠率数十万起义军第五次入川，以凤凰山为大本营，大战清军。清顺治三年十二月一日，张献忠于凤凰山带箭岭中箭身亡。

登临凤凰山山顶，顶峰名为“插旗山”，据说是张献忠大西军插军旗的地方，峰上有一方巨石，当地人称为“将军石”，传说是张献忠展阅地图、规划作战方案的地方。凤凰山东南方有一条山沟，名为“马槽沟”，是骑兵驻扎的地方。沟前是大西军的外营盘。沟边有一座很小的山丘，叫“牧马岭”，是大西军放马之处。从凤凰山到金山铺之间的一条宽阔的大坝，人称打船坝，是大西军造船的地方。

据《中华名人大辞典》记载：“张献忠死于西充凤凰山，墓在山顶，状若小丘”。山顶一块石碑前，碑上有几个模糊不清的大字，尚能看出是“张献忠之墓”几个字，碑后一个小土包，据当地村民说这里就是张献忠的墓地。据史料记载，清顺治三年冬，逃出成都的大西国皇帝张献忠来到西充，在凤凰山一带扎下四大营盘。按他的想法，是在此渡过难关，乘隙回到故乡陕北。

但清军没给他这个机会，肃亲王豪格在平定了陕西后，已经率清军由陕南入川；驻守保宁府（阆中）的刘进忠，背叛了张献忠，并在百丈关（今广元旺苍县城以西）向豪格投降。在刘进忠引导下，清军疾过保宁，于冬月二十六日抵达南部。

二十七日的凌晨，清军乘着迷雾来到凤凰山。张献忠无备，仓促率众出门巡视，经刘进忠指认，清军乱箭向张献忠射去。张献忠中箭后，将士们急忙搀扶他回营房，在行至凤凰山山垭时身亡。其尸体被掩埋在凤凰山上。后人将张献忠身亡时的垭口称为“带箭垭”。

凤凰山早已林木苍翠，松柏长青。在凤凰山留有张献忠与清兵交战的遗址多处，如“营房地”“马槽沟”“牧马岭”“将军石”“将军湾”“统粮沟”“带箭岭”。在凤凰山，曾出土大刀、戈矛、剑戟、箭镞、马蹬等兵器。

154 万卷楼演三国志

顺庆区是南充市的主城区，位于四川盆地中部，嘉陵江中游西岸。境内河流属嘉陵江流域嘉陵江水系，主要河流有嘉陵江及其支流西河、荆溪河、泥溪河等，流向多由北而南。

顺庆区历史悠久，教育昌明，陈寿于此著《三国志》。顺庆文化发达，精英辈出。西汉初年有纪信、纪通父子，东汉末年有硕儒谯周，西晋有《三国志》作者陈寿，南宋有“中兴宰相”游似，明代有“父子双相”的陈以勤与陈于陛，“嘉陵八才子”之一的太史任瀚、世称“诗书双绝”的黄辉等国家栋梁或文史俊杰。

20 世纪以后，著名的民主革命家、教育家张澜先生长期居于顺庆，进行爱国民主活动与创办新学。朱德、罗瑞卿、任白戈等老一辈无产阶级革命家早年均在这里接受先进思想的熏陶而走上革命道路。

万卷楼为陈寿青少年时代读书治学的地方。当年，陈寿在此万卷楼上，著述《三国志》。万卷楼始建于三国蜀汉建兴年间（222—237）。据古书记载：南充城西有果山，此处有万卷楼。它倚岩而建，为三重檐式木石结构楼阁，飞檐斗拱，气势雄伟。至唐代又在楼前建甘露寺，形成建筑群。四周古木葱郁，翠竹蔽天，甘泉流淙。

155 一水回还两岸分

高坪区地处嘉陵江中游东岸，属低山丘陵区，为亚热带温暖湿润季风气候区，嘉陵江、螺溪河、万家河、蜿蜒河、罗家河“一江四河”及大小溪沟呈在境内扇状分布。

高坪区自然景观和人文景观丰富，古南充八景中有四处在域内，分别是：白塔晨钟、连洲古、朱凤朝霞、青居烟树。

在南充青居曲流顶部有个曲水镇，当地人在青居镇坐船顺流而下到曲水镇，赶完场再从曲水镇顺流而下返回青居镇。往返都是顺水，原因是青居镇位于嗣流颈，而曲流近似一个圆圈，人们称为“359 度嘉陵第一曲流”。从南充乘船观看青居曲流，顺着曲折河道，右前方的烟山，没多大工夫就从左前方进入视野。绕烟山缓行一圈，远远望去才能感受到青居曲流流畅的弧度。其水路长达 17. 5 公里，须行一整天，而步行从青居古镇嘉陵江之北端走到南端才不过 400 米。

青居烟山林木繁多，十分茂盛，遮天蔽日。山上终年烟雾缭绕，山上的慈云寺、金镂塔等殿宇建筑若隐若现，树木也为烟雾包围，故称“烟树”。

青居烟山为“三巴”① 之要冲，遏水陆之关津，南宋淳祐年间蒙古大汗蒙哥曾率重兵攻此山而不克。观当年旧城址，厮杀之声犹在。青居烟山借山势之险要，树林叠进，层次分明，再加上长期烟雾蒸腾，远观有如仙境。袁定远有诗云：

---

① 三巴：古指“巴郡、巴东、巴西”的合称，相当于今四川嘉陵江和綦江流域以东的大部地区。有时也泛指四川。

一水回环两岸分，参差烟树掩霞熏；
春来好向山头望，青翠重重似绿云。

立于山顶最高处，可将嘉陵江第一曲流尽收眼底。这是一个巨大的Ω型曲流，俗称359度回旋，据计算其封闭率为0.98，与世界封闭率最大曲流巴西茹鲁阿河帕特罗波利斯曲流的封闭率相同。其环绕而成的20平方公里“牛肚坝”，形成了罕见的“行船走一天，步行一袋烟”的地貌奇观。相传旧时拉船纤夫，早上从下码头出发，傍晚投宿上码头，依然住进头晚的客栈。

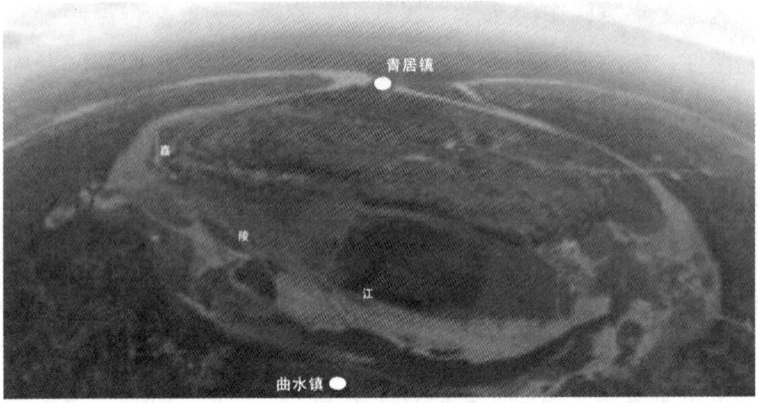

图10　南充嘉陵江青居曲流航拍示意图

156　天机点破猪变石

嘉陵区主要河流有嘉陵江、曲水河、吉安河、桓子河。嘉陵江干流在合川县汇合了涪江（嘉陵江左边）、渠江（嘉陵江右边）及小安溪。

七宝寺又名龙台院，位于南充市西北晏家乡东南七宝溪畔的藏珠山上。由牌坊山门、前殿、大殿、文昌楼、奎星楼、南池书院以及廊庑组成，随山势而起伏，为四合院式殿堂。正殿于藏珠山顶，明正德十三年（1518）重建，系素面石质台基，木结构抬梁式屋架，单檐歇山式屋顶。呈长方形。

清康熙四十七年（1708）在大殿前增修的前殿，又名四大天王殿。系木结构穿斗式屋架悬山式屋顶，与正殿相距5米。

大殿后的文昌楼，建于清康熙六十一年（1722），与大殿相距很近，木构一楼一底建筑，系穿斗式屋架，前檐为单檐，后檐为重檐。

珠山，原名“猪山”，在南充市嘉陵区文峰乡。关于“猪山”的由来，据说早年嘉陵江常发洪水，给沿江人民的生命财产造成重大损失。人们横渡嘉陵江十分不便，许多人葬身鱼腹。此事被鲁班知道了，他立即在江对面的鹤鸣山上修了一座塔（即白塔）以镇江水；接着，又准备在嘉陵江上架一座石桥。架石桥需要大量的石料，于是鲁班施展法力将石料变成一群肥猪，从石场赶往果州城。据说天下之水尽归龙王管理，鲁班修桥事先没同龙王商量，龙王很生气，便化作一个白发老头前来阻拦。那天，鲁班正赶着一群肥猪往果州去，当走到离果城不远的射洪庙时，便与龙王变化的老头相遇了。老头问鲁班：“师傅，你这急冲冲的样子，你是要到哪去呀？”鲁班说：“赶肥猪到城里去。”老头装着很惊讶的样子指着肥猪说：“这是啥子肥猪？这明明是一堆烂石头嘛！”有一种说法，神仙之事称为“天机”，“天机”不可泄露，一旦被人点破，一切便将还为本相或化作一片烟云。老头的话刚一出口，那群肥猪立刻变成了乱石丘，从此文峰乡射洪庙前便有了这座山坡，人们称之为“猪山”。其山倚江而立，雄刺长天。北望市区，南眺青居，风光独秀。

157 天地悠悠金华山

射洪地处四川盆地中部丘陵区北缘，县境呈心脏形，西北高，东南低。

陈子昂是射洪市人，年轻时常在金华山读书。唐通天元年（696），契丹族李尽忠、孙万荣叛乱，陈子昂随建安王武攸宜出征，参谋军事。武攸宜轻易出兵，致使前军陷没。陈子昂热情进谏，并自荐分麾下万人为前驱，但武氏以书生轻之，不纳。数日后，陈子昂再谏，激怒了武氏，将其贬为军曹。此时的陈子昂，满怀悲愤，因登蓟北楼，感昔乐生、燕昭之事，赋诗数首其中曰：

前不见古人，后不见来者；
念天地之悠悠，独怆然而涕下。

陈子昂在这组诗中，风格深沉悲壮，一扫齐梁以来绮靡病态的诗风。不仅如此，这首诗唱出了壮志难酬的忧愤，知遇难逢的孤独，时不我待的焦灼，悲怆中激荡着豪情，质朴中蕴含着深思，成为一首震憾人心的千古绝唱。

子昂故里位于射洪市的金华山，山上古柏森森，亭台楼阁鳞次栉比。前山有1500年历史的蜀中四大名观之一的金华山道观。台内匾对甚多，多数为古今名家手迹。

158 横扫红尘闲是非

楞严阁是川中著名道教寺观和旅游胜地，位于四川射洪市南十五公里的洋溪镇街后龙背山头。据清朝光绪年间撰修的《射洪县志》记载："明万历年间建后山楞严阁。"清朝康熙年间惠清太和陈清觉来洋溪开山。

楞严阁道观依龙背山山势兴建，可由洋溪镇正街道过一巷道上阶梯经石门上山游览。石门两侧有对联："欲上青天揽明月；扫尽红尘闲是非。"再登石级五十余步，登上半山达“接引处”寺庙。该庙位于道观下西侧，傍山崖修筑，面临涪江，凿崖壁辟地约二亩。崖壁上方有古榕树，枝叶繁茂，树阴遮蔽接引处大半。接引处大门有木刻对联，曰：

楞阁俯三江，每望金华依北斗；
山门分两寺，愧无玉带赠东坡。

进寺门即为佛殿，内供如来佛立像一座。佛殿侧有小店，出售香烛纸钱糕点。再进一层，榕树遮蔽下修建有鱼池假山和花园，同时建有长方戏台和剧场，可容百余人入座观看。戏台前柱上有楹联：

拓我胸怀，唱大江东去；
扑人眉宇，看爽气西来。

戏台左侧有长廊，又有对联：

何时能到真如境；
此地座名略似庵。

廊外有吊脚楼，取名为“望江楼”。以上三联为辛亥革命志士李雨生撰。楞山接引处具“临观之美”，凭栏远望，洋溪镇全貌尽收眼底，望东山，通泉坝，峰峦青翠，云山缥缈，山光水色，交相辉映，故有“人间小胜景”之称，游客众多。文映江曾题有写景对联：

辟开山肋半亩地；
收揽江流十里天。

从接引处入寨门再登石级转弯上山便至楞严阁寺观正山门。山门较宽大，门首有何金谷书写的木刻对联：

孤鹜落霞，江天一色；
寒鸦青梵，钟罄千声。

楞严阁道观依山势由下至上分三层：第一层正对山门为五祖殿（又称五瘟殿，包括猪、鸡、羊、牛、蛙五牲），传说建于明朝，砍刺笆林辟地修建。第二层是文昌殿，供奉文昌菩萨，右侧又为三仙殿和药王殿。第三层最高是老君殿（供奉李老君），东岳殿（供奉东岳大帝），其右侧为藏经楼，左侧为纯阳楼（供奉纯阳祖师）。三层殿宇之间，各有走廊通道相连接，即使是下雨天，走完整个道观都不会湿鞋。

楞严阁最高与最佳处当数纯阳楼。纯阳楼位于老君殿侧，三层高约四丈，顶楼有殿，供奉吕纯阳（洞宾）祖师塑像。

藏经楼在东岳殿右侧，与纯阳楼遥相对称，储藏道家经典。藏经楼地处山头崖畔，面临涪江，掩映于绿荫之中。

在楞严阁诸殿宇中，最富于神秘色彩要数东岳殿。东岳大帝塑像显得很威严，殿内塑有文武两班站将，还有判官、小鬼、牛头、马面神、衙役。特别两旁衙役中一位衙役打呵欠，塑得形态逼真，表情生动。整个殿内，光线灰暗，又给人一种阴森恐怖之感。东岳殿东岳神像背后还塑有南岳大帝。东岳殿门首有对联曰：

善士莫灰心，今生积德来生受；
英雄休任性，活时欠债死时还。

东岳殿前梁上悬有一把大算盘，算盘珠有碗口大。据说洋溪镇街上有一商人不讲信用，多次赖债。债主无法，只好到东岳殿来向菩萨神像叩头告状，烧钱化纸，祈求明断。第二天，债主拉该商人前往东岳神像面前赌咒。商人一见算盘上的账算得十分清楚，不差分毫，吓得心惊肉跳，回家后立刻付清以前欠账。传闻散布开后，洋溪镇再也没有人昧心赖账了。

159 西蜀道观领风骚

高峰山位于四川遂宁蓬溪县北。因独特的八卦迷宫建筑，有“川北迷宫”的美称。高峰山上对联、匾额甚多。

高峰山道教迷宫建筑在中国建筑史上具有很高地位。它体现阴阳相生、道法自然、清静无为、等道家文化的深邃理念。山上寺庙全部建筑为木结构，整个建筑群按《周易》八卦设计修建，5200 多平方米的建筑有大小门 400 多道。其门又分为正门、侧门、实门、虚门、活门、死门、机关暗道门等多种，且沿山势交错设计，故有“川北迷宫”之称。高峰山的道观建筑基本按八卦中的乾、坤、坎、离四大主卦布局，上下三层，依山就势而造。殿、馆、堂、亭纵横，楼、阁、台、榭环绕，斗拱飞檐，交错穿插，暗道机关，遍布其中。整个建筑，浑然一体。高峰山这样的木结构八卦建筑群，在全国宗教建筑中仅此一处，堪称奇观。

有赋为证：

山尊五岳，国裕天府。生为嘉涪两江之分水岭，独立巴蜀两国之结合部，聚山水之灵气，合七地①之华章，东晋建县治，唐朝定英名，统领群山呼啸万千年，历尽苍桑，岁月峥嵘，枯木逢春，重振雄风吹绿水秀山清。“结构最高峰，觉天下名山，南条北障皆枝干；优游余穴地，享世间奇福，虎伏龙眠养性情。”②

山峰之巅，茂林修竹，清新隽永，仙风缭绕。寺名不张，却是西蜀三大

① 七地：指蓬溪县东与南充和武胜县相连，南与重庆合川市、遂宁船山区和重庆潼南县接壤，北与射洪和西充县毗邻。

② 摘自清代著名书法家文龙联。

道观[①]之一；楼阁虽低，乃为世间奇特建筑之首。左青龙，右白虎，道观四百门[②]生死有路；前客厅，后丹屋，厢房二百间[③]扑朔迷离。楼阁勾连，“迷宫”之中道主犹在；曲径通幽，“十四殿”[④] 内仙风尚存。楼阁台榭上下环绕，斗拱穿插，翘角飞檐；殿堂馆亭纵横交错，暗道机关，遍布其中。乾坤震艮乃先天八卦，离坎兑巽是晚辈镶成，深蕴道妙玄机，自成迷宫仙境。“率三教大道化人，古今罕有；尽一生苦心济世，日月增辉。”[⑤]

到此峰莫谈修身齐家治国平天下，登斯楼谁敢论道说德济世化顽人？都知道“老子天下第一”[⑥]，谁理解“隐居四十载，排除俗累情缘，万念入空门，独留恋景物清秀，日月山川来眼底；道德五千言，得了禅玄妙诀，寸心归化境，又何怪胸襟潇洒，天然图画出风尘。”[⑦] 事在人为，别说万般都是命；境由心造，退后一步自然宽。“道非常道法天法地法自然全在尔之悟性，山居高峰修善修德修性命功成当列仙班。”[⑧]

罗衣秀才脱胎换骨成就金口玉牙，孟宗哭竹感天恸地终得冬笋救母；从岳飞被害到后裔移居文井，十八代人[⑨]繁衍生息至今铭记“莫等闲，白了少年头，空悲切”；从张鹏翮位极人臣到张船山“醉后诗魂欲上天”，四世兴盛两百年[⑩]而“夜窗同梦笔生花”；邑人不鸣则已矣，鸣则天下钦佩。

人以寺而得道，寺以人而著名；山以寺而为魂，寺以山而为依。高峰山

---

① 蜀中三大道观：指青城山、青羊宫和高峰寺（原名广教寺）。

② 四百门：指高峰寺共有四百多个门。

③ 两百间：实际是二百三十间厢房。

④ 一宫十四殿：一宫，即迷宫。十四殿，即高峰寺（原名广教寺）内的灵祖殿、三清殿、真武殿、老君殿、三官殿、药王殿、文昌殿、斗姆殿、阴三清殿、王祖殿、五祖殿、财神殿、慈航殿和雷祖殿。

⑤ 摘自原中央人民政府副主席、全国政协副主席、民盟中央主席张澜先生碑联。

⑥ 赵德阳于2005年雕塑的李老君石像，高36米，为目前国内外最大的神像，故号称“老子天下第一”。

⑦ 摘自范云峰真人联。

⑧ 摘自《川北名胜高峰山》第133页，王希斌撰。中共蓬溪县委统战部等编，2004年内部版。

⑨ 十八代：岳飞家族自岳飞第十七代移民到文井乡至今已经繁衍到第三十五代，故称“十八代”。

⑩ 四世兴盛：张鹏翮为张家每时十世，张船山为张家第十三世，故称“四世兴盛”。

兮不在高，在乎独领风骚而自豪！

160 孟宗哭竹天意动

孟宗是传说中的名人，八方都在争论“孟宗哭竹”的发生地。

三国时候，有个名叫孟宗的人，年幼时父亲就去世了，母子俩相依为命。当时，母亲已经年老，并且生了疾病，医生嘱咐，要用鲜竹笋煮汤才能痊愈。可是，当时是隆冬季节，哪里有竹笋？孟宗到竹林中，双手抱着毛竹，急得嚎啕大哭，不觉两行眼泪簌簌地落下来。

孟宗哭着诉说：母亲十月怀胎，含辛茹苦，把自己扶养成人；而今母亲病重，想吃鲜笋这点小事，自己身为人子都办不到……

谁知孟宗的这片孝心，竟感动了天意，一会儿地面就裂开了个口，尖尖的露出几枝竹笋出来。孟宗十分高兴，就拿着竹笋回家去，做了笋羹，给母亲吃。等到吃完，他母亲的病症竟然完全好了。人们都说这是被孟宗至孝所感动。后人有诗赞曰：

泪滴朔风寒，萧萧竹数竿。
须臾冬笋出，天意报平安。

据说，“孟宗哭竹”是在蓬溪县宝梵镇长海村冬笋沟。因此，清乾隆五十一年（1786），潼川知府张松孙到冬笋沟，遂与知县谢泰宸捐银修建“教孝台”。其实，孟宗哭竹是元代郭居敬编的《二十四孝》故事之十七“哭竹生笋”，主要用于训童蒙，是人们宣传孝道的通俗读物。

161 万种风情看死海

大英县地处川中腹地涪江以西、郪江中下游。属亚热带湿润季风气候区，气候温和，雨量充沛，雨热同季，四季分明，光温同步，无霜期长，热量丰富；境内地势分为平坝、浅丘和深丘。

境域江河溪流属嘉陵江水系。涪江由北而南绕回马、郪口；郪江自西北向东南纵贯全境，各条小支流成树枝状分布流入郪江。

大约在1亿5千万年前，大英还是一个四周为大海所环绕的浅水潮坪，因距海水补给地较远，海水长期潮涨潮落沉积了大量的蒸发盐，水体浓度较高，成为台地成盐区。侏罗系和白垩系时期，经地球造山运动埋入地下，形成叹为观止的地下古盐湖地质奇观。这个巨大的盐湖深埋于地下，盐水储量高，被称为“中国死海”。它与中东死海有着惊人的相似，不仅起源于同一时代，而且同处北纬30度，甚至连海水成分和盐的含量都几乎一样。

卓筒井是用粗大的竹筒伸入井下吸卤的盐井。卓筒小井于北宋庆历年间（1041—1048）始创，凿井技术比西方早七八百年，被誉为“世界近代石油钻井之父”。

2003年，在这个古老而神秘的地域之上创建“死海”，并采用古老的卓筒井开采技术汲取地下的盐卤海水，在地表形成宽阔的水域。以体验“死海漂浮”为主，同时结合了休闲、保健、现代水上运动等要素，形成一个集健康性、娱乐性、趣味性为一体的旅游度假胜地。

162 九龟十螺五凤朝

五凤寺位于大英县蓬莱镇西南角的五凤山太阳顶上。五凤山地处魁山之南，以太阳顶为中端，按东、南、西、西北、东北五方位向外派生出五条连绵起伏的山脉，构成“五凤朝阳图”形状，故称五条连绵山脉叫五凤山。“五凤”之中的太阳顶坡高出四周群峰，榕树如盖，荫庇之下，与魁山寺遥相呼应。五凤山下有九个大石包，其状如“龟”；右边一华里处有十个小石包，其形似“螺”，故人称“九龟十螺”。其间梵宇错落，亭楼点缀其间，环山车道和行人幽径勾通各个角落，四季鸟语花香。

魁山寺位于“五凤朝阳”之“东北凤”，因建于魁山之顶而名之。地处蓬莱镇南，前有青狮白象，郪江玉带环绕；后为五凤朝阳，铙钵铜鼓；左有猫儿守盘，石亭迎万佛；右是金禅护龙，宝石镇石龙。魁山源于龙泉之主脉，又名写字岩。全山均为页岩和浮土层，唯山顶一石屹立，形若塔顶。岩石质地坚硬细腻，中无缝罅，且向北一面，壁立如刀削，巨“魁”字就刻于石壁上。字迹工整，笔力有神，大而不弛，密而不紧，间架恰当，左右匀称，铁画银钩，苍劲有力，笔锋舒展，柔中有刚，是难得的文化瑰宝。传说是清乾隆十四年（1705）由曾志黾所刻。曾志黾一生酷爱书法，尤其爱写“永”字和“魁”字。曾是渠县来蓬经商的商人，书刻“魁”字，意在“魁”星保佑，生意兴隆。清道光二十五年（1854），县丞章潘（字山甫）慕其魁字巨大，书写精工，在其字右下两公尺处，书刻了一个一米见方的“福禄寿囍”合体字。有此衬托，更添风彩，魁山由此而得名。

163 湖广填川郭子仪

大英县隆盛镇崇音寺檀木湾有很多雕刻精致且色彩艳丽的墓碑群。现存的四块墓碑，刻有很多秀丽的楷体字，并雕刻有“龙凤呈祥”“二龙戏珠”图。上面并刻有唐代名将郭子仪家五大房人郭世俊、郭民美、郭世蓉、郭世茂、郭世伦等的名字。

郭子仪（697—781），华州郑县（今陕西渭南华州区）人，唐代名将、政治家、军事家；身高七尺，体貌秀杰，生八子七女。郭子仪一生经历了武则天、唐中宗、唐睿宗、唐玄宗、唐代宗、唐德宗七朝，有60多年的军旅生涯。肃宗皇帝赞扬郭子仪：“国家再造，卿力也!”

郭子仪早年以武举高第入仕从军，积功至九原太守，但一直未受重用。唐至德二年（757），郭子仪与广平王李俶收复西京长安、东都洛阳，以功加司徒，封代国公。乾元元年（758）八月，进位中书令。乾元二年（759）五月，因承担相州兵败之责，被解除兵权。宝应元年（762）初，太原、绛州兵变，郭子仪被封为汾阳王，出镇绛州平定叛乱，不久又被解除兵权。广德元年（763）冬天，唐朝廷与唐朝军将发生矛盾导致长安缺乏防御，程元振隐瞒军情不报，吐蕃趁长安缺乏防御之时攻入长安。唐代宗启用郭子仪。吐蕃占长安10余天，听说郭子仪与唐军靠近，立即逃离了长安。765年，唐朝官员仆固怀恩反叛，引吐蕃、回纥入寇，郭子仪说服回纥，唐军骑兵联合回纥，大破吐蕃。郭子仪戎马一生，屡建奇功，以84岁高龄告别沙场。

“安史之乱”中，郭子仪大战安禄山，名垂青史。唐肃宗即位，拜郭子仪为兵部尚书、同中书门下平章事。至德二载（757），进司空，充关内河东副元帅。两京平，加司徒，封代国公。上元三年（762），进封汾阳郡王。大历十四年（779），郭子仪被德宗皇帝尊为“尚父”，进位太尉中书令，汾阳忠武王。建中二年（781），郭子仪去世，追赠太师，谥号忠武。

据檀木湾郭子仪后裔古墓群之一郭乾元墓碑记载，郭乾元祖籍湖北麻城，墓碑立于清朝嘉庆20年。这块墓碑不同于其他墓碑，墓碑前有一个全封闭的挡风蔽雨的花形石隔层，将碑文罩在隔层里，隔层雕刻精细，中间有一朵五瓣形的花朵，透过花孔可以清晰地看到墓碑上的文字。由于有隔层的保护，墓碑上雕刻文字的蓝色油漆，虽日晒雨淋，但仍未剥落。据修订于1918年的《郭氏家谱》记载，郭子仪裔孙郭端夫在唐庄宗时，任鸿胪卿，谪守江西右庐陵。举家从山西汾阳迁往江西吉安府庐陵县延福乡，世居此地，一直到郭子仪第26代孙郭弥都因当时族繁人广，郭弥都于南宋（理宗）端平元年（1234）举家迁往湖广（湖北）黄州府麻城县孝感乡落叶沙子场郭家嘴狮子岩几子湾。元末明初，四川盆地战乱不止，民不聊生，土地荒芜。眼看四川人口越来越少，弘治皇帝下诏移民。郭子仪第36代孙郭谟格由保甲推举，奉诏于明弘治二年（1490）弃湖入川，落叶檀木湾。

164 西来禅林广德寺

四川省遂宁市别称“斗城”，其原因是遂宁城处在嘉陵江主要支流之一的涪江河间盆地的中央，四面环山，像一个平常人家使用的“斗”。“一地如斗，全城富有”。关于“斗城”，还有一个小故事。一天，是一位读书人站在大街上，发现南垭口就像这个“斗”的缺口，风从南垭口吹过来，也把遂宁的灵气从南垭口带出去。过了很多年，这种说法一直存在。终于有人想到了一个堵漏的办法，那就是在南垭口建一座佛阁，据说这样就可以挡回外泄的灵气了。

船山区人才辈出。区名源于境内船山（一名舟山、天榜山）与清代性灵派大诗人张船山。船山区向为文薮，境内孕育了龚颖、张九宗、船子德诚、雪窦重显、王灼、席书、吕大器、吕潜、李实、李仙根、张鹏翮、张问陶、敬隐渔等著名历史文化名人。

中国皇家禅林广德寺，位于四川省遂宁市城西三里许的卧龙山，始建于唐高祖初年，原名石佛寺；唐代宗大历二年（767）更名为保唐寺，唐大历十三年（778）敕名“禅林寺”，唐德宗建中初年（780）敕名善济寺，唐昭宗天复三年（903）敕名“再兴禅林寺”；北宋真宗祥符四年（1011）敕名“广利禅寺”，明武宗正德年间敕赐“广德寺”。一千三百余年来，广德寺历尽沧桑，几度被毁，又数次重建。

自唐代宗永泰年间高僧克幽禅师来遂开山阐教后，高僧辈出，香火兴盛，闻名遐迩。特别是因受唐、宋、明代十一次敕封，声名大振，明代极盛，僧人千余，曾主领川、黔、滇三百余山，被尊为“西来第一禅林”，成为远近向往的川中名胜及闻名西南的佛教圣地，每年二月香会、六月观音生日期间，香客、游人如云，经久不衰。自1985年以来，经过十多年的维修、改建、扩建，寺容焕然一新，道场分外兴隆，朝山进香者、览胜旅游者络绎不绝，年逾百万人（次）。

“观音菩萨三姊妹，同锅吃饭各修行。大姐修在灵泉寺，二姐修在广德寺，唯有三姐修得远，修在南海普陀山。”遂宁遥遥相对的灵泉、广德两寺，就与这一首千年民谣息息相关，从而构成遂宁三大文化品牌之一——观音文化。

中国人最信仰观世音菩萨，因为观世音菩萨与人们的生活密切相关，是人们临灾受难时的精神依托。观世音菩萨身相万变，大慈大悲。其实，观世音是鸠摩罗什的旧译，玄奘新译为观自在，中国人则简称为观音。观音菩萨是佛教中慈悲和智慧的象征，无论在大乘佛教还是在民间信仰中，都具有极其重要的地位。以观音菩萨为主导的大慈悲精神，被视为大乘佛教的根本。佛经上说，观音是过去的正法明如来所现化，他在无量国土中，以菩萨之身到处寻声救苦。观音与阿弥陀佛有着特殊的关系。他是西方三圣中的一尊，也是修证甚高的法身大士，是继承阿弥陀佛位的菩萨，而且还有说观音就是阿弥陀佛的化身。

《法华经普门品》说，凡有众生，若在苦恼之时，只要听说有一位观世音菩萨，而专心虔诚地称念观音圣号，观音菩萨便会立即听到每一众生的音声而同时予以救济；而且，观音菩萨最能适应众生的要求，对不同的众生，便现化不同的身相，说不同的法门。《悲华经》中说，宝藏佛正是因为他有这样的功德，所以赐名为“观世音”。在佛教的众多菩萨中，观音菩萨也最为民间所熟知和信仰。

广德寺是遂宁观音文化不可或缺的另一重要部分。它静静地耸立在卧龙山上，以宏伟建筑群在西部梵宇中首屈一指。前山门的牌匾上，有中国佛协主席赵朴初的手笔“西来第一禅林”的金光闪闪六个大字。广德寺具有五件镇寺之宝，分别是缅甸玉佛、明代圣旨坊、开山祖师克幽的肉身塔济善塔、记载唐宋9个皇帝敕封广德寺的九龙碑，以及两颗皇帝御赐玉印。

灵泉寺位于遂宁城东，始建于隋朝开皇初年，距今已有1400多年的历史。山顶观音殿内有一泉，泉中之水人们称做“观音圣水”，千百年来始终不溢不涸、甘洌淳美。民间传说此水可祛病延年，慕名前去饮之者络绎不绝。宋代苏东坡曾题“七泉”二字于岩壁，林则徐赠“香林德水”匾额悬于观音殿。梵音亭一侧有三口相距不到1米的古井，水至井口的深度竟各不相同，其中最深的井终年泉水滴答，声音清脆而悠远，其余二井静默寂然，人们说，那是妙善公主在给两位姐姐娓娓讲着佛法。连根树是三枝主干根部紧紧相连的古树，人们说它象征着本是同根生并于灵泉、广德修行的大姐、二姐与远在南海普陀山的三妹遥相呼应。观音柏在离地面2米左右，分成三枝，在人们心目中，她早已成为观音三姐妹形神不离、齐心向佛的形象化身。气势恢宏的观音阁，阁内供奉着全国最大的室内观音。

165 阴火焚烧白雀寺

据说，观音菩萨具有“文殊、普贤和观世音”三种俱象，原来也是常人，是在白雀寺修行期间被阴火焚烧后，而成为观音菩萨，并肩负救苦救难的重任。据民间传说：白雀寺是一座佛教名寺，坐落在离甘肃省西和县城区的西峪乡观音村四台山山岗，相传西和县境内的古代西峪国妙庄王有妙欲、妙善、妙音三位公主，她们不恋荣华，到白雀寺去削发修行；其父秒庄王为逼其回家，经常派家丁前去白雀寺找寻三位公主，干扰三位公主修行，逼三位公主还俗。妙欲、妙善、妙音三位公主为躲避妙庄王，又避免“违反父令”之嫌，远到古蜀国今遂宁所在地，修建与西峪国同名的遂宁白雀寺并在此修行。

当妙庄王终于找到三位公主，立即派人“放阴火”焚烧遂宁白雀寺，使500僧尼和上万名香客丧生火海——这就是世间“火烧白雀寺，烧死五百罗汉僧”的佛说公案。三位公主，见遂宁白雀寺起火，既不惊慌也不害怕，从从容容奔赴烈火之中。这时，只见被熊熊烈火燃烧的白雀寺，喷出一股清泉，从三位公主头顶落下；刹时间，三姐妹化作三座菩萨像，徐徐升天而去。

再后来，三位公主以“文殊、普贤、观世音”三座菩萨像化身，各占一山继续修行。三妹“妙音（观世音）”到南海普陀寺修行而成为观世音菩萨；“妙欲（文殊）、妙善（普贤）”则分别到遂宁白雀寺、广德寺修行，而分别成为文殊菩萨、普贤菩萨。

遂宁白雀寺因有泉水喷出，文殊菩萨回到遂宁白雀寺原址重建寺庙时，则更名为“灵泉寺”。

灵泉寺位于遂宁市城东山，与广德寺隔涪江相望。灵泉寺绝顶有泉，绀碧甘美，不溢不涸，名曰“灵泉”，宋代苏东坡对灵泉有赞咏曰：

泉泉泉泉泉泉泉，古往今来不计年；
玉斧劈开天地髓，金钩钓出老龙涎。

清朝张鹏翮诗曰：

千载灵泉古道扬，唐朝名胜冠诸方。
云龙野树藏山寺，风送霜钟到德阳。
石佛阶前秋月冷，残碑亭下稻花香。
梯霞直上高峰顶，万里晴空望帝乡。

166 遗恨相见涅槃时

遂宁市安居区，位于四川盆地中部、涪江中游。

安居区内有琼江、蟠龙、白安等大小溪河 37 条，均属嘉陵江支流的涪江水系。琼江贯穿安居区全境。琼江发源于乐至县境内，流经遂宁市和安岳县，于潼南县光辉镇入境，小渡镇出境，在铜梁县安居镇汇入涪江。

安岳卧佛是指安居区的跑马滩卧佛，位于安居区东禅与安岳县八庙交界处，因此也习惯地称为“安岳卧佛”。一般而言，卧佛都是表现佛祖释迦牟尼涅槃时候的情景，通常的卧佛都是根据佛经上的记载，即佛祖涅槃时候“北首右胁卧”“枕手累双足”。但是安岳卧佛与众不同，“头东脚西，左胁而卧”。

安岳卧佛呈全身左侧卧状，腰间有一个切脉弟子，足下有大力士，周围有大小不等的石窟，窟中刻有佛像千余尊。特别值得一提的是，有十多个经窟的石壁上刻满了佛经。其中有《佛名经》《大般涅槃经》《金刚般若波罗蜜经》《般若波罗蜜多心经》《报父母恩重经》《三藏经》《妙法莲华经》《大方便佛报恩经》等，多刻于唐开元年间。据壁文记载，底本多用玄奘译本。这是我国罕见而珍贵的唐代石刻经库，具有重要的学术价值。

安岳卧佛后上边刻有一组“释迦说法图”，有20余尊菩萨、弟子、鬼王、力士造像，神态各异，栩栩如生，既烘托出他们恭听佛法、护卫佛法的严肃场面，又把释迦牟尼最后解说涅磐经时，诸弟子悲泣、嚎哭、愁楚、凝重的神情表现得淋漓尽致。

167 六河一湖映岳池

岳池县东邻广安区，东南接华蓥市，南连重庆市的合川区，西南靠武胜县，西接南充市嘉陵区，北枕南充市高坪区、蓬安县。知名人物有吴雪、杨仁恺、刘披云等。自古便有“川东粮仓”之称，因盛产水稻，享有“银岳池”之美誉，故别称“银城”。

岳池境内无完整山脉，地形破碎，丘陵起伏，沟谷纵横。地势西北高，东南低，西北向东南倾斜渐次形成低山窄谷，中丘中谷和浅丘宽谷带坝。由蓬安岗岭尾从东伸入岳池县金城山，绕西北至黄龙寨、万家沟一带为低山地区，山间形成狭长窄谷，地面坡度大。中部为平坝地貌，地平土厚，热量丰富，耕作方便。西南部为典型的丘陵区，一般丘顶的坡土瘦瘠难种，中台多为夹沙土，广种杂粮。岳池水系发达，境内河湖交错，据有“六河一湖”，即长滩寺河、灵溪河、洗马河、余家河、白鹤桥河、磨滩河，东湖。嘉陵江和渠江水运优越。

传说民族英雄岳飞曾经岳池，见一水池清澈无比，遂解衣沐浴。当地人为了纪念岳飞，就把水池命名为岳池。后来整个县城都叫岳池了。

长滩寺河是嘉陵江左岸一级支流，原名岳池水，乃岳池名字的来源。灵溪河、洗马河、余家河、白鹤桥河、磨滩河在岳池城南郊区汇入长滩寺河，经武胜县汇入嘉陵江。河畔有寺名曰长滩寺，乃一座具有1100年历史的古寺。唐代著名诗人元稹曾夜宿长滩寺，并留下了绝句《长滩梦李绅》：

孤吟独寝意千般，合眼逢君一夜欢。
惭愧梦魂无远近，不辞风雨到长滩。

长滩寺河畔有一座清代白塔，原名“文明塔”，站在塔顶，可以饱览一马平川的田园沃野。

东门之外，翔凤山下，灵溪水旁，沃野百里，风光有如世外桃源。这里曾是诸葛亮屯兵的地方，也是让陆游叹为仙境而写下《岳池农家》的地方。

当年，南宋爱国诗人陆游到岳池时，见岳池美景，遂吟《岳池农家》一首：

春深农家耕未足，源头叱叱两黄犊。
泥融无块水初浑，雨细有痕秧正绿。
绿秧分时风日美，时平未有差科起。
买花西舍喜成婚，持酒东邻贺生子。
谁言农家不入时？小姑画得城中眉。
一双素手无人识，空村相唤看缫丝。
农家农家乐复乐，不比市朝争夺恶。
宦游所得真几何？我已三年废东作。

168 又见巴人石头城

神龙山巴人石头城，史称“蛇龙山——巴人石头城”，位于广安市新城南郊。神龙山巴人石头城为城区最高点，因其山势突兀险要，蜿蜒欲飞呈腾龙之状而得名。神龙山曾为古巴国要塞，东指荆楚，南卫虎都，西连蜀汉，北望三秦，是巴国重要的门户之一。

广安史称賨城，是巴人板楯蛮的生息地。地处城南“化龙乡”“蛇龙村”賨城的至高点神龙山，史称“蛇龙山”，属大巴山余脉。巴人板楯蛮崇尚蛇图腾，所以巴山即是蛇山。蛇龙山就是巴人的神山。巴民族世代崇尚自然，信仰天地。有民谣流传至今：

万物天生于天意，万事人为自人意；
顺应天意随人意，符合人意圆天意。

神龙山核心部分千年古堡猊峰城和龙泽寺，是古巴国留下的一个军事要塞。该城由龙门关、土舟湖、龙台三部分构成，其人文历史又由巴人文化、龙泽寺宗教文化和28星宿天象文化三大部分组成。始建之年已不可考，因年代久远，战乱频繁，原有城堡早已颓毁，现在的猊峰城是在古巴国依存的基础上，依据旧址恢复修缮的。

169 山不在高有印则鸣

天印山位于四川省广安市嘉陵江畔，据说是因山上有“天印”而著名，是“印文化”的发源地。相传，人类之初，天下混乱，杀戮、抢劫等层出不穷。玉帝看到受苦受难的芸芸众生，携天印到此地，寻找智慧之人管理天下大事。

天印山是这里的主峰，俗话说“山不在高，有印则尊”，即山不在高低，有“印”则受到尊崇。天印山是风水宝地，郦道元、梅尧臣、黄庭坚、元好问、元结等文人雅士都曾来造访过。天印山有“印”，“印”是权力的象征。只要有利益的地方，权力就是必争之物。天印山虽不高，却是有权力的象征“印”的风水宝地。

在唐代，这里建有玉皇庙，授印阁，吸引众人前来顶礼膜拜。天印山“险岭、怪石、云海”集聚，山清水秀，气候宜人。

170 风平浪静处安身

武胜县地处四川盆地东部，嘉陵江中游，广安市西南部，四川、重庆两省市结合部。地形由西北向东南倾斜，典型的方山丘陵地貌。武胜是浅丘农业大县。沿口古镇始建于宋代，现多为明清建筑，曾为县治所在地。“文可安邦，武能附众”，据武胜县县志记载，沿口古镇最初系蒙古大军在征讨合川钓鱼城时修建的屯兵点。元兵还给这里取了个名字叫武胜，意为“以武取胜”，武胜县名也由此而来。

沿口古镇昔日之繁华，源自于地处嘉陵江畔的便捷水路交通，千里嘉陵江流经沿口古镇时形成了水流平缓的千余米江段，是理想的天赐良港。过往商船在沿口古镇停泊，把秦陇药材、湘鄂棉纱、内江白糖、本地杂粮等物资上运抵南充、阆中、广元，下运至合川、重庆。沿口古镇也就成为川东北重要的物资集散地和著名水码头。建国后武胜将县城迁于沿口古镇。

171 千岛洪湖无粮寺

千岛洪湖位于邻水县九龙镇、黎家乡、长滩乡境内。湖内大小岛屿星罗棋布，港汊百余，故又名“千岛湖”。湖中群雁结阵，金波万顷，水鸟游弋。湖岸岛屿森林葱浓，摩崖造像、古寺庙与自然景观合为一体。东岸是黄草坪林场。

在邻水县大洪河湖畔，黎家乡崔家岩、渔场两村交界处有一寺庙无粮寺，远近闻名，至今香火鼎盛，善男信女如织。相传明建文皇帝朱允炆曾在此避难，寺名还是建文题写。秘密入蜀即到邻水县御临镇，找到旧臣杜景贤后暂居杜府，一直深居简出，烦闷之时也到邻近周边地区游玩。一日，建文君臣顺明月山沿大洪河游玩，行至崔家岩村斗蓬石（因有石鹤立如人戴斗篷而得名）处时天色已晚，而且饥肠辘辘，决定找一地借宿。夜幕中见不远处依稀有灯火，走近才知道是一小庙，仅有一老和尚。老和尚是峨眉得道高僧，一路游历，见此处龙脉交汇，地气凝聚，且地势险峻。于是尽倾一路化缘钱物，建小庙于此。由于庙小，无地产，只有邻近少数善男信女时或来此求签拜佛。老和尚偶得一梦，有游龙歇于庙顶，掐指一算，近日必有贵人到来。建文君臣气宇不凡，谈吐高雅，老和尚一见便知是贵人来访，于是下厨做菜款待。建文尝之，清润爽口，与以往所用之山珍海味大不相同，啧啧赞好，问和尚："此为何菜?"和尚答曰："本寺无粮，仅得一菜奉施主，此为'清汤白玉板、红嘴绿鹦鹉'。"

回到杜府，每日都有大鱼大肉，建文吃着索然无味，惦记着小庙所食之美味，吩咐杜景贤做"清汤白玉板、红嘴绿鹦鹉"菜。杜景贤从未听说此菜，寻问厨师，厨师也不知此为何菜。多方打探，并亲自到小庙拜谒老和尚，老和尚也照样做了这道菜。杜景贤一见便知是川东一带极为平常的家常菜——菠菜豆腐汤。杜景贤也被小庙附近景致折服。回来后与建文等人商议，不如扩建小庙，作为君臣避难之所。建文应允。于是征地两百余亩，凿石佛数十尊，修厢房数十间，并在附近斗蓬石处修木结构房屋数间，作为建文专居之所。寺庙落成，请建文题名，建文略为沉思，忆昔日老和尚"本寺无粮"语，提笔直书"无粮寺"，无粮寺因之得名。

建文君臣隐居无粮寺数载，每日与老和尚谈经论佛，时或到兰家沟、黄草坪等地游玩，怡情山水间。建文心仪一位兰姓俊俏姑娘，杜景贤出面说媒，纳为兰妃，对外称"黄太太"。兰妃娘家"兰家祠堂"匾，据说也是出自建文手笔。兰妃还与建文生有一子，可惜未成年便夭折，葬于斗蓬石下，当地人称之为"太子坟"。

后来，无粮寺房屋尽毁，石佛也多被损毁。有诗曰：

帝子落难入蜀川，方外净舍歇圣贤。
明月山前月未明，无粮寺里粮早无。
菠菜豆腐和水煮，也解帝王肠胃寒。
攀龙附凤金銮殿，不及我佛莲花台。

172 神奇秀丽华蓥山

华蓥市位于广安市境南部，地处四川盆地川东平行岭谷区的华蓥山中段西缘，渠江东岸，高登山为最高点，最低点在庆华镇中间房村。襄渝铁路沿华蓥山脚纵贯南北，将华蓥市分为大致相等的东西两大部分。东西两部分的地形地貌有着明显差异，西部低丘广布，地势偏低，多为丘陵，低丘为主，深丘较少，其间散布着一些平坝、台地，多紫色土，土壤肥沃，灌溉便利，是主要的农耕区。东部山地为主，地势较高。东南部是华蓥山中段的西翼部分，大部分是低山，只在华蓥山背脊一带，出现中山地貌，如仰天窝、尖山子、溪口宝鼎、三百梯等。东部山区石灰岩广布，喀斯特地貌突出，有成片的石林和众多溶洞，如瓦店的石林、溪口的仙鹤洞等。

华蓥市降水多，“一江四河”（即渠江，华蓥河、临溪河、清溪河、胡家河），隐河、溶洞、地下水资源丰富。

华蓥山尽显清、幽、雅、奇的独特魅力，以苍翠茂密的山林为环境基调，以秀丽的喀斯特石林、溶洞为典型的景观代表，集秀峰怪石、佛教文化、天坑溶洞、茂林修竹、华蓥山游击队遗迹于一体，自然风光与人文景观交相辉映，其景观特点可集中概括为“峰奇、石怪、山绿、谷幽”，并呈现出“春绿、夏荫、秋红、冬白”的四季变化。

据《华蓥山志》记载：“雪积颠顶，远望如琼瑶撒地，晶玉铺山，故名华蓥山。”华蓥山天然大盆景地处亚热带湿润气候区，形成四季分明、雨量充沛、冬暖夏凉的气候特征。风景区为四川东部新华夏系构造皱褶隆起成山，地质构造复杂，组成岩层古老，距今已有一亿多年的历史。核心部分出露二、三系碳酸盐岩，经侵蚀形成山高沟狭状态，特殊的喀斯特地貌形成了溶洞、溶沟、溶牙、溶柱、落水洞、漏斗等。

173 渠涪嘉三江汇流

合川区位于涪江汇入嘉陵江的地区，重庆西北部。合川是巴文化的发源地之一，境内有钓鱼城、涞滩古镇等著名历史文化古迹，周敦颐、卢作孚、张森楷、陶行知等历代名人曾在此授教创业。

合川本名褺江，取嘉、涪二江在城北鸭咀的汇合之水如衣重叠之意，不过有意思的是，“褺江”这个名字被《汉书·地理志》误写为“垫江”，并一直沿袭至近代，直到民国二年才改名为合川县。“合川”是因“渠江、涪江”汇入嘉陵江即而得名。

合川古城邑“巴子城”（今城区铜梁山下）曾是巴国别都。

合川区太和镇马门溪还挖掘出了恐龙化石“马门溪龙”。

174 蒙哥大汗挥师西征

宋理宗淳祐十一年（1251），蒙哥登上大汗宝座，稳定了蒙古政局，积极策划灭宋战争。蒙哥为成吉思汗幼子拖雷的长子，曾与堂兄拔都远征，横贯东欧大草原，一直打到了今波兰、匈牙利境内，以骁勇善战著称。

宋理宗淳祐十二年（1252），蒙哥大汗命其弟忽必烈率师平定大理，对南宋形成包围夹击之势。在临近南宋边境地区建立屯驻基地，在四川方向，蒙古军于沔州（今陕西略阳）、利州（今四川广元）筑城，在白龙江一带发展屯田；在荆襄方向，置河南经略司，在唐（今河南唐河）、邓（今属河南）、嵩（今河南嵩县）、汝（今河南汝南）等州屯田，驻军唐、邓，修复枣阳（今属湖北）、光化（今湖北老河口市西北）、均州（今湖北丹江口市西）等城；在两淮方向，于蔡（今属河南汝南）、息（今河南息县）、亳（今安徽亳县）、颍（今安徽阜阳）等州屯田，驻军于亳、颍等州。

宋理宗宝祐五年（1257），蒙哥大汗决定发动大规模的灭宋战争。蒙哥大汗命塔察儿率东路军攻荆山（今安徽怀远西南淮河北岸）。十一月，塔察儿攻宋无功，蒙哥大汗改命忽必烈率军攻鄂州（今武昌），塔察儿、李璮等攻两淮，分宋兵力。又命兀良合台自云南出兵，经广西北上。蒙哥大汗则自率蒙军主力攻四川。蒙哥大汗以四川作为战略主攻方向，意欲发挥蒙古骑兵长于陆地野战而短于水战的特点，以主力夺取四川，然后顺江东下，与诸路军会师直捣宋都临安（今杭州）。

宋理宗宝祐五年（1257）秋，蒙哥大汗率军4万，挟“西征欧、亚、非”40余国的威势，分三道入蜀伐宋。蒙军相继占据剑门苦竹隘、长宁山城、蓬州运山城、阆州大获城、广安大良城等。蒙军为堵截从重庆救援四川成都的援军，在重庆合川打响“钓鱼城之战”。迫近合州（今合川），蒙哥大汗遣晋国宝至钓鱼城招降，为宋合州守将王坚所杀。遂遣末哥攻礼义山城（今渠江东北，俗称三教寺寨），曳剌秃鲁雄攻平梁山城（今四川巴中西），命宋降将杨大渊率军突袭合州旧城，切断外围诸城与钓鱼城的联系。同时，令四川都元帅纽璘自成都趋涪州蔺市（今四川涪陵西）造浮桥，断绝宋援。又在铜罗峡据险为垒，阻遏重庆宋军北进。

175 悍兵猛将灭南宋

宋理宗开庆元年（1259），四川成都已危在旦夕。二月二日，蒙哥大汗率诸军从鸡爪滩渡过渠江，进至石子山扎营。三日，蒙哥亲督诸军战于钓鱼城下。七日，蒙军攻钓鱼城“一字城墙”。“一字城墙”又叫“横城墙”，其作用在于阻碍城外敌军运动，同时城内守军又可通过外城墙运动至一字城墙拒敌，与外城墙形成夹角交叉攻击点。钓鱼城的城南、城北各筑有一道一字城墙。九日，蒙军猛攻钓鱼城镇西门，蒙古东道军史天泽率部也到达钓鱼城参战。

三月，蒙军大汗攻钓鱼城东新门、奇胜门及镇西门、小堡，均失利。从四月三日起，大雷雨持续了二十天。雨停后，蒙军于四月二十二日重点进攻护国门。二十四日深夜，蒙军登上外城，与守城宋军展开激烈战斗，《元史·宪宗纪》称“杀宋兵甚众”，但蒙军终被宋军打退。被攻破的城北出奇门至嘉陵江一侧的一字城，后被王坚率勇士力战夺回。宋理宗闻讯，下诏嘉奖合州军民。五月，蒙军屡攻钓鱼城仍然没有胜利的迹象。蒙哥大汗率军入蜀以来，所经沿途各山寨城堡，多因南宋守将投降而轻易得手，尚未碰上一场真正的硬仗。尽管蒙军的攻城器具十分精良，奈何钓鱼城地势险峻，致使其不能发挥作用。钓鱼城守军在主将王坚及副将张珏的协力指挥下，击退了蒙军一次又一次的进攻。千户董文蔚奉蒙哥大汗之命，率所部邓州汉兵攻城，董文蔚激励将士，挟云梯，冒飞石，履崎岖以登，与宋军苦战，但因所部伤亡惨重，被迫退军。其侄董士元请代叔父董文蔚攻城，与宋军力战良久，终因后援不继，亦被迫撤还。

钓鱼城久攻不下，蒙哥大汗命诸将“议进取之计”。术速忽里认为，屯兵坚城之下是不利的，不如留少量军队困扰之，而以主力沿长江水陆东下，与忽必烈等军会师，一举灭掉南宋。然而骄横自负的蒙军众将领却主张强攻钓鱼城，一致认为术速忽里的建议近于迂腐。于是蒙哥大汗继续攻城。

六月，蒙古骁将汪德臣（原为金臣属）率兵乘夜攻上钓鱼城外城马军寨，钓鱼城主将王坚率兵拒战。天将亮时，下起雨来，蒙军攻城云梯又被折断，被迫撤退。蒙军攻城5个月而不能下，汪德臣遂单骑至钓鱼城下，欲招降城中守军，几为城中射出的飞石击中，汪德臣因而患疾，不久死于缙云山寺庙中。

蒙军大举攻蜀后，南宋增援钓鱼城的军队为蒙军所阻，未能进抵钓鱼城下。六月初，四川制置副使吕文德率战船万艘，溯江而上，冲破蒙古军的封锁进入重庆。后又率舰千余艘沿嘉陵江北上，救援合州，至三槽山西，遇蒙古军阻截。蒙克经略使史天泽分军为两翼，跨江侧射，亲率舟师顺流纵击，夺宋战船百余艘，击退其援军，乘势追至重庆而返。

尽管如此，被围攻数月之久的钓鱼城依然物资充裕，守军斗志昂扬。蒙军久屯于钓鱼城之下，又值酷暑季节，蒙古人本来畏暑恶湿，加以水土不服，导致军中暑热、疟疠、霍乱等疾病流行。

176 上帝折鞭钓鱼城

宋理宗开庆元年七月，蒙古大汗蒙哥（元宪宗）被流弹击中身亡被称为“上帝之鞭”。蒙军被迫撤军北还，从而延续了宋王朝20年的统治，改变了蒙古军占领亚洲、欧洲乃至非洲的战略。钓鱼城保卫战长逾36年，创造了中外战争史上罕见的以弱胜强的战例，钓鱼城因此被欧洲人誉为“东方麦加城”、“上帝折鞭处”。

蒙哥大汗具体死因则有多种说法。据《元史》记载，蒙哥大汗于六月患上了病，而拉施特《史集》《多桑蒙古史》、格鲁塞《蒙古帝国史》更明确说是得了痢疾。《马可波罗游记》和明万历《合州志》等书则称蒙哥大汗是负了伤，七月，蒙哥大汗以马军寨之马鞍山为桥头堡，向钓鱼城内城发起进攻，在激烈的战斗中，蒙哥大汗被飞丸击中，蒙军自钓鱼城撤退。至愁军山，病甚，行至金剑山温汤峡（今重庆北温泉），蒙哥大汗死于温泉寺，时间为宋理宗开庆元年（1259）八月十一日。其具体的死亡地点，《元史》称死于钓鱼山，《续通鉴纲目》谓死于合州城下。“中流矢说”具体参阅《续通鉴纲目》、阿布尔法拉底《世界史节本》、翦伯赞《中国史纲要》等。此外，还有诸如“中炮石说”（明《重庆志》、什科里尔《火炮前的中国炮》）；“炮风震毙说”（《钓鱼城纪》）；“溺毙说”（海屯《海屯纪年》）；“攻城不克气毙说”（黄震《古今纪要逸编》）。然其说多荒诞不经不可尽信，仍以前两种说法较为可信）。总之蒙哥大汗是因钓鱼城之战而死。据《元史》本传及元人文集中的碑传、行状等所载，不少随蒙哥大汗出征的将领战死于钓鱼城下，由此可以想见钓鱼城之战之酷烈及蒙军损失之严重。

同年八月十五日，忽必烈率军渡过淮河，二十日攻破大胜关（今河南罗山县南），南宋戍兵多遁逃。忽必烈率军直抵江北岸。九月初一，忽必烈在得知蒙哥大汗死讯后，仍率军南攻，渡过长江。初九，围攻鄂州。由于守城军民坚决抵抗，南宋援军集至，蒙古军攻城两月未下。闰十一月初二，忽必烈得妻密信，欲北归争汗位。昏庸的宋军统帅贾似道，不但不乘机击败蒙古军，反而以割江为界，岁奉银、绢各20万两匹为条件，向忽必烈请降。忽必烈未置可否，即率军北归。时自大理北进的兀良合台军正围潭州（今长沙），忽必烈遣铁迈赤率精兵千人，铁骑3000人，接应兀良合台军。次年正月，兀良合台率军于浒黄州渡浮桥北还。贾似道乘机命夏贵以舟师截击其后队700人，谎报大捷，蒙哥攻宋至此休战。

177 一代枭雄忽必烈

蒙哥大汗在钓鱼城下的败亡，其影响是十分巨大的。

首先，它导致蒙古这场灭宋战争的全面瓦解，使宋祚得以延续 20 年之久。进攻四川的蒙军被迫撤军，护送蒙哥大汗灵柩北还。率东路军突破长江天险包围了鄂州的忽必烈，为与其弟阿里不哥争夺汗位，也不得不撤军北返。从云南经广西北上的兀良合台一军，一路克捷，已经进至潭州（今长沙）城下。由于蒙哥大汗之死，该军在忽必烈派来的一支部队的接应下，也渡过长江北返。蒙古的南北两支军队基本上是按预定计划进军的，只因西边主攻战场的失败而功亏一篑。

其次，它使蒙军的第三次西征行动停滞下来，缓解了蒙古势力对欧、亚、非等国的威胁。

宋理宗淳祐十二年（1252），蒙哥大汗遣其弟旭烈兀发动了第三次西征，先后攻占今伊朗、伊拉克及叙利亚等阿拉伯半岛大片土地。正当旭烈兀准备向埃及进军时，获悉蒙哥死讯，旭烈兀遂留下少量军队继续征战，而自率大军东还。结果蒙军因寡不敌众而被埃及军队打败，蒙军始终未能打进非洲。蒙古的大规模扩张行动从此走向低潮。

其三，它为忽必烈执掌蒙古政权提供了契机，对中国历史发展产生了重大影响。蒙哥大汗是一位蒙古保守主义者，他所施行的是带有浓厚的蒙古部族和西域色彩的政策，已极不适应统治广大中原汉地的需要。而忽必烈则是蒙古统治集团中少有的一位倾慕汉文化的开明之士。蒙哥即汗位后，忽必烈受任掌理漠南汉地，他大力延揽汉族儒士，极力推行汉化政策，取得很大成效。但却引起蒙哥大汗及其保守臣僚的疑忌，忽必烈因而被罢了官，其推行的汉化政策也被迫取消。忽必烈登上大汗宝座后，继续推行其汉化政策，逐步改变蒙军滥杀的政策，使南中国的经济和文化免遭更大的破坏。蒙哥大汗曾留下遗言，日后攻下钓鱼城，当尽屠城中之民。后来钓鱼城降元，忽必烈却赦免了其军民。

钓鱼城在冷兵器时代，充分显示了其防御作用，它成为蒙古军队难以攻克的堡垒。蒙哥大汗败亡后，钓鱼城在张珏带领下又顶住了蒙军无数次的进攻，直至宋祥兴二年（1279）春天，合州安抚使、钓鱼城主将王立，终于被熊耳夫人宗氏说动了心，派出儒生杨獬前往成都，向元朝安西王相李德辉献上降书。当钓鱼城落入蒙古之手时，钓鱼城守城将军36人全部自杀殉国。

图 11　上帝折鞭钓鱼城示意图

178 雄险奇秀钓鱼城

钓鱼城位于重庆市合川区的嘉陵江南岸钓鱼山上。城内西南、西北角和中部山地隆起，形成薄刀岭、马鞍山、中岩等平顶山峦。整个山顶东西较长，南北较短，山下沟壑纵横，小堡环拱。

钓鱼城“枕嘉陵（江）、渠（江）、涪（江）”三江之口，至北呈一口字形环绕山东、西、南三面。山与合州之间，有一陡削笔立的山脊（俗名薄刀楞）可通。山上有一块平整的巨石，传说有一位巨神在此，独钓嘉陵江中之鱼，以解钓鱼城周边百姓饥馑，钓鱼山也因此而得名。

早在唐代，合州名僧石头和尚就在钓鱼山创建了护国寺和悬空卧佛、千佛石窟等摩崖造像。宋孝宗乾道九年（1171），钓鱼山飞鸟楼建成。

钓鱼城是具有“战争、雄、险、奇、秀、幽、古”独特风貌的游览胜地。钓鱼城古战场遗址至今保存完好。钓鱼城现存有 8 公里城垣、8 道城门，以及墩台、城墙、皇宫、武道衙门、马鞍山、步军营、栈道、暗道出口、水军码头、兵工作坊、帅府、军营、较场、演武场、插旗山、皇城、元帅府、敌楼炮台、忠义祠、王坚记功牌、上天梯、九口锅、天池、泉眼、脑顶坪（蒙哥中炮伤处）等宋、元军事及生活设施遗址。还有唐代悬空卧佛、站佛、千佛石窟、弥勒站佛、古遗址钓鱼台、800 年古桂树、天泉洞、悬佛寺、千佛石窟、皇洞、飞檐洞、薄刀岭、三龟石、护国寺、忠义祠、三圣岩、鱼城烟雨、鱼山八景等名胜古迹，以及元、明、清三代遗留的大量诗赋辞章、浮雕碑刻。

宋理宗淳祐二年（1242），宋理宗派遣在两淮抗蒙战争中战绩颇著的余玠入蜀主政，以扭转四川的颓势。余玠在四川采取了一系列政治、经济和军事措施，其中最重要的是创建了山城防御体系。即在四川的主要江河沿岸及交通要道上，选择险峻的山隘筑城结寨，互为声援，构成一完整的战略防御体系。钓鱼城即是这一山城防御体系的核心和最为坚固的堡垒。

钓鱼城坐落在钓鱼山上，其山突兀耸立，沿城一圈砌有高二三丈的城墙。沿城墙置八道城门，分别名始关门、小东门、新东门、青华门、出奇门、奇胜门、镇西门、护国门。在奇胜门左侧建有排水用的水洞门一道，门外为悬崖。城南小东门与城北出奇门处，各由山上延伸出一道直入嘉陵江心的城墙，名“一字城”，当地人称“横城墙”。一字城墙江边建码头，又称“皇堤”。城北面高地插旗山建指挥台，前辟练兵较场。较场东北面建有“皇城”。据说，宋都临安被元军攻陷，坚守钓鱼城的主帅王坚，曾派数百人去闽广地区寻找出逃的南宋皇帝，故于山上建皇城以待。皇城东南为军民住宅和街道。城内护国寺前方左右和奇胜门内，分别建有水池，称“天池”，全城凿有足够多的水井，供军民食用水需要；城内有大小池塘十多个，可谓兵精粮足，水源充足；江边筑设水师码头，布有战船，上可控三江，下可屏蔽重庆（今重庆市）。钓鱼城是支撑四川战局的防御要塞，地势十分险要。这里有山水之险，也有交通之便，经水路及陆上道，可通达四川各地。宋理宗嘉熙年间(1239—1240)，彭大雅任四川制置副使，他命甘闰初筑钓鱼城。宋理宗淳祐三年（1243），余玠采纳播州（今遵义）贤士冉琎、冉璞兄弟“择险、任人、积粟、驻兵、徙城”的建议，遣冉氏兄弟复筑钓鱼城，移合州治及兴元都统司于其上。钓鱼城依山为垒，宛如金城汤池。在城中的两级台地上，有大片田地和四季不绝的丰富水源，周围山麓也有许多可耕田地，“春则出屯田野，以耕以耘；秋则运粮运薪，以战以守”。这一切使钓鱼城具备了长期坚守的必要地理条件以及依恃天险、易守难攻的特点。宋理宗宝祐二年（1254）七月，王坚知合州，调集州辖石照、铜梁、巴川、汉初、赤水5县17万军民修钓鱼城，进一步完善城筑。四川边地之民多避兵乱至此，钓鱼城成为兵精食足的坚固堡垒。

179 黄帝修道缙云山

缙云山位于北碚区嘉陵江小三峡之温塘峡西岸，林海苍茫，奇峰耸翠，九峰峥嵘排空，拔地而起，景色优美。缙云山有晚唐石照壁、宋代牌坊、清代那伽窟等古代石刻。

缙云山的主峰叫狮子峰，峰顶狭窄，在一块比较平坦的岩石上，用铁栏杆围起一个览胜台。

缙云山是佛教胜地，原有寺庙十多座，现存缙云寺、温泉寺。缙云寺坐落在“狮子”“聚云”两峰之前，背依峻岭，前临幽谷，四周古木参天，翠竹成林，是一座雄伟壮观的深山古寺。缙云寺始建于南朝宋景平元年（423），历代修葺扩建；盛极于宋，明末毁于兵火。现存庙宇为清康熙二十二年（1683）重修。

传说，4700年前，华夏始祖轩辕黄帝就在此山修道炼丹，因为丹成之时天空出现非红非紫的祥云，轩辕黄帝遂命名为缙云，缙云山因此而得名。《大明正统道藏》“历世真仙体道通鉴卷”中也记载：“轩辕黄帝往，炼石于缙云堂，于地炼丹时，有非红非紫之云现，是曰缙云，因名缙云山。”缙云山的绍龙观即为轩辕黄帝的炼丹修行之地，因轩辕黄帝传承至今的丹道、武学、医技、养生闻名于世。绍龙观始建于明代成化年间，历史上几经兴衰。

缙云山与四川青城山、峨眉山并称为“蜀中三大宗教名山”，自轩辕黄帝炼丹开始，缙云山历来都是人文荟萃之地，道教创史人张道陵天师、陈抟老祖、张三丰祖师皆曾于此养生修行，创造了以“道家宴”“道家茶”“道家酒”“道家法”为特色的“缙云四绝”，形成了缙云山养生修行的文化风格。

据说，明宪宗成化二十一年（1485），天雷断桥，山洪暴发，巴山龙骨摇动，有仙人移来一庙，镇于桥头，名曰“绍龙”，意为接续龙脉之意。于是庙宇得名“绍龙”。共有三重主殿，八大殿堂。其建筑三面环山，一面临水，左侧一泓清泉汇入碧池，东边一片阔地恰似山门洞开。庙观在山峦碧水环抱之中，宛如坐落在山水构筑的太师椅上，极具道家所崇尚的左倚青龙、右靠白虎、上有祥云、下有碧波的仙境氛围。原古庙有联曰“山如碧玉水如黛；云在青天月在松”，足见其自然风貌迷人。有联赞曰：

庙貌重新，仰瞻殿宇巍峨，篆烟缭绕；
风光益胜，纵览松林苍翠，药草葱茏。

180 南北岸两个文峰塔

重庆城区原有两个文峰塔，即黄桷垭文峰塔、塔子山文峰塔，分别位于重庆南北两岸。

黄桷垭文峰塔位于重庆南岸，砖石结构，底层为条石筑成，其余为砖砌，塔身呈六边形。清道光十一年（1831），精通风水地理的巴县县令高学濂赞叹云峰山的人文风水，着手培育人文氛围。清道光三十年（1850），担任翰林院编修、监察御史的巴县人黄钟音回乡奔丧守孝，讲学于此，建议建塔兴文运。同年，重庆川东兵备道曹澍钟在云峰山巅开建文峰塔，第二年完工。

塔子山文峰塔修建于清光绪十四年（1888），位于长江朝天门下游北岸溉澜溪长江边的塔子山上，与南岸黄桷垭文峰塔隔江遥相对峙。塔子山文峰塔，别名叫白塔，坐北向南，塔为砖石结构，七级楼阁式。塔砖上有“文峰塔”“戊子岁”字样，塔门额上有“题名胜迹”字样，门内券顶刻有“大清光绪十四年戊子岁孟夏吉旦”“三里士民恭建”等字。从二层开始均为特制塔砖砌成，每匹砖烧制有“文峰塔”字样；在最高的七层塔顶匾额上刻有“能默厚德”四字。塔子山文峰塔石壁上《重修文峰塔记》的碑文记载，该塔是在数百年前的废塔基上重新修建的。从古至今，塔子山文峰塔备受关注。《江北厅志》《江北县志稿》均将其列为“渝州一景”，称其为“文笔摩霄”。从前，取道水路，只要看见长江北岸塔子山上那个高耸挺拔的白塔，就知道重庆城到了。

重庆流传着一句老话——三塔不见面，见面就完蛋。寓意是说，人们如果在重庆城的任何位置，包括登上任何一座塔顶，只要能同时看见三座塔，重庆朝天门就会有孽龙“兴风作浪”，给重庆带来灾害。北岸塔子山文峰塔与南岸黄桷垭文峰塔，分别镇住孽龙的头尾。某年一位云游四海的道士，用手画了一座“文峰塔”镇住孽龙的龙身，那孽龙才乖乖地待在三座塔下。“降龙”道士手画的那座“文峰塔”，只是一个传说，一般不会显形于世。因此，在长江中航行，或登塔眺望，极目只能看见两岸共有双塔。也有人认为，三塔应包括下游莲花山麓中觉林寺报恩塔。

参考文献

1. 略阳县志编纂委员会:《略阳县志》(1986—1993),陕西人民出版社 1992 年版。

2. 镇巴县志编纂委员会:《镇巴县志》,陕西人民出版社 1996 年版。

3. 徽县志编纂委员会:《徽县志》,陕西人民出版社 2003 年版。

4. 西和县志编纂委员会:《西和县志》(1996—2013),甘肃文化出版社 2014 年版。

5. 康县志编纂委员会:《康县志》,甘肃人民出版社 1989 年版。

6. 武都县志编纂委员会:《武都县志》,生活·读书·新知三联书店 1998 年版。

7. 江北县志编纂委员会:《江北县志》(1996—2013),重庆出版社 1996 年版。

8. 江北县志编纂委员会:《江北县志》(1996—2013),西南师范大学出版社 2009 年版。

9. 重庆市江北区志编纂委员会:《重庆市江北区志》(1986—2005),方志出版社 2011 年版。

10. 旺苍县志编纂委员会:《旺苍县志》,四川人民出版社 1996 年版。

11. 旺苍县志编纂委员会:《旺苍县志》(1986—2005),中国民族摄影艺术出版社 2008 年版。

12. 巴中县志编纂委员会:《巴中县志(1986—1993)》,四川人民出版社 2000 年版。

13. 达县志编纂委员会:《达县志》(1986—2005),中国文史出版社 2013 年版。

14. 大竹县志编纂委员会:《大竹县志》,重庆出版社 1992 年版。

15. 大竹县志编纂委员会:《大竹县志》(1986—2002),方志出版社 2006 年版。

16. 渠县志编纂委员会:《渠县志》,四川科学技术出版社 1991 年版。

17. 渠县志编纂委员会:《渠县志》(1986—2005),中国文史出版社 2009 年版。

18. 万源市志编纂委员会:《万源市志》(1986—2005)(上、下册),中国文史出版社 2009 年版。

19. 开江县志编纂委员会:《开江县志》,四川人民出版社 1989 年版。

20. 开江县志编纂委员会:《开江县志》(1986—2005),方志出版社 2006 年版。

21. 南充市高坪区志编纂委员会：《高坪区志》（1993—2007），方志出版社 2013 年版。

22. 西充县志编纂委员会：《西充县志》，方志出版社 2015 年版。

23. 西充县志编纂委员会：《西充县志》（1986—2005），方志出版社 2013 年版。

24. 营山县志编纂委员会：《营山县志》，四川辞书出版社 1989 年版。

25. 蓬安县志编纂委员会：《蓬安县志》，四川辞书出版社 1994 年版。

26. 阆中县志编纂委员会：《阆中县志》，四川人民出版社 1993 年版。

27. 阆中市志编纂委员会：《阆中市志》（1986—2005），中国文史出版社 2014 年版。

28. 大英县志编纂委员会：《大英县志》，方志出版社 2011 年版。

29. 射洪县志编纂委员会：《射洪县志》（1986—1993），四川大学出版社 1990 年版。

30. 邻水县志编纂委员会：《邻水县志》，四川科技出版社 1991 年版。

31. 邻水县志编纂委员会：《邻水县志》（1986—2005），中国文史出版社 2010 年版。

32. 武胜县志编纂委员会：《武胜县志》，重庆出版社 1994 年版。

33. 武胜县志编纂委员会：《武胜县志》（1986—2005），方志出版社 2011 年版。

34. 南坪县志编纂委员会：《南坪县志》（1993—2007），民族出版社 1994 年版。

35. 刘冠美、王晓沛主编：《蜀水文化概览》，黄河水利出版社 2014 年版。

36. 马以愚：《嘉陵江志》，商务印书馆 1946 重庆版。

37. 伍程鹏：《蓬州商号》，新疆人民出版社 2002 年版。

38. 开江县地方志办公室：《开江年鉴》（2015），中国文史出版社 2015 年版。

39. 蓬安县地方志办公室：《明正德·蓬州志》，中国文史出版社 2015 年版。

40. 蓬安县志编纂委员会：《蓬安县志》（1986—2006），方志出版社 2014 年版。

41. 广元市元坝区志编纂委员会：《广元市元坝区志》（1949—2007），方志出版社 2015 年版。

42. 吴世珍编纂：《民国通江县志（稿）》，通江县地方志办公室编印 2015 年版。

43. 通江县志编纂委员会：《通江县志》，四川人民出版社 1998 年版。

44. 通江县志编纂委员会：《通江县志》（1986—2005 ），方志出版社 2011 年版。

45. 苍溪县志编纂委员会：《苍溪县志》，四川人民出版社 1993 年版。

46. 仪陇县志编纂委员会：《仪陇县志》，四川科学技术出版社 2007 年版。

47. 南充市嘉陵江区志编纂委员会：《南充市嘉陵江区志》（1993—2003），方志出版社 2012 年版。

48. ［汉］许慎撰，思履主编：《说文解字》，中国华侨出版社 2016 年版。

49. 林彬：《评说都江堰》，中国文联出版社 2013 年版。

后 记

本书是“2016年四川省文化产业专项资金项目”成果之一，主要目的是研究巴蜀江河文化，独辟蹊径，采用传记的形式展现历史，为巴蜀江河立传。本书是为巴蜀江河之一的嘉陵江作传略，力图摆脱历史学研究的规范叙述，大胆运用生动的语言呈现历史，采取夹叙夹议的方式，把叙述、描写、议论和抒情结合起来观照历史，创写有感染力和可读性的散文，激活漫长的历史，为拟写其他巴蜀江河传探索一条有效路径。

在喜马拉雅山不断上升运动中造就的美丽嘉陵江，是大自然奉献给人类世界最精彩的杰作之一。嘉陵江以“天下之至柔，驰骋天下之至坚”的态势，时而雄浑浩荡，时而温婉细腻；时而原始神秘，时而纯真妩媚；汇聚巴蜀万千溪流，汲取山河日月精华；越过无数险峻峡谷，穿过条条幽深沟壑；携着云烟，闪着波光，带着沿江的泥沙和江畔的故事，不顾一切地穿过山川，在重庆汇入长江。

日月轮回，春来秋归；斗转星移，物是人非。在这条自然风光独特的嘉陵江两岸，我们依稀可见远古时代中华文明的痕迹。

本书主要参考了所列“参考文献”的内容，还参考了其他有关专家、民间学者以及网上个别佚名作者的著述和口传故事；但按照“采用通俗易懂的语言，编写城乡居民喜欢的文章”的原则，为了“利于阅读，减少繁杂”，没有一一注明出处。本书在编写过程中，嘉陵江流域各县（市、区）人民政府、地方志编纂办公室以及喜欢诗文创作的同仁们，无偿地为我们提供了地方史志和民间传说故事，在此表示真诚地感谢！

本书在编写和出版过程中，四川省社会科学院原院长、课题负责人侯水平研究员给予了大力支持。四川省政协原主席陶武先、省文联副主席李明泉研究员以及著名专家学者李后强、向宝云、艾南山、陈渭忠、陈井安、郑泰安、胡学举、姚乐野、周友苏、杨钢、郭晓鸣、盛毅、张承昕、田军、华桦、周林裕、陈杰、翟琨给予了指导并提出了宝贵的建议和意见。四川省社会科学院的肖云、何祖伟、刘用和巴蜀书社的刘冰做了大量的服务与编辑工作，在此一并致谢！

本书在简介嘉陵江流域概况的基础上，力求搜集嘉陵江流域的民间传说，突出重点，照顾全面，为新时期世人保护和开发嘉陵江起到抛砖引玉的作用。但因“传略”之故，一些地域和历史特色简介似有繁杂之嫌。至于故事与民间传说的差异性，则受制于作者认知水平的局限。挂一漏万，在所难免，诚望谅解！

林瑞韬　林　彬

2020 年春于成都百花潭畔散仙宫